古代歷史文化研究輯刊

十二編

王明蓀 主編

第7冊

中唐社會與兩性文化研究

楊麗容 著

國家圖書館出版品預行編目資料

中唐社會與兩性文化研究／楊麗容 著 -- 初版 -- 新北市：花木
蘭文化出版社，2014〔民103〕
目 2+232 面；19×26 公分
（古代歷史文化研究輯刊 十二編：第7冊）
ISBN 978-986-322-887-5（精裝）
1.知識分子　2.社會生活　3.唐代
618　　　　　　　　　　　　　　　　　　　103013893

ISBN-978-986-322-887-5

9 789863 228875

古代歷史文化研究輯刊
十二編　第七冊　　　　　　　ISBN：978-986-322-887-5

中唐社會與兩性文化研究

作　　　者	楊麗容
主　　　編	王明蓀
總 編 輯	杜潔祥
副總編輯	楊嘉樂
編　　　輯	許郁翎
出　　　版	花木蘭文化出版社
社　　　長	高小娟
聯絡地址	235 新北市中和區中安街七二號十三樓
	電話：02-2923-1455 ／傳真：02-2923-1452
網　　　址	http://www.huamulan.tw 信箱 hml810518@gmail.com
印　　　刷	普羅文化出版廣告事業
初　　　版	2014 年 9 月
定　　　價	十二編 20 冊（精裝）新台幣 38,000 元

中唐社會與兩性文化研究

楊麗容　著

作者簡介

楊麗容，女，廣東省信宜市人，1980 年出生。暨南大學歷史學博士，華南師範大學歷史學博士後，研究方向爲隋唐史、思想史、婦女史。在《文藝評論》、《古籍整理研究學刊》、《廣西社會科學》、《貴州大學學報》等雜誌發表學術論文十幾篇，部分論文獲《人大複印報刊資料》全文轉載。

提　　要

　　中唐時期不但在中國古代社會發展史上具有特殊意義，在整個古代性文化史上也別具特色。中唐的兩性文化是在魏晉南北朝貴族規範被打破，而宋代社會新的規範建立前的一個壓力斷層期，兩性文化也呈現出與其它時期不同的特點。

　　本書分爲上、中、下三篇。上篇爲中唐士大夫性理想中的兩性標準，將士大夫的性愛觀作爲研究鵠的。探討中唐士大夫群體的女性觀和男性觀以及相關認識。中篇是中唐士大夫的性實踐。首先研究唐代男風的流行狀態及主要特色；其次探討中唐士大夫房中術修煉目的變化，因爲房中術進入唐代以後，求子的色彩似乎減弱，由男人擔負的求子之責似乎向婦女一方進行轉移，同時中唐士大夫修煉房中術更加趨向享樂。再次，分析中唐士大夫在兩性文化中的兩個新變化：一是中唐士大夫相當大部分有分裂的兩性生活；二是社會轉型期的中唐士大夫對待婚姻、戀愛的心態十分複雜：一方面士大夫重視女性自身的價值——美貌和才情，另一方面婚戀對象的選擇卻仍看重門第，所以拋貧女棄舊愛而另娶高門成爲士大夫群體默認的價值觀。下篇是傳奇故事對於中唐社會與兩性文化的隱喻。女仙故事隱喻了兩性文化的某些內涵：反映唐代婦女自我意識覺醒、地位提高以及士大夫的審美趣味；女冠仙化的過程反映出道教中男女兩性關係的寬鬆與混亂；女仙與落魄文士遇合的意義以及才子佳人故事的內涵。女俠形象則是中唐士大夫建立的一個理想中的女性範式，謳歌讚美了女性的個性、獨立、俠義。但是同時也反映出中唐士大夫在兩性關係中的矛盾心理：一方面欣賞任情任性、無拘無束的個性女子，但另一方面又仍舊希望社會規範、社會價值等理性觀念對女性有所束縛，彌漫著男權的色彩。結語部分則對中唐兩性文化的特點進行梳理、總結。附錄是白行簡性觀念與儒家、道家關係的個案研究。

目次

緒　論

一、選題緣起

　　中國古代的性文化，是詩情畫意和陳規陋習摻雜一起，健康純樸和齷齪淫褻融會一爐，生活經驗和迷信崇拜並爲一體。紛繁複雜、光怪陸離的性文化現象和風俗，令人眼花繚亂、如墜雲霧之中。這就更需要我們歷史工作者付出勞動去探索和甄別，對性文化現象進行理論分析。

　　本書爲什麼選取中唐社會與兩性文化作爲研究主題呢？中唐社會是中國古代社會的轉折時期——即中國古代社會由門閥士族地主階級統治向世俗地主階級中央集權轉化的轉折時期，這種轉變以兩稅法的國家財政制度的改革爲法律標誌。〔註1〕因爲唐代是一個從貴族社會向「士庶社會」過渡的時期，而中唐就是這個過渡特徵較明顯的階段。中唐的兩性文化是在魏晉南北朝貴族規範被打破後，而宋代社會新的規範建立前的一個難得的壓力斷層期，這是性文化史上特別的時期，衍生出一系列的性文化現象。所以本書選取中唐作爲研究時段。學界對於中唐社會政治、經濟、文化等方面的研究成果可謂汗牛充棟、碩果累累，但是似乎缺乏對於兩性文化及其相關問題的深入研究。中唐士大夫的性心理、性觀念等性文化現象都是社會的眞實存在。在兩性文化中，他們展示了對浪漫愛情和理想婚姻的追求，張揚了主體意識和人格精神，而他們隱秘的心理和情感也得以淋漓盡致地凸現。性，作爲人們社會生活中重要的組成部分，它與社會之間的關係，正如政治、經濟與社會之間的關係一樣，值得重視。中唐的兩性文化，具備獨特的研究價值。

〔註 1〕李澤厚：《美的歷程》，廣西師範大學出版社，2001 年，第 198 頁。

本書的兩性文化，與性文化其實是一致的。只是筆者在從士大夫視角為主進行剖析性文化的同時，還注意到女性性文化中的一些內容和特徵。而性文化和社會緊密相連，所以命名為「中唐社會與兩性文化研究」。

二、學術史回顧

清朝末年葉德輝主編的《雙梅景闇叢書》（商務印書館，1903），收錄了一大批流行於隋唐時期的房中書，係從日本醫學家丹波康賴的《醫心方》中輯出，收錄了《素女經》、《玉房秘訣》、《洞玄子》及白行簡的《天地陰陽交歡大樂賦》等。這批文獻是研究唐代性文化的寶貴史料。

長期以來對於唐代性文化的研究並沒有充分展開，有關中唐性文化的綜合研究甚少，似乎缺乏對這一時期的兩性文化作出客觀的評價，所以本命題的學術史回顧從唐代性文化的研究入手，分為涉及唐代兩性文化的綜合研究及專題研究兩部分來展開。

（一）關於唐代兩性文化的綜合研究

有相當部分通史性質的專著，其中一些篇幅涉及唐代的性文化，而涉及中唐時期性文化的較少。這些性學專著的結構都很龐大恢宏，但是涉及具體問題的評論和分析相對的籠統、粗略。

國外研究中國古代性文化較著名的學者首推荷蘭漢學家高羅佩，他研究中國古代性問題的著作《秘戲圖考》（廣東人民出版社，2005）、《中國古代房內考》（上海人民出版社，1990）以取材的鴻富和見解的精當著稱，兩書是互有側重、互為補充。《秘戲圖考》裏面涉及唐代性文化的是從兩個部分來寫：醫學文獻和色情文獻。醫學文獻是重點探討孫思邈的《房內補益》裏面關於性生活禁忌的方方面面，還重點研究孫氏的「還精法」；色情文獻主要是白行簡的《天地陰陽交歡大樂賦》，分十五個部分論述關於各階層人群的性生活。《中國古代房內考》側重於社會史和文化史的研究，藝術欣賞的內容相對較少。唐代性文化作為其中重要一章出現。兩部著作結合中國古代歷朝歷代政治經濟條件，以及風俗文化等時代背景，探討了中國古代的性文化，從房中文化再現了古代中國的社會生活。裏面涉及唐代性文化方面的藝伎制度；講述了武則天和楊貴妃以性為武器影響了唐代歷史；還探討了唐代最著名的房中術著作《房內補益》、《洞玄子》、《玉房秘訣》等，指出唐代社會士大夫修

煉房中術成風。但是這兩部書也有不足之處，如由於史料缺乏，造成對某些朝代研究較詳（漢、唐、明），對某些朝代研究較略（宋、元），對某些朝代不著墨（先秦、清），像幾個朝代串起來的性文化簡史，不夠連貫；還有史料徵引不足，如陶弘景《養性延命錄》中的《御女損益篇》等重要價值史料卻被作者忽略。但是總的來說學術價值毋庸置疑。

外國人對於中國古代性文化的研究自高羅佩之後也有發展。法國學者福柯的《性經驗史》（余碧平譯，上海人民出版社，2002）；美國學者 J・韋克斯的《性，不只是性愛》（齊人譯，光明日報出版社，1989）等書都有所涉及，可惜的是缺乏對唐代性文化的獨立論斷。

改革開放後，我國在性問題研究方面出現了很大變化。性學研究逐漸開展起來，出現了一大批性問題專家。比較有代表性的有潘綏銘、江曉原、劉達臨等人。

潘綏銘的《中國性現狀》（光明日報出版社，1995）也涉及了中國古代性觀念的基本特點，對於漢代、唐代開放的性愛風尚論述詳盡。

江曉原在性問題方面的著作主要有《「性」在古代中國》（陝西科學技術出版社，1988），《中國人的性神秘》（科學出版社，1989），《性張力下的中國人》（東方出版中心，2006），作者本身是研究天文學史的學者，所以是以一個科技史研究者的視角審視中國古代性問題，顯然與傳統的史學眼光有差別。「性張力」一詞的引入用來取代「性壓抑」表達中國人的性心理，是江曉原的一大貢獻。其所謂的性張力，是指在中國人的性心理方面，存在著類似繩子受拉後內部的情形。裏面涉及唐代的性文化觀則用了「坦蕩」一詞。江曉原將中國古代性文化史簡單劃分為兩個時期：先秦至唐代均為性關係自由、鬆弛狀態，之後的宋代直至明清因為禮教的勃興而成為性禁錮的時期。

劉達臨編寫了《中國古代性文化》（寧夏人民出版社，1993）、《中國性史圖鑒》（時代文藝出版社，2002）、《中國情色文化史》（人民日報出版社，2004）等系列書籍。《中國古代性文化》是一部研究中國古代性文化發展史的專著，結構恢宏浩大。裏面對於唐代的性文明進行了高度的讚美，認為唐代的經濟繁榮，國力強盛，統治者對自己的統治力量有信心，所以對社會的性控制比較寬鬆，並對唐代盛行的姬妾制、娼妓之風以及涉及性愛題材的文學作品都有論述。

石方的《中國性文化史》（黑龍江人民出版社，1993）從人類史前期的性

文化一直寫到新中國的性文化，等於將整個中國性文化做了一個通史。裏面涉及唐代性文化的內容指出唐代穩定的政治與經濟生活，促使性文化亦有了一個較大的發展。其突出地表現在性結合中門第觀念的廣泛應用，官辦娼妓業的興盛，女教學說的發展，言情文學的興起等幾個方面。

（二）關於唐代兩性文化的專題研究

1、關於唐代的性醫學及房中術的研究

江曉原的《中國十世紀前的性科學初探》（《大自然探索》1986，2）針對十世紀前房中術史料及流佈情況、主要內容的初步分析總結出秦漢間或更早即有房中術專著問世，房中術理論大約在魏晉南北朝期間形成目前的格局，以後日臻完善。房中術理論中「多交少泄可以延年」之說是最不可取的部份，但在性生活的和諧、性生活與健康、受孕、性功能障礙及其治療等四方面，中國古代性學家有過很多科學的成就。聯繫到唐代兩部重要醫學著作，孫思邈的《備急千金要方》和王燾的《外臺秘要》中都有相當大的篇幅（與一般醫學著作相比而言）論述房中術。加之當時又有許多房中術專著流傳。推論性知識在唐代是相當普及的。而在古代中國的房中術研究者中，除早期情況不甚明確外，道教徒幾乎可以說是主力軍。這對於房中術的論斷很有學術價值。

王立的《中國古代房中術概論》（《中國中醫基礎醫學雜誌》1994，4）對房中術的背景與淵源以及主要內容進行回顧。裏面論及唐代房中術的有認為其時性風俗依舊開放。唐代著名詩人白居易之弟白行簡所寫的《天地陰陽交歡大樂賦》，以輕鬆的筆調描繪了當時社會各個層面的多種性生活，其中亦有夫妻同觀房中書以行房事的場景。房中術唐代發展的最顯著特點，是許多亦道亦醫的名人如葛洪、陶弘景和孫思邈等，均對豐富房中術的內容起了很大作用。魏晉間由道教徒興起的煉丹服石風氣，盛行於社會，至唐代因其毒副作用而逐漸消亡，其與性生活也有一定的關係。

杜芳琴的《陰陽乾坤說與中國傳統兩性文化》（《山西師大學報》1995，10）裏面涉及唐代房中術的內容是認為從魏晉至唐宋，房中術發展是由採陰補陽到世俗享樂。在房中術的實踐與性觀念中具有多重性——道教徒中的一派用它來修煉以期成仙，貴族用來淫樂消遣，世俗大眾也盡量滿足著欲望，以享受人生樂趣。房中術蛻變為以男性本位的性策略手段。

　　陳仁壽的《論唐代中醫性藥的研究與發展》（《中醫文獻雜誌》2003，2）以及《中醫性藥探略》（《陝西中醫》1991，12）兩篇論文對唐代中藥著作和方書如《新修本草》、《千金要方》等所記載的單味和複方性藥進行系統的研究和分析。發現唐代對中醫性藥的研究已十分完善，已認識到單味性藥84種，有名複方30多首。在性藥的使用方法上已趨多樣化，有各種內服和外用劑型用於臨床。得出結論：唐代對中醫性藥的認識和應用爲後世的中醫性藥學發展奠定了良好基拙，對當前研究和利用中醫性藥具有重要參考價值。

　　王立的《〈醫心方〉中性醫學內容述評》（《北京針灸骨傷學院學報》1997，4）認爲唐代的性醫學內容與前代有一種承襲與發展的關係，並構成了中國古代性醫學的一個階段特色。對漢唐時期房中書概況及《醫心方》的輯錄情況進行詳細介紹，並且評價了《醫心方》的學術發展得失。其有著全面綜合中國古代房中術並加以分類以及性疾患治療上進展的成就，但也有房事指導上的良莠混雜的情況。認爲漢唐時期是中國古代性醫學繁榮發展的階段，也是精華與糟粕共存的階段。

　　陳和亮的《從〈醫心方〉看唐以前男科學部分成就》（《上海中醫藥雜誌》1990，5）則認爲《醫心方》具有較高的文獻價值與臨床價值，對《醫心方》中唐以前部分男科病證成就與論治特點進行總結。分爲男性不孕、精液方面疾病、男性性功能障礙症等，但是缺乏深入分析和論斷。

　　萬少菊《從〈醫心方〉看我國唐以前婦人孕產的某些成就》（《江西中醫藥》1986，1）高度評價《醫心方》所保存的婦產科學的資料，對學術研究以及醫學文獻的整理，具有較高的文獻學價值，認爲該書資料廣博，可謂集唐以前婦產科學之大成，對後世婦產科學的推廣、研究影響頗深，尤其是關於婦人孕產方面的某些認識，具有一定的現實意義。從適齡婚育、不孕及中止妊娠、妊娠保健、臨產護理、產後調理五方面進行論述。

2、關於唐代士大夫性觀念的研究

　　張在舟的《曖昧的歷程》（中州古籍出版社，2001）是一部關於中國古代男同性戀的通史，裏面關於唐代的同性戀用了「和緩」來表述。整理了史料中男同性戀的記載情況，認爲唐代男同性戀記載較少屬於個案，表明男風沒有興盛。但是對於唐代沒有進行劃分時期研究，事實上唐代的男風，前期雖然少，中唐後卻更顯衰微，情況是複雜而且發展變化的，不能簡單地僅用「和緩」一詞表述，並欠缺對唐代男風情況進行原因分析。

　　蕭健一的《試析唐代的性觀念》（《文博》2005，2）一文裏面涉及到唐代士大夫的性內容的是分析了唐代孫思邈的《房中補益》關於士大夫修煉房中術的一些禁忌以及認識的局限性，還有白行簡的《天地陰陽交歡大樂賦》裏面士大夫的性享樂觀。這是專題研究性觀念的論文，不可多得。

　　唐上的《唐代開放之性觀念研究》（西北大學碩士論文，2006）從立論到論證比較嚴謹，但是亮點和新意乏善可陳，而且用「開放」來形容唐代性觀念，落於俗套之餘似乎還忽略了唐代性文化是一個複雜、動態發展的過程。

　　岳存之的《唐代性開放說質疑》（《南開學報》2007，6）卻一反傳統說法，認爲唐代並不存在性開放的社會風氣，從結婚、離婚到再嫁，唐人仍然是傳統的、保守的。對於婚外性行爲，唐人更是深惡痛絕，並予以嚴屬譴責和制裁。所謂唐代性開放，夫妻之間不相禁忌云云，都是不能成立的。學者們之所以得出唐代性開放的結論，與他們對唐代胡化的過分誇大有關，他們認爲中國北方、西方的少數民族曾對唐人的思想觀念和行爲模式產生過很大影響；也與他們研究方法的某種偏頗和失當有關，其憑空臆造、以偏概全、選擇性使用史料、隨意割裂和解讀史料等不當做法，使自身的研究發生偏差。

　　徐伯鴻的《漫議唐代新興士大夫擇偶觀念的變遷》（《黃河科技大學學報》1999，12）認爲唐代中葉以前，新興士大夫在擇偶觀念上仍看好舊族大姓。中唐至晚唐，在新興士大夫中逐步確立了「郎才女貌」和「姻緣前定」的觀念。

　　還有一些論文是從文學的視野去談論唐代兩性關係，不是從史學觀點出發，但是對於性文化的研究也有相當的價值。

　　如高翠元的《論唐人婚戀小說的兩性關係與士大夫觀念》（暨南大學碩士論文，2006）一文從唐代婚戀小說中的兩性關係、唐代士大夫的女性觀、唐代士大夫的婚戀觀，通過對唐人婚戀小說的分析研究，窺見唐代文士的情感價值取向以及獨特的心理狀態。

　　陳遼的《唐人小說中的性向型態》（《曲靖師專學報》1992，4）通過唐人小說中情愛型、狹邪型、想像型、暴力型、虐待型等性向型態的分析，說明唐人小說對男女性關係的描寫，既不像六朝小說那樣簡單，也不像宋元明清小說那樣粗俗和淫穢，而是一種審美的、有著反封建意義的描寫，因而它不僅具有認識價值，而且具有教育意義和審美意義。

　　張金桐的《從「任氏」看中唐文人的性愛審美觀》（《武漢大學學報》2006，4）認爲唐人性愛生活開放，但中唐文人並不僅僅爲性欲而性愛，他們有他們

的女性審美標準，《任氏傳》中的任氏是其理想的性愛夥伴。任氏是唐傳奇中最美、最忠於愛情的女子，她作爲唐傳奇女性人物畫廊中的代表性人物，寄寓了作者及其中唐文人的女性審美理想。張金桐的《唐人小說中的婦女性愛：小說家營造的心理態勢》（《河北學刊》2003，1）認爲唐代婦女性愛生活豐富，且爲唐人小說的一大主題。現實中的婦女性愛放蕩、混亂，小說以偷情、私奔方式表現出來，沒有抹去現實生活的痕迹。唐代文人多遭門閥婚姻之苦，既有感於世風開放，極力尋求性愛夥伴，又深受傳統禮教薰染，要求性愛對方絕對純眞聖潔。於是，現實中婦女性愛放蕩、混亂的狀況，便被提高到了一個新視點。如此，既滿足了文人的性愛生活，又相應解除了其失敗婚姻之苦，也不丟面子。此乃純屬小說家營造的性愛心理態勢。

其中有部分論文涉及《天地陰陽交歡大樂賦》及其作者白行簡的研究，數量不多。

周一謀的《唐代一篇珍貴的性學文獻——論白行簡的〈天地陰陽交歡大樂賦〉》（《性學》1999，12）一文認爲《大樂賦》分析了唐代各階層人士的性生活及當時性文化的發展概況，具有較高的研究價值和參考價值。

伏俊璉的《天地陰陽交歡大樂賦初探》（《貴州大學學報》2003，7）一文認爲《大樂賦》是中唐白行簡創作的一篇淋漓盡致地描寫不同身份、不同年齡以及不同場合下男女性事的賦體作品，尤其是裏面有關於士大夫性生活的描述。唐代社會的性事開放，道教房中術的盛行，文人與歌妓、女道士的頻繁交往，是此類作品產生的文化背景。《大樂賦》的性描寫是應當揚棄的，但作品也有難得的認識價值、社會史料價值和語言學價值。

李國文《中國色情文學的最初嘗試——白行簡與他的〈大樂賦〉》（《作家雜誌》2006，1）認爲白行簡是中國第一位用文學形式表現性愛的作家。他的《大樂賦》具有開創價值，將男女房幃之事，從實用文化的角度，上昇到美學意義的享受層次上來。

3、關於唐代性文化和婦女相關的研究

高世瑜的《唐代婦女》（三秦出版社，1988）以及段塔麗的《唐代婦女地位研究》（人民出版社，2001），姚平的《唐代婦女的生命歷程》（上海古籍出版社，2004）都論述了唐代婦女性自由，其中還利用了墓誌銘等史料。

牛志平的著作《唐代婚喪》（三秦出版社，1996），還有他的論文《唐代婚姻中的開放風氣》（《歷史研究》1987，4），以及《從離婚與再嫁看唐代婦

女的貞節觀》（《陝西師範大學學報》1985，4）都對唐代婦女開放性觀念有所分析、論述。

　　冉萬里的《略論唐代公主的婚姻生活》（《西北大學學報》2002，4），則反映了上層宮廷女性的性自由；段塔麗的《從唐墓誌看唐代社會的婚姻習俗》（《文博》1998，5）和趙超的《從墓誌看唐代的婚姻狀況》（《中華文史論叢》1987，1）則較新地使用墓誌材料探討唐代婚姻習俗，也間接反映了唐代婦女在婚姻中擁有較大的性自由度。

　　有觀點認為唐代婦女貞節觀念在加強：張小穩的《貞節觀念歷史演進軌跡的重構——漢唐間貞節觀念的不斷加強》（《婦女研究論叢》2008，11）有著與傳統看法不同的觀點是：自漢代至唐代，貞節觀念似乎越來越強。那些具有貞德的女性得到朝廷褒獎，社會地位越來越高。婦女們也越來越重視貞德的自律。

　　毛陽光的《從墓誌看唐代婦女的貞節觀》（《寶雞文理學院學報》2006，6）指出唐代社會雖不以再嫁為恥，但唐代婦女的再嫁並不普遍，貞節觀仍然是保守的，這可從大量的墓誌中得到證實。上層宗室貴族深受胡族婚俗的影響，形成了與下層婦女截然相反的貞節觀念，但這並不是社會的主流。唐代社會婦女保守的貞節觀，成為後世婦女貞節觀念的濫觴。

　　綜上所述，性文化史的研究與其他學科相比還是不夠深入。首先，學術界對於唐代的性文化的斷代研究缺乏。其次，研究缺乏宏觀歷史視野，往往僅對性的某些方面和問題進行研究，較少將整個中國性文化史作為一個完整、系統、連貫的過程進行探討。此外很多學者是從文學觀點、角度去討論，史學思維不足；再次是研究時段不平衡。研究明清時期的性文化較多較深刻，研究唐代的性問題較少較表面；此外，研究視角單一。大多性文化研究僅以一種視角，即是單從男人或者女人的視角去研究。視角的單一容易導致結論的偏頗。最後，研究領域有所避忌。如男風——古代同性戀現象，學者們較多繞道而行，迴避這個敏感區域。這些都是在以後的性文化史研究中亟待完善之處。

三、論文結構

　　圍繞「中唐社會和兩性文化」的主題，本書分為上、中、下三篇。這三篇是：性理想的建構→性實踐的反映→性故事的隱喻。詳細表述為：中唐士

大夫性理想中的兩性標準→中唐士大夫性實踐的反映→傳奇故事對中唐社會和兩性文化的隱喻。

　　上篇是中唐士大夫性理想中的兩性標準。包括兩章內容。

　　第一章是中唐士大夫心目中的理想女性。中唐士大夫心目中的理想女性其實就是符合性審美標準而建構的形象。這個理想女性即是士大夫幻想擁有的夢中情人，她是複雜的，甚至是矛盾的，擁有士大夫夢想的優點和特質：她美豔不可方物又才藝卓絕；她風騷誘惑、自薦枕席，而又貞節自持、忠貞不二；她柔弱和順、不怨不怒，而又情深義重、溫柔體貼⋯⋯這個能滿足士大夫美麗的希冀和欲望的理想女性產生於中唐社會的現實土壤，鐫刻著士大夫的心態痕迹。這個理想女性標準也是根據男權社會的意志和審美尺度塑造出來的性幻想產品，充溢著文士的期望和意識。

　　第二章是中唐士大夫心目中的理想男性。初唐、盛唐士大夫心目中的理想男性標準是陽剛、力量、勇武。中唐時期士大夫心目中的理想男性是才華橫溢、纖細優雅的才子。這種理想男性標準的嬗變也是由外到內的轉變，恰好與唐代國力由強轉弱、士大夫的心態及價值觀由外放轉向內斂不謀而合。

　　中篇是中唐士大夫性實踐的反映。分爲三章的內容。

　　第三章是對唐代男風現象的流行情況、主要特色以及社會成因分析，藉此透視中唐社會及兩性關係。將唐代與漢代、魏晉南北朝男風鼎盛期進行對比研究凸顯唐代男風的流行狀態及主要特色。同時更加注意到初唐、盛唐時期的男風發展和中唐不同，中唐時期更顯衰微，其中還涉及一個從貴族社會向「士庶社會」轉型的問題。男風現象並不是性變態現象，而僅僅是一種非常態、非主流的性現象。唐代士大夫男風現象與別的朝代相比較缺乏不是偶然的，士大夫性觀念中不喜搞同性戀的背後有著非常深刻、複雜的原因。

　　第四章是中唐士大夫房中術修煉目的之變化：從重求子到重享樂。可能淵源於先秦的房中術，經過秦、漢、魏晉南北朝的發展，進入唐代以後，發生了變化。在唐代之前的房中術，講求的是養生和求子，而進入唐代以後，求子的色彩明顯減弱，而且需要注意的一點是由男人擔負的求子之責明顯地向婦女一方進行轉移，此時士大夫性觀念發生了變化，似乎認爲求子變爲婦女的責任，而士大夫修煉房中術的目的卻單純地趨向追求享樂。尤其是中唐後，士大夫階層明顯地以房中術修煉作爲手段進行享樂。

　　第五章是社會轉型期中唐士大夫在兩性文化中的新變化。無論中唐文士

個性差異多麼顯著，某種社會機制將他們鎔鑄在同一個模態裏。處於貴族社會向「士庶社會」轉型的時期，他們在兩性關係上有一些新的變化，帶有濃厚的中唐特色。第一、中唐士大夫相當大部分有分裂的兩性生活，或者說對待女人有兩種不同的態度。第二、社會轉型期的中唐士大夫對待婚姻、戀愛的心態十分複雜；一方面士大夫重視女性自身的價值──美貌和才情，所以即使對方出身卑微也不顧一切去追求、愛慕，但是另一方面婚戀對象的選擇必須符合社會標準，看重門第，所以拋貧女棄舊愛而另娶高門成為士大夫群體默認的價值觀。

下篇是傳奇故事對於中唐社會和兩性文化的隱喻。分為兩章的內容。

第六章是女俠故事對於中唐社會與兩性文化的隱喻。女俠明顯具有時代超前性。中唐士大夫是浪漫、熱情、個性的一群，所以他們欣賞和喜歡的女人應該也是那些具有個性魅力的女人。女俠超越了當時的社會規範，擁有自由、個性，其實這正是中唐士大夫最為傾慕和神往的。但女俠故事還反映了士大夫兩性關係中的矛盾心理：一方面欣賞任情任性、無拘無束的個性女子；但是一方面又仍舊希望社會規範對女性有所束縛，彌漫著男權的色彩。

第七章是女仙故事對於中唐社會和兩性文化的隱喻。唐代關於人仙遇合、仙女降臨的故事以及女仙的傳說特別多，而湧現出來的白日昇天的女仙也數量龐大，這是與唐之前的朝代很不同而特有的現象。唐人這麼喜歡和熱衷於女仙故事的營造和建構，其中隱喻了兩性文化中的某些內涵：女仙故事反映唐代婦女自我意識覺醒、地位提高以及士大夫的審美趣味；女冠仙化的過程反映出道教中男女兩性關係的寬鬆與混亂；女仙與落魄文士遇合的意義以及才子佳人故事的內涵；還有兩個個案考證，通過女仙謝自然傳奇考證分析中唐道教中兩性複雜關係，而且成仙很可能是騙局，這個類似欺詐的假設未必沒有道理，但是隨著時光的流逝，仍是美好的願望成為主導。還有女仙吳彩鸞的傳奇考證。從女仙「吳彩鸞」與書生「文蕭」遇合的「傳奇」入手進行考索。在故事的真偽方面，筆者傾向於元末明初陶宗儀的主張：留有眾多小楷墨寶的神界「謫仙」，很可能只是個同名的唐代民間女子。而真實的書法遺存，半真的書法作者，幾乎可說是半杜撰的主人，這三者構成了真正「傳奇」的「魅力」組合。

附錄白行簡性觀念與儒家、道家的關係的個案研究。白行簡是中唐文士，他的性觀念具有一定的社會代表性。從他不同時期的作品來分析性觀念受

儒、道思想的影響情況。擬通過白行簡性觀念的與儒、道關係可以管窺中唐士大夫性觀念受儒、道影響的情況及精神風貌。

四、基本概念的界定：「中唐」、「士大夫」、「士庶社會」

（一）「中唐」的概念界定

　　關於唐代分期，學界有二分法、三分法和四分法：二分法以陳寅格先生爲代表，以安史之亂或兩稅法爲界分爲前後兩個時期，多用於歷史地理領域研究；三分法以范文瀾先生爲代表，依統治階級內部主要矛盾的變化，分爲前期（618～741）；中期玄宗天寶元年至憲宗元和十五年（742～820）；後期自穆宗長慶元年至昭宣帝（即哀帝）天祐四年（821～907），此種分法多用於唐代政治史；四分法由元人楊士宏在《唐音》中提出，分初、盛、中、晚四個時期，此種分法在唐代文學尤其是唐詩研究中廣泛使用，而在史學研究中也有助於清晰把握文化思想的發展流變；因此本書採用四分法，其中將安史之亂及大曆年間作爲由盛唐到中唐的過渡時期，中唐則指從德宗建中元年（780 年）至文宗太和元年（827 年）。

（二）「士大夫」的概念界定

　　「士大夫」的概念在中國歷史的發展中具有一定的模糊性和變動性。閻步克總結道：「士人擁有深厚的文化教育，從事哲學、藝術和教育等文化性活動，特別是，他們承擔著被王朝奉爲正統的儒家意識形態。」〔註2〕唐代的讀書人與官僚之間還不具有必然的邏輯關係。「士大夫」這個概念應專指獨立出來的士階層，「大夫」二字不過是一個陪襯性的附加詞尾，因爲如果按照貴族等級衡量，無論如何，都應該稱爲「大夫士」，但事實上，古代文獻中幾乎沒有這樣表述的，也證明「士大夫」作爲一個固定概念，即是士階層的雅稱，其用意在於增強其高貴性，與庶民有所區別。〔註3〕本書的中唐士大夫，既包括那些官僚，也包括那些不做官的讀書人，他們共同形成了中唐的士階層。

〔註 2〕閻步克：《士大夫政治演生史稿》，北京：北京大學出版社，1996 年，第 30 頁。

〔註 3〕張培鋒：《論中國古代「士大夫」概念的演變與界定》，《天津大學學報》，2006 年第 1 期。

（三）「士庶社會」的概念

　　「士庶社會」是筆者區別於「唐宋變革學說」中的「庶民社會」而設的一個新名詞。1910 年，內藤湖南在日本《歷史與地理》第 9 卷第 5 號發表《概括的唐宋時代觀》一文，指出唐代與宋代在文化上有顯著差異，唐代是中國中世的結束，而宋代則是中國近世的開始。唐宋間社會是從貴族社會走向庶民社會。而筆者認為用「士庶社會」比「庶民社會」更恰當。因為唐宋間社會最顯著變化之一是門閥貴族的沒落和科舉出身的官僚的興起。士階層的大部分由這些科舉出身的士大夫組成，他們是社會的精英階層，主導著社會文化的趨勢和方向，並具有社會流動性，庶民通過參加科舉可以躋身士階層。所以，筆者用「士庶社會」來指代「唐宋變革學說」中的「庶民社會」。

上篇　中唐士大夫性理想中的兩性標準

第一章　中唐士大夫心目中的理想女性

　　中唐在中國古代性文化史上具有特別的意義，它處於貴族社會向「士庶社會」的轉型期，也是性文化史的特殊階段。本書的著眼點是中唐社會和兩性文化，以士大夫的視角爲主進行剖析。士大夫是中國古代社會的精英階層，其內在的精神風貌和外化的行爲方式最能反映出一個時代的特徵，也關乎一個王朝的興衰。而中唐士大夫特定的文化心理和價值觀念，值得我們去關注。探討士大夫群體的兩性觀，可能成爲認識中唐兩性文化特色的一把鑰匙。基於這樣一種關注，筆者試圖以盛行於初唐的詩歌作品以及中唐士大夫創作的描寫男女間戀愛的唐傳奇爲素材來源，通過探討作品來具體闡明中唐士大夫性理想中的兩性標準。因爲男女性事、情欲等歷史是人們重要的生活記錄，大多數情況下主要是通過文字作品反映的。本章重點分析士大夫心目中的理想女性。本章對於中唐士大夫心中理想女性標準的解讀，其實就是分析士大夫的女性觀。

　　安史之亂給唐代社會帶來了由盛轉衰的巨大變化，從此，政治形勢、經濟狀況和社會秩序每況愈下。中唐士大夫面對令人失望的社會現狀。他們牢騷滿腹、憤憤不平、心情悲涼。他們憂念國事，卻又無力回天。這時與初唐、盛唐時那種衝破傳統的反叛氛圍和開拓者們的高傲骨氣不大一樣，中唐士大夫帶著「他們所擅長的華美文辭，聰明機對，日益沉浸在繁華都市的聲色歌樂、舞文弄墨之中。」〔註1〕古代社會認爲人生大喜是「洞房花燭夜，金榜題名時」。在失意於「金榜題名」之後，希冀以「洞房花燭」來補償；在失意於仕途之後，往往通過追求愛情來補償。

〔註1〕　李澤厚：《美的歷程》，桂林：廣西師範大學出版社，2000年，第206頁。

　　但是中唐社會，理想的愛情和婚姻往往是對立而非統一的，愛情觀念是追求性愛、情愛的自由，婚姻觀念卻是仍舊由保守的舊門閥思想所主宰。這種尙門閥的婚姻是給社會帶來許多有婚無愛或者有愛無婚的矛盾癥結，嚴重壓抑了人的自然性愛的發展，甚者釀成悲劇。「中世紀的婚姻關係，遠不是像小說所描寫的那樣，是感情的結合，而大多是一種利害關係上的婚姻，也是一種野蠻強制的婚姻。」〔註2〕

　　中唐士大夫既希望與豪門望族聯姻帶來光明的仕途前程，但是骨子裏卻又熱切渴望通情達理、情意和諧的紅粉知己陪伴左右。士大夫很難在婚姻中得到理想愛情，但是對於情愛的熱烈追求又是他們的本能，所以他們只好把這種理想寄寓於自己的作品中，在傳奇小說中描寫自己心中最理想的女性標準。而透過士大夫字裏行間聲情並茂的敘述，可以揣摩這個理想女性標準的一些特質。弗洛伊德稱：「想像的王國實在是一個避難所，這個避難所之所以存在，是因爲人們在生活中不得不放棄某些本能的要求，而痛苦地從『快樂原則』退縮到『現實原則』……，所以藝術家從一個不滿意的現實退縮下來，鑽進了他自己想像力所創造的世界」。〔註3〕其實這個所謂的標準正是來源於對理想女性的狂熱追求，這恰好是對自己現實婚姻不能滿足而又不願安於現狀所產生的一種補救人生缺憾的心理反應。但是這個理想女性標準的建構更加說明了中唐士大夫不單單把性看做性愛本身，不僅僅是肉欲，而是很希望把性看作爲愛情的結合。雖然在當時等級社會中，性不可能與愛情本身劃上等號，但是這種憧憬和嚮往本身就說明士大夫重視性與愛的統一，也是一種進步的表現。

　　中唐時期社會風氣大爲轉變，士大夫的審美觀念也隨之轉化，對於女性的選擇也有與前代相區別的特定的理想標準。中唐愛情傳奇大都是文人寫文人事，男主角也多爲士大夫身份，因此，他們對女性的感覺與心理，實際上也反映了當時相當部分的士大夫對於女性一定的觀念和看法。此外，中唐以後由於社會經濟的發展，新興市民階層的思想意識對唐人傳統意識形態也逐漸產生影響，表現在士大夫理想女性標準等問題上新的價值尺度與情感取向。

〔註2〕〔美〕湯普遜：《中世紀經濟社會史》（下），耿淡如譯，北京：商務印書館，1963年，第339頁。

〔註3〕〔奧地利〕弗洛伊德：《弗洛伊德論美文選》，張喚民、陳偉奇譯，北京：知識出版社，1987年，第33頁。

第一節　內外兼修與才貌並舉
——士大夫渴求靈肉交融的情人

　　中國自古以來都非常重視女子的容色，而中唐士大夫的重色分爲多層次：第一個層次是中唐士大夫感官功能上很重視女子的外形帶來的愉悅。幾乎所有出現於士大夫筆下的女子都是貌若天仙、驚爲天人，而且對於「色」的刻畫不遺餘力、精雕細琢，似乎貌不驚人死不休。「色」對於中唐士大夫來說不僅僅是觀賞性、讚美性的主體對象，而且「色」往往是故事情節中驅使男主人公仰慕、追求女主角，並急於與之歡好、共赴巫山的直接誘因，即是士大夫重視的「色」與「性」、「欲」之間的關係更加緊密相連；第二個層次是中唐士大夫很重視女子的儀態美。女子不但擁有美麗的外表，而且還同時擁有優雅出眾的儀態。傳奇在描寫女性美時沒有那種色情的猥褻，而是上昇到詩的境界來描述其風度美儀，如《霍小玉傳》稱霍小玉「若瓊林玉樹，互相照曜，轉盼精彩射人。」〔註4〕又如《綠翹》中對魚玄機的描寫：「色既傾國，思乃入神。喜讀書屬文，尤致意一吟一詠」，〔註5〕更是對其內外俱美的不凡風度讚賞不已，這就是儀態美的體現。第三個層次是中唐士大夫還很重視女子的才與貌的並舉。不是單獨重視「才」，亦非純粹看重「色」，而是兩者的完美結合。擁有「色」的美女不僅擁有美貌，而且同時內外兼修。在美麗之餘，還兼有才智卓絕，超越了「女爲悅己者容」的傳統心理。在外形美描摹的同時，重視她們心智才能的展現，形象更爲豐腴、飽滿、完美，這比前代只是重視女子容色而忽略其內在特質顯得更爲深刻。

　　唐傳奇中女主人公幾乎都是嬌豔欲滴的尤物。傳奇小說常以女性美貌俘虜了男主人公的感官開始，用詩性的筆墨鋪陳令人心馳神往的絕世之美。《柳氏傳》中的柳氏「容色非常」，「豔絕一時」；〔註6〕霍小玉「姿質穠豔，一生未見」，被人稱爲「有一神仙，謫在下界」，當她亮相出場時，「但覺一室之中，若瓊林玉樹，互相照曜，轉盼精彩射人」〔註7〕李娃是「明眸皓腕」；〔註8〕

〔註4〕　〔宋〕李昉：《太平廣記》卷487，《霍小玉傳》，北京：中華書局，1961年，第4006～4011頁。

〔註5〕　〔宋〕李昉：《太平廣記》卷130，《綠翹》，北京：中華書局，1961年，第922～923頁。

〔註6〕　〔宋〕李昉：《太平廣記》卷485，《柳氏傳》，北京：中華書局，1961年，第3995頁。

〔註7〕　〔宋〕李昉：《太平廣記》卷487，《霍小玉傳》，北京：中華書局，1961年，第4007頁。

步非煙「容止纖麗，若不勝綺羅」〔註9〕崔鶯鶯「常服睟容，不加新飾，垂鬟接黛，雙臉銷紅而已，顏色豔異，光輝動人」〔註10〕《柳毅傳》中的龍女是「殊色」，「紅妝千萬，笑語熙熙，後有一人，自然蛾眉，明璫滿身」；〔註11〕《無雙傳》中的劉無雙「端麗聰慧」，「資質明豔，若神仙中人」；〔註12〕而《任氏傳》中的任氏的美貌則「天下未嘗見之矣」，見者感歎「殆過於所傳矣」〔註13〕……傳奇小說中每一個類似場景，都通過傾慕者的視角和著魔似的反應，襯托出男性心中理想女性之美。眾多明豔照人的女性群像，是士大夫理想欲望和審美情趣的有形凝結。這透視出士大夫潛意識中的理想女性首先是滿足男人感觀欲求的，他們的愛情更多的包含了「性愛」的欲求。他們在觀賞女性時，首先是在本能欲求驅動下「色」的審視。《李娃傳》中榮陽生看見李娃而失態「停驂久之，徘徊不能去」；〔註14〕《鶯鶯傳》中鶯鶯的美貌致使張生相思到了「行忘止，食忘飽，恐不能逾旦暮」的程度；〔註15〕而《任氏傳》中的韋崟看到顏色姝麗的任氏，竟然不顧一切欲加凌辱。正如美國心理學家J‧L‧弗里德曼所言：「在吸引作出判斷時，男性要比女性更多的用性吸引和身體特徵的標準。」〔註16〕這種觀念源自生理的自然反應，傳奇中的女性，無一例外都是美妙絕倫，並最直接地誘發了男人的本能衝動，性欲的成分居多，在很大程度上保留了本能欲求的痕蹟，用一種「色」的標準來衡量女性。

〔註 8〕 〔宋〕李昉：《太平廣記》卷 484，《李娃傳》，北京：中華書局，1961 年，第3985 頁。

〔註 9〕 〔宋〕李昉：《太平廣記》卷 491，《非煙傳》，北京：中華書局，1961 年，第4033 頁。

〔註 10〕 〔宋〕李昉：《太平廣記》卷 488，《鶯鶯傳》，北京：中華書局，1961 年，第4012 頁。

〔註 11〕 〔宋〕李昉：《太平廣記》卷 419，《柳毅傳》，北京：中華書局，1961 年，第3412 頁。

〔註 12〕 〔宋〕李昉：《太平廣記》卷 486，《無雙傳》，北京：中華書局，1961 年，第4002 頁。

〔註 13〕 〔宋〕李昉：《太平廣記》卷 452，《任氏傳》，北京：中華書局，1961 年，第3694 頁。

〔註 14〕 〔宋〕李昉：《太平廣記》卷 484，《李娃傳》，北京：中華書局，1961 年，第3985 頁。

〔註 15〕 〔宋〕李昉：《太平廣記》卷 488，《鶯鶯傳》，北京：中華書局，1961 年，第4012～4017 頁。

〔註 16〕 〔美〕J‧L‧弗里德曼：《社會心理學》，高地、高佳等譯，哈爾濱：黑龍江人民出版社，1997 年，第 186 頁。

〔註17〕士大夫心中理想的女性在滿足審美欲望的同時，她們更是性愛幻想的對象。「愛情的動力和內在本質是男子和女子的性欲，是延續種屬的本能。」〔註18〕而古希臘哲學家德謨克利特認為：「身體的美，若不與聰明才智相結合，就是某種動物性的東西。」〔註19〕但是人又不僅僅是動物，而是社會的人，故「愛情是人的性關係加上人類的靈性。那麼除了動物本能需求以外，自然有其精神的一面」。〔註20〕中唐士大夫不是僅僅沉醉於男性的本能衝動中，而是努力昇華其感性欲望，從而追求愛與性，靈與肉的和諧統一。他們的欲求對象不僅具有誘惑的容貌、優雅的儀態還增添了新的內涵，那就是對女性才情美的追求。與此相應，女性的才華、德性、智慧等也納入了男性的情愛審美範疇中，從對女性欲求的渴望上昇到精神境界。中唐士大夫追求自由，他們想建立一種由交流而情趣投合的愛情。他們才華橫溢，所以他們理想的情愛對象不僅要有美貌，還要擁有與男子相稱的技藝。這說明士大夫對於自己情愛對象的追求注重精神的溝通、氣質的契合遠勝於低層次的感觀娛樂。在此前提下，性只是感情發展的必然，強化感情的手段，而非最終目的。士大夫對才華卓越、風度不凡的女性不但惺惺相惜，而且仰慕讚賞，追求精神和靈魂上的融洽。中唐士大夫心中理想的女性幾乎都是佳人、才女的完美統一體，不但擁有驕人的外表，還擁有出色的才藝。士大夫不遺餘力地歌頌女性的才華。中國古代女子具有才情的很多，但是很長時間裏女性的才情被認為是取悅男性的砝碼。而唐傳奇小說中，在描寫女性才情時剔除了調弄之意，而是出於一種真誠的欣賞和傾慕。「唐代女性以自己的才情贏得了正直文士騷客的尊重和敬慕，這在中國女性生活史和婦女觀念史上都是值得注目的現象。」〔註21〕《柳氏傳》中柳氏「喜談謔，善謳詠」，贈題的《楊柳枝》一首，託物自比，文化素養甚高，並不亞於一般文人騷客。〔註22〕步非煙更是

〔註17〕高翠元：《論唐人婚戀小說的兩性關係與士人觀念》，暨南大學碩士論文 2006 年，第 44 頁。

〔註18〕瓦西列夫：《情愛論》，趙永穆、范國恩、陳行惠譯，北京：三聯書店，1984 年，第 1 頁。

〔註19〕《古希臘羅馬哲學》，北京：商務印書館，1982 年，第 111 頁。

〔註20〕何滿子：《中國愛情小說中的兩性關係》，上海：上海書店出版社，1999 年，第 4 頁。

〔註21〕杜芳琴：《女性觀念的衍變》，鄭州：河南人民出版社，1998 年，第 93 頁。

〔註22〕〔宋〕李昉：《太平廣記》卷 485，《柳氏傳》，北京：中華書局，1961 年，第 3995 頁。

「善秦聲，好文墨，尤工擊甌，其韻與絲竹合」，〔註23〕她與趙象詩信往來，在情意的細密流動之際，達到了對各自生命價值的肯定，這種美貌與智慧結合後更趨於完美，得到了文人士大夫的傾慕。這說明士大夫對才華卓越、風度不凡的女性不但仰慕讚賞，而且珍惜不已，追求精神、靈魂上的融洽。

這在中唐社會是具有現實基礎的。中唐士大夫不僅才華橫溢，而且性格開朗，有足夠開闊的胸襟來欣賞才情縱橫的女性。在他們眼中，真正美麗的女性應該是才貌並舉的。在中唐社會，士大夫相對自由接觸的女人包括妓女，他們以狎妓為一時風尚。荷蘭漢學家高羅佩說過，文人們與妓女的交往其實在於他們渴望與女人建立一種無拘無束、朋友般的關係，而不一定非得發生性關係，一個男人可以與藝妓日益親昵，但並不一定非導致性愛不可。〔註24〕中唐士大夫不是凡妓皆狎，對於妓女也要求一定的選擇標準。妓女憑藉的不僅僅是外貌，不僅僅被視為情欲的發泄對象，她們的魅力更在於她們的多才多藝，可以在士大夫面前展現出眾的技藝、高雅機智的談吐等方面。文士不僅能欣賞妓女的容貌之美，對她們的內在素質更是看重。他們不同於紈袴子弟和商賈之流，一味沉溺於純粹肉欲，而是希望情愛對象能夠與自己精神溝通，情趣相投。妓女較高的文化素養正好迎合了文士的精神需要，這也是他們引為知音的重要原因。而反映在傳奇小說中，無論是霍小玉的「高情逸態，事事過人，音樂詩書，無不通解」，〔註25〕還是非煙的「善琴聲，好文墨，尤工擊甌，其韻與絲竹和」〔註26〕都是文士對理想女性具有才情美的心理欲求的表現。這種欲求反映了文士對才子佳人雙方的愛慕及思想的共鳴，追求的不僅僅是肉欲，而是精神上的和諧相容。而反映在傳奇小說中，士大夫追求雙方的愛慕及思想的共鳴，精神上的相知相合。士大夫對於傾慕的女子是用一種自由審美的眼光來欣賞的，呈現出多方面的心理體驗，反映出中唐士大夫對知己的渴求。他們希望雙方的愛情不僅僅建立在容貌的吸引上，還希望內心世界和滿腹才華被彼此瞭解。他們之所以那樣癡迷於理想狀態的士妓

〔註23〕〔宋〕李昉：《太平廣記》卷491，《非煙傳》，北京：中華書局，1961年，第4033頁。

〔註24〕〔荷蘭〕高羅佩：《中國古代房內考》，李零、郭曉惠譯，上海：上海人民出版社，1990年，第239頁。

〔註25〕〔宋〕李昉：《太平廣記》卷487，《霍小玉傳》，北京：中華書局，1961年，第4007頁。

〔註26〕〔宋〕李昉：《太平廣記》卷491，《非煙傳》，北京：中華書局，1961年，第4033頁。

戀，很大的層面上也是因爲妓女擁有非凡的才華。「妓女或以詩成名，或以酬醉顯，或以樂舞知，代表當時娛樂的最高水平，對士大夫具有不可抗拒的魅力。」〔註 27〕正是這樣，文士在那片溫柔之鄉才能獲得心靈的寧靜和精神的契合。其實對於才女的追求也可以看作爲士大夫希冀自身才華被對方欣賞的渴望。因爲才女可能會比一般女子更加容易理解才子，從而更加懂得欣賞才子。才子、才女之間可以更好地惺惺相惜。同時，這反映出中唐士大夫比後世士大夫懼怕女子有才而提出所謂的「女子無才便是德」之類的看法開明多了。中唐士大夫對於傾慕的女子是用一種審美的眼光來欣賞的，反映出士大夫對知己的渴求。他們希望雙方的愛情不僅僅建立在容貌的吸引上，而是追求知音知己，像中唐士大夫白居易與名妓薛濤，元稹與名妓劉採春等都是兩情相悅、引爲知己的。這比起那些視女性爲性欲發洩對象，或者傳宗接代的工具，男女之間只有情欲的發洩，而沒有感情交流的觀念顯得進步。如劉勰在《文心雕龍·知音》裏歎道：「知音其難哉！音實難知，知實難逢。」〔註 28〕士大夫希冀愛情中的男女雙方精神上的交流和思想上的共鳴，體現出對理想女性才華的追求和對男女間情趣投合、引爲知己的嚮往。〔註 29〕

第二節 風騷自薦與貞節自持
——士大夫「奔女」情結與貞潔觀念

自古以來，中國古代士大夫似乎有一種「奔女情結」：希望有美麗多情的勇敢女子替他們衝破禮教的羅網，主動送愛傳情，投懷送抱。〔註 30〕恰如魯迅說的：「西班牙人講戀愛，就天天到女人窗下去唱歌……然而我們中國的文人學子，不是總說女人先來引誘他嗎？」〔註 31〕

或許這就是江曉原所說的「性張力」的釋放。江曉原這樣解釋「性張力」：「張力原是物理學中的一個概念，指物體受到拉力作用時，存在於其內部的

〔註 27〕陶慕寧：《青樓文學與中國文化》，北京：東方出版社，1997 年，第 102 頁。
〔註 28〕〔南朝梁〕劉勰：《文心雕龍》卷 10，《知音》，文淵閣《四庫全書》本，第 7 頁下。
〔註 29〕高翠元：《論唐人婚戀小說的兩性關係與士人觀念》，暨南大學碩士論文，2006 年。
〔註 30〕江曉原：《性張力下的中國人》，上海：東方出版中心，2006 年，第 137 頁。
〔註 31〕魯迅：《二心集》，《魯迅全集》卷 4，北京：人民文學出版社，1973 年，第 342～343 頁。

相互牽引之力。比如在一根懸弔著重物或兩端受拉的繩子內部，就存在張力。而我所謂的性張力，則是指在中國人的性心理方面，恰恰存在著與上述繩子內部類似的情形。這不僅是就一個個人的性心理而言，推而廣之，亦可就民族的性心理言之。」〔註32〕中唐士大夫雖然處於相對開放和自由的時代，但是禮教本身對於他們要恣意尋歡作樂還是有一定的約束和限制，所以他們幻想美豔女子自己來奔，理想的女性自己送上門，可能就是性張力的釋放方式。

在中唐傳奇中有許多作風豪放的美女、豔女追求士大夫的故事。當這些美豔尤物翩翩而至的時候，士大夫似乎是喜不自禁，甚為陶醉地接受了，於是一段段浪漫的風月故事由此展開。有美女愛慕來奔，實在是古代文士心馳神往的大快事之一。中唐士大夫其實是通過把故事描寫成女主人公向「才子」示愛和挑逗來滿足自己的性幻想心理，而那些豪放的美女是士大夫對夢中情人的幻想。愛情首先被演繹成男女本能欲望的釋放。這些女人們不但風騷妖嬈，而且敢於主動示好，甚至還無視禮教的牽絆及拘圍，自薦枕席，非常豪放大膽。而女性的這種狂野、放蕩、不羈正迎合了他們內心渴求肉欲、追求感觀愉悅的心理。在這個過程中，文士宣泄了精神上的寂寞、舒緩了性壓抑，而女性的狂放、輕薄往往就映襯著他們自身風流放浪的影子。早在張鷟的《遊仙窟》中就已顯露出這種迹象，裏面的十娘賦詩酬酢之間，言詞挑逗，嘻笑放浪，類同蕩女；《汝陰人》中的仙女與許生嬉謔調弄，容態蕩越，不但毫無羞赧之情，而且完全無懼於任何拘絆來自薦枕席；〔註33〕《封陟》中的上元夫人向凡人求歡，一而再，再而三地被拒絕卻毫無羞慚，甚至哀歎：「此時一失，又須曠居六百年。」；〔註34〕《郭翰》中的織女瞞著丈夫下凡求歡，對方尚有憂慮，怕事情泄漏，織女卻大言不慚：「河漢隔絕，無可復知，縱使知之，不足為慮。」〔註35〕而《任氏傳》中的任氏在見面之初，就和鄭生調情戲謔，挑逗不已：「時時盼睞，意有所受。」步行至家，兩人便酣飲極歡，隨後直奔

〔註32〕江曉原：《性張力下的中國人》，上海：東方出版中心，2006年，第8頁。

〔註33〕〔宋〕李昉：《太平廣記》卷311，《汝陰人》，北京：中華書局，1961年，第2387～2388頁。

〔註34〕〔宋〕李昉：《太平廣記》卷68，《封陟》，北京：中華書局，1961年，第424～426頁。

〔註35〕〔宋〕李昉：《太平廣記》卷68，《郭翰》，北京：中華書局，1961年，第420～421頁。

主題共赴巫山雲雨。〔註36〕一件又一件的風流韻事似乎都是女方勾引在先，而不是男人誘惑在前，而且女方表現得異常輕薄大膽，甚至直接就切入了性愛主題。這些美豔大膽的女性身上就浮動著他們自己放浪的影子。其實這就是士大夫「奔女」情結在性愛觀中的盡情釋放。這種「奔女」情結其實是古來有之，但是中唐士大夫表現得普遍而且明顯。因為這些美女的風騷及主動正好迎合了士大夫的性壓抑情緒。這種性壓抑情緒其實也就是性張力的表現，而通過傳奇故事，他們宣洩、排解和釋放了隱秘的性張力。

　　而《任氏傳》中鄭生在被任氏挑逗之後，幸運的享受到了人間所沒有的美豔狐女任氏的性愛歡愉。這麼一個美豔狐女卻對鄭生忠貞癡情，表白心迹：「願終己以奉巾櫛。」位高權重的韋崟對她「愛之發狂，乃擁而凌之。」但是她始終不屈服。她還機智地對韋崟動之以情曉之以義，讓韋崟對她打消色心，而且對其敬重有加，「每相狎呢，無所不至，惟不及亂。」〔註37〕一個狐狸卻能和世間貞潔婦女一樣如此檢點、自愛和忠貞，而且最後甚至為了愛情殉難至死，令人慨歎！難怪作者讚美她：「遇暴不失節，殉人以至死。雖今婦人有不如者矣。」〔註38〕鄭生不但得到了美貌任氏來奔相隨的性愛歡愉與美好愛情，又得到了任氏貞潔烈婦般的忠貞不二，這種集蕩婦和貞婦的完美統一顯然是合乎士大夫性幻想的理想情愛對象。〔註39〕

　　而《李章武傳》中的王氏子婦，與李章武剛剛相遇就委身於他。分別數年之後，李章武再返華州「將舍於王氏之室，至其門，則闃無行跡，但外有賓榻而已。章武以為下里或廢業即農，暫居郊野，或親賓邀集，未始歸復。但休止其門，將別適他舍。見東鄰之婦，就而訪之，乃云：『王氏之長老，皆捨業而出遊，其子婦歿已再周矣。』又詳與之談，即云：『某姓楊，第六，為東鄰妻。』復訪郎何姓？章武具語之。又云：『曩曾有俙姓楊名果乎？』曰：『有之。』因泣告曰：『某為里中婦五年，與王氏相善。嘗云：我夫室猶如傳舍，閱人多矣。其於往來見調者，皆殫財窮產，甘辭厚誓，未嘗動心。頃歲有李十八郎，曾舍於我家。我初見之，不覺自失，後遂私侍枕席，實蒙歡愛，

〔註36〕〔宋〕李昉：《太平廣記》卷452，《任氏傳》，北京：中華書局，1961年，第3697頁。

〔註37〕同上註，第3693～3697頁。

〔註38〕同上註。

〔註39〕高翠元：《論唐人婚戀小說的兩性關係與士人觀念》，暨南大學碩士論文，2006年，第32頁。

今與之別累年矣。思慕之心，或竟日不食，終夜無寢。我家人故不可託，復被彼夫東西，不時會遇。脫有至者，願以物色名氏求之。如不參差，相託祇奉，並語深意。但有僕夫楊果即是。不二三年，子婦寢疾。臨死，復見託曰：我本寒微，曾辱君子厚顧，心常感念。久以成疾，自料不治。曩所奉託，萬一至此，願申九泉啣恨，千古睽離之歎。仍乞留止此，冀神會於髣髴之中。』」〔註40〕王氏子婦遇見許多男人都沒有動心，但是卻偏偏對章武而癡心癡情，甚至最後爲他癡情守節至死，令人感歎。

唐代范攄的《雲溪友議》主要記錄開元以後的異聞野史，此書卷中載：

> 唐西川節度使韋皋少游江夏，止於姜使君之館。姜氏孤子曰荊寶，已習二經，雖兄呼於韋，而恭事之禮，如父也。荊寶有小青衣曰玉簫，年才十歲，常令只侍韋兄，玉簫亦勤於應奉。後二載，姜使入關求官，家累不行。韋乃易居止頭陀寺，荊寶亦時遣玉簫往彼應奉。玉簫年稍長大，因而有情。時廉使陳常侍得韋季父書云：「侄皋久客貴州，切望發遣歸覲。廉使啓緘，遺以舟楫服用，仍恐淹留，請不相見。泊舟江瀨，俾篙工促行。韋昏瞑拭淚，乃裁書以別荊寶。寶頃刻與玉簫俱來，既悲且喜。寶命青衣往從侍之。韋以違覲日久，不敢俱行，乃固辭之。遂與言約：「少則五載，多則七年，取玉簫。」因留玉指環一枚，並詩一首遺之。既五年不至，玉簫乃靜禱於鸚鵡洲。又逾二年，至八年春，玉簫歎曰：「韋家郎君，一別七年，是不來矣！」遂絕食而殞。姜氏憫其節操，以玉環著於中指而同殯焉。

〔註41〕

以上故事中的玉簫因爲韋皋與其約好的愛情盟誓，無怨無悔地守節等待心上人，但是七年期滿，愛郎並沒有遵守盟約來娶她，她於是絕望，竟至於絕食而死。好一個殉情的癡心女子！

《柳氏傳》中的柳氏也是別無所愛，僅僅鍾情於才華出眾的韓翃。這些婦女形象，或爲狐妖，或爲民女，甚至是娼妓，但無論任何身份，都在和男主人公發生愛情後化身爲貞婦，變成性愛、情愛的專一守望者。這就是中唐

〔註40〕〔宋〕李昉：《太平廣記》卷340，《李章武傳》，北京：中華書局，1961年，第2699頁。

〔註41〕〔唐〕范攄：《雲溪友議》卷中，《玉簫儀》，上海：古典文學出版社，1957年，第23～25頁。

士大夫性愛觀的自然流露，對理想女性的幻想。他們一方面希望情愛對象在戀愛之初就對自己主動俯就、誘惑挑逗，然後共赴巫山雲雨，享受性愛的歡愉。這其實隱喻了士大夫借助美人們的俯就青睞來顯示自己的出類拔萃，是性心理方面對於自我性魅力的主觀放大和自我膨脹，但是愛欲宣泄完畢又希望情愛對象變為貞婦，對自己忠貞不二，成為潔身自好、貞靜自持的端莊女人。這實際上反映了士大夫對理想性愛的獨佔欲望，是以男性自利為中心性愛觀的二律悖反。這種矛盾源於士大夫在性心理上意欲獨佔女性的情感空間和生命空間。

但是為什麼會出現這種理想女性的標準呢？這與中唐世風的薰陶影響有很大關係。在性別意識形態上，從中唐開始對女性的禮法控制較前期嚴密，禁錮加強，統治者強調婦德、貞節觀念。自玄宗朝之後，朝廷對女性參政採取否定和預防的態度，唐初隨武周朝而興起的女性意識，隨著武則天時代的結束而逐漸邊緣化。中唐後的世風要求女性漸趨保守。以服飾的變化為例，據唐代史料和傳世的繪畫形象看，初唐、盛唐女性似乎喜歡穿著男裝，女扮男裝出現於公開場合的情形較為常見。如唐代張萱的《虢國夫人遊春圖》中女扮男裝的侍從；唐代墓葬的壁畫和出土陶俑中常見女扮男裝的形象；《新唐書》卷 34《五行志》載太平公主曾在宮廷宴會上著男裝歌舞於高宗、武后之前；〔註42〕《舊唐書》卷 45《輿服志》載天寶初年宮中婦女騎馬「著胡帽，靚妝露面」，〔註43〕士庶之家的婦女紛紛仿傚，女性在公開場合「露髻馳騁，或有著丈夫衣服靴衫」，不分尊卑內外，上下風行。雖然支配女性盛穿男裝的風氣還是表明女性對男性權威的認同和順服意識，但也可以說是社會的寬容使得女性有較多的行動自由，便於騎射運動等戶外活動。而中唐後，女性受到的禁錮和限制明顯加強。「從目前所見的考古資料看，天寶以後，女扮男裝的現象立刻消失。」〔註44〕雖然筆者不太贊同「立即消失」的說法，但是漸趨於式微的變化是肯定的。這是因為安史之亂後，國力衰落，政治統治鬆弛，唐王朝已不再具有前期的統治信心和開闊心胸，所以在思想上加強統治。中

〔註42〕〔宋〕歐陽修、宋祁：《新唐書》卷 34，《五行志》，北京：中華書局，1975年，第 878 頁。
〔註43〕〔後晉〕劉昫：《舊唐書》卷 45，《輿服志》，北京：中華書局，1975 年，第 1957 頁。
〔註44〕榮新江：《女扮男裝——唐代前期婦女的性別意識》，《唐宋女性與社會》，鄧小南主編，上海：上海辭書出版社，2003 年，第 736 頁。

唐著名的女教之書就是宋氏姐妹的《女論語》等。宋氏姐妹「年未及笄，皆能屬文」，「貞元四年，昭義節度使李抱真表薦以聞」。德宗時期俱召入宮，「嘉其節概不群，不以宮妾遇之，呼爲學士先生。」〔註45〕其《女論語》分爲立身、學作、學禮、早起、事父母、事舅姑、事夫、訓男女、營家、待客、和柔、守節等十二章。把婦女教育從理論上進行了規範化、具體化，對當時社會影響很大。尤其是最後一章的守節，更是強調了婦女貞節觀念的重要性。此外，還可從整個唐代公主離婚再嫁狀況來說明中唐後對婦女貞節的重視。公主婚外性之事也發生在初唐、盛唐，如高陽公主、太平公主、安樂公主、郜國公主等。中唐後逐漸減少，而唐宣宗大中五年頒敕：「敕夫婦之際，教化之端，人倫所先……自今以後，先降嫁公主、縣主，如有兒女者，並不得再請從人……有兒女妄稱無有，輒請再從人者，仍委所司察獲奏聞，別議處分。」〔註46〕公主再嫁之事在中唐後甚少見於史料記載。

但是這種守節是約束女性的單向要求，而非約束士大夫自身的標準。士大夫以風流爲時尚，以醉花眠柳爲理所當然，自然毋庸言貞節。所以，這種貞潔觀念其實也是士大夫性心理中自利立場的反映。

第三節 柔弱和順與不怨不怒
——士大夫對於中唐前妒婦成風的心理逆反

《女論語》對於日常生活中的女性提出比較具體嚴格的要求，極力強調女子的溫馴服從。而中唐士大夫心中理想女性也包含了這項標準。即是希望女子柔弱和順，而且不怨不怒，即是以「柔」作爲標準，這樣可以使得女性容易受到自己的控制和管治，而且還不會引起激烈的對立和反抗，即使最後拋棄對方也毫無心理負擔。

《鶯鶯傳》中的崔鶯鶯就是這樣的典型女性形象。小說中的鶯鶯雖然衝破了傳統意識的束縛，主動「自獻」與張生結合。但鶯鶯本質上還是一個文靜內斂的大家閨秀。當她與張生一夜相會，卻「終夕無一言」。張生將之長安，儘管她已敏感地意識到這將是分別的開始，因而「愁怨之容動人」，但卻「宛

〔註45〕〔後晉〕劉昫：《舊唐書》卷 52，《宋若昭傳》，北京：中華書局，1975 年，第 2198 頁。

〔註46〕〔宋〕王溥著：《唐會要》卷 6，《雜錄》，北京：中華書局，1955 年，第 74 頁。

無難詞」。面對可能是永久的分別，以她的聰慧，心中早有預感，所以她「獨夜操琴，愁弄淒惻」，「鼓《霓裳羽衣曲》，不數聲，哀音怨亂，不復知其是曲也。左右皆歔欷，崔亦遽止之。投琴，泣下流連」，但是始終對張生沒有半句責難和埋怨。別後的日子裏，她便生活在無盡回憶、無邊的相思和內心絕望的煎熬之中。但是當張生「文戰不勝」，「遂止於京」的消息傳來，她充滿絕望，卻仍然為張生開脫，把一切悲劇的結局全歸咎於自己。她寫給張生的那封血淚書信，依然是非常柔順，沒有怨恨，沒有憤怒：「玉環一枚，是兒嬰年所弄，寄充君子下體所佩。玉取其堅潤不渝，環取其終始不絕。兼亂絲一絢、文竹茶碾子一枚。此數物不足見珍，意者欲君子如玉之真，弊志如環不解。淚痕在竹，愁緒縈絲，因物達情，永以為好耳。心邇身遐，拜會無期。幽憤所鍾，千里神合。千萬珍重！春風多厲，強飯為嘉。慎言自保，無以鄙為深念。」所有的感傷、哀怨、失望、期待和憂愁，都由自己默默承受。這一切都反映在她對張生的說話裏：「始亂之，終棄之，固其宜矣，愚不敢恨。必也君亂之，君終之，君之惠也。」〔註47〕鶯鶯的美通過她的謙卑馴服、柔弱和順、不怨不怒體現出來，而這正是符合中唐士大夫心目中理想女性的標準。所以，張生拋棄鶯鶯後對她仍然未能忘情，其實就是反映了士大夫內心深處對於這類女性充滿了眷戀、讚賞之情。

中唐士大夫希望女子柔弱和順，筆者推測，或許與初唐、盛唐時的悍妻、妒婦成風有著很大關係。如《隋唐嘉話》云：

> 梁公夫人至妒，太宗將賜公美人，屢辭不受。帝乃令皇后召夫人，告以媵妾之流，今有常制，且司空年暮，帝欲有所優詔之意。夫人執心不廻。帝乃令謂之曰：「若寧不妒而生，寧妒而死？」曰：「妾寧妒而死。」乃遣酌卮酒與之，曰：「若然，可飲此酖。」一舉便盡，無所留難。帝曰：「我尚畏見，何況於玄齡！」〔註48〕

唐太宗時期的名臣房玄齡家有妒妻，她的奇妒令皇帝也心感畏懼。唐代筆記小說中有不少妒妻、悍妻的記載，朝野上下似乎蔚然成風。她們性情強悍，在家庭中非常強勢，對於丈夫管束甚嚴，甚至還因為嫉妒而排擠、傷害男人心愛的女人。筆記小說是現實社會生活的反映，從現存的資料中可以推知初唐、盛唐時期的妒婦盛況。

〔註47〕〔宋〕李昉：《太平廣記》卷488，《鶯鶯傳》，北京：中華書局，1961年，第4012～4017頁。

〔註48〕〔唐〕劉餗：《隋唐嘉話》，北京：中華書局，1979年，第26頁。

　　《朝野僉載》補輯載唐中宗女兒宜城公主因爲妒忌釀就的一件非常酷烈的慘事：

> 　　唐宜城公主駙馬裴巽有外寵一人，公主遣閹人執之，截其耳鼻，
> 剝其陰皮漫駙馬面上，並截其髮，令廳上判事，集僚吏共觀之。駙
> 馬、公主一時皆被奏降，公主爲郡主，駙馬左遷也。〔註49〕

此則故事中的宜城公主令人不寒而慄，因爲妒忌而虐待丈夫及其寵愛的婢女，手段殘忍，令人髮指。她將該婢女的耳朵和鼻子割掉，毀其容貌，然後剝下她陰部的皮膚蒙在駙馬的面上，還割掉駙馬的頭髮，以髮代首。

　　而《朝野僉載》卷2云：

> 　　貞觀中，濮陽范略妻任氏，略先幸一婢，任以刀截其耳鼻，略
> 不能制。有頃，任有娠，誕一女無耳鼻。女年漸大，其婢仍在。女
> 問，具說所由，女悲泣，以恨其母。母深有愧色，悔之無及。〔註50〕

盛唐時期的貞觀年間妒婦相當盛行。這記載關於妒婦的許多事例，其實就是唐代士大夫借用離奇的因果循環報應的故事來表達對妒婦的批判、牴觸、逆反情緒。在如此妒婦面前，男人軟弱無奈，他們對妒婦、悍婦的反感、厭惡和懼怕之情可想而知，但是他們鑒於種種原因，又不能有力反抗這些妒婦們，所以借助於筆端而抒寫胸臆，其實這是一種性逆反心理。而對於初唐、盛唐時期妒婦事例耳熟能詳的中唐士大夫內心深處追求和呼喚女性的柔軟和順、溫婉賢淑自然也是這種心理的自然流露。

第四節　情深義重與溫柔體貼
——中唐世風對於士大夫的影響

　　安史之亂使原有的生活秩序被打破，在士大夫心中造成難以磨滅的傷痕。中唐政局動蕩，「元和中興」僅是曇花一現，這影響到士大夫的生存狀態和價值觀念。士大夫普遍經歷過理想破滅、仕途坎坷的痛苦歷程，失意的憂憤和悲哀交織在胸中，積極進取精神和社會使命感在接踵而至的打擊下受到嚴重摧抑。前途的黯淡、名利的躁動，使他們欲進不能，欲罷不甘，人格、心態發生扭曲。他們的心情可以想像，失落、幻滅、彷徨、苦悶、無奈，在

〔註49〕〔唐〕張鷟：《朝野僉載》補輯，北京：中華書局，1979年，第177頁。
〔註50〕〔唐〕張鷟：《朝野僉載》卷2，北京：中華書局，1979年，第42頁。

兩性關係上他們也有一種新的趨向，即在面對漂泊不定的亂世，渴求著可以相互體諒、溝通、支持的伴侶。

在現實生活中，士大夫承擔了太多的壓力。《禮》云：「男正位於外，女正位於內。」〔註51〕他們「窮則獨善其身，達則兼濟天下」，〔註52〕背負了種種責任。他們需要光宗耀祖，做頂天立地的男子漢。但是，男人總有情感脆弱的時候，需要女性的溫情以撫慰他們疲憊的心靈。這種現實使得士大夫更加喜歡醉入花間、及時行樂，幻想女性對自己無微不至的溫情，讓自己在這個動盪的時代獲得一個心靈的避難港和桃花源。所以，中唐士大夫筆下的理想女性是重情重義、溫柔體貼的。這種理念其實是士大夫發泄苦悶的心情，緩解鬱積的情感，滿足暗藏的欲望，是一種靈魂的「自慰」。欲望得不到滿足的人們一般都渴望一個疏導途徑，以此來緩解這種失衡、痛苦。而中唐士大夫心目中的理想女性具備以上特質，實際上就是在尋找滿足內在欲求的途徑。

在傳奇中有許多人仙遇合的故事。故事中美麗的仙女都重情重義，對於男主人公溫柔體貼，既撫慰他們孤寂的心靈和饑渴的身體，又利用超凡能力滿足他們的欲望：或救其貧窮，或解其困厄，或為其繁衍子嗣，或帶來榮華富貴，或助其成仙，讓男子過得舒心愜意。例如《馬士良》中犯事逃亡的馬士良和《張雲容》中的薛昭都能得到仙女的救助，一起隱居山林，不但擺脫了法網的追捕，還獲得了神仙的殊遇；〔註53〕《汝陰人》中的許生追求物欲，「好鮮衣良馬」，但「少孤」，「蓬室湫溢」。結果豔麗無雙的仙女把他的房間布置得富麗堂皇，不僅讓他品嘗山珍海味，而且運用的器物都是舉世無雙的珍寶。許生不禁：「為物色所眩，意甚悅之。」〔註54〕不僅如此，《華嶽神女》中的神女無私賜予榮華富貴之餘，還懷不妒之德，讓文士再娶佳婦，滿足男子妻妾成群的夢想。〔註55〕《柳毅傳》的柳毅也是其中的典型代表。他傳書

〔註51〕〔宋〕李昉：《文苑英華》卷608，錢珝《中書省請冊皇后表》，北京：中華書局，1966年，第3155頁。

〔註52〕楊伯峻：《孟子譯注》卷13，《盡心上》，北京：中華書局，1960年，第304頁。

〔註53〕〔宋〕李昉：《太平廣記》卷69，《馬士良》，第428頁；《太平廣記》卷69《張雲容》，第429～431頁。北京：中華書局，1961年。

〔註54〕〔宋〕李昉：《太平廣記》卷301，《汝陰人》，北京：中華書局，1961年，第2387頁。

〔註55〕〔宋〕李昉：《太平廣記》卷302，《華嶽神女》，北京：中華書局，1961年，第2397頁。

義舉獲得了取之不盡、用之不竭的幸福資源——龍君的豐厚饋贈使其一躍為淮西富戶，神女主動與之結親，「男女兩性，俱為豪族」，門庭大振；最後還成為神仙中人，「龍壽萬歲」，「水陸無往不適」。〔註 56〕這些故事和現象的背後折射出來的其實是士大夫渴求佳人、財富、名望以至不老成仙的人生理想的滿足。

還有《任氏傳》中，任氏大膽輕佻，還狂野豪放，喜歡以美色誘惑男子。但是在她僅僅知道鄭生不嫌棄她是狐妖時，她居然感動得為他付出癡心，專情於一個這麼平凡庸俗的男人，對鄭生袒露心迹：「凡某之流，為人惡忌者，非他，為其傷人也。某則不然。若公未見惡，願終己以奉巾櫛。」任氏給鄭生帶來無微不至的體貼。鄭生不過是一個好酒慕色的浪蕩子弟，才能、相貌平庸之至，就連韋崟聽說他新獲麗人都忍不住譏諷他：「觀子之貌，必獲詭陋，何麗之絕也」；不僅如此，他還寄人籬下，「貧無家，託身於妻族」。但美貌絕倫的任氏卻願奉巾櫛，不但給予鄭生愛情上的甜蜜，還幫其出謀劃策，改善生活，給予許多實際的幫助。最後，甚至明知有危險還勇往直前，為了鄭生殉難而死。〔註 57〕這裡的任氏不但蛻盡狐狸的野性、劣性，而且言行舉止比起世俗中的賢惠妻子也不遜色！

至於「長安里中之殊色」楊娼，受恩於嶺南帥甲。帥甲死後，楊倡為真情所感，退還所有的珍寶，捨身相報。〔註 58〕這些娼妓身上也被賦予忠義人格，催人淚下。她們都是符合士大夫心中理想女性的標準。在中唐士大夫的詩歌作品中，他們關注社會現實的新變化和道德的淪喪。他們譏小人當道、仕途不古：「我歌君子行，視古猶視今」；〔註 59〕他們哀古義之不存、歎交友之道日漸衰壞：「古人結交而重義，今人結交而重利」；〔註 60〕「長恨人心不

〔註 56〕〔宋〕李昉：《太平廣記》卷 419，《柳毅傳》，北京：中華書局，1961 年，第 3410〜3417 頁。

〔註 57〕〔宋〕李昉：《太平廣記》卷 452，《任氏傳》，北京：中華書局，1961 年，第 3693〜3697 頁。

〔註 58〕〔宋〕李昉：《太平廣記》卷 491，《楊娼傳》，北京：中華書局，1961 年，第 4032〜4033 頁。

〔註 59〕〔唐〕韓愈撰，〔宋〕魏仲舉編：《五百家注昌黎文集》卷 2，《幽懷》，文淵閣《四庫全書》本，第 6 頁下。

〔註 60〕〔唐〕孟郊：《孟東野詩集》卷 2，《傷時》，文淵閣《四庫全書》本，第 8 頁上。

如水，等閒平地起波瀾」。〔註61〕韓愈亦深有感觸地寫道：「夫古之人四十而仕，其行道爲學，既已大成，而又至死不倦……夫今之人務利而遺道，其學其問，以之取名致官而已」，〔註62〕對當時世道的變化和人生的認識極其深刻。而在這樣一個世風轉變、人心不古的亂世，這些重情重義、溫柔體貼的女性都是中唐亂世中艱難生存的士大夫的「及時雨」和「解語花」。她們的溫情蜜意包容和撫慰士大夫的心靈，使得他們在紛雜的人世間得到一個休憩的港灣。

中唐社會的現實使士大夫不滿足於禮教對愛情的桎梏，開始自覺地對性與愛進行思考，他們沒有放棄對於眞愛的追求，開始放眼到人世間尋找理想的女性形象。這種幻想在理想女性身上達到性與愛的統一，符合自己欲望和審美標準的統一，這種想像本身就是士大夫階層隱秘的性心理的自然流露和本質折射。

筆者以上的分析是以唐傳奇作爲主要的材料來研究的。「藝術本身就是通過共同感受創造出來的，作者不是冷漠地觀察人們的活動，他不是旁觀者，而是社會生活的直接參加者。」〔註63〕唐傳奇亦然。唐傳奇最大的特點莫過於「有意爲之」，士大夫創作以寄寓個人志趣追求和表現自我爲旨歸，其實就是他們思想情感上的自我實現。明人胡應麟《少室山房筆叢》中說：「凡變異之談，盛於六朝，然多是傳錄舛訛，未必盡幻設語，至唐人乃作意好奇，假小說以寄筆端。」〔註64〕魯迅先生承其流而揚其波，進一步指出：「小說亦如詩，至唐代而一變……而有顯著者則在有意爲小說。」〔註65〕無疑這些纏綿悱惻的傳奇小說也是中唐士大夫寫心抒懷的結晶，在生命的流動、才情的迸射、欲望的激蕩中，寄寓了他們對愛情、生命的思索，反映了他們窈深細膩的情愫及欲望。中唐士大夫在大量的傳奇中，塑造了一系列光彩照人的女性群像。經他們之手塑造出的女性形象的典型性早已超出某個「她」的特定性，

〔註61〕〔唐〕劉禹錫：《劉賓客文集》卷27，《竹枝詞》，文淵閣《四庫全書》本，第9頁下。

〔註62〕《別本韓文考異》外集卷2，《上考功崔虞部書》，文淵閣《四庫全書》本，第4頁下。

〔註63〕瓦西烈夫：《情愛論》，趙永穆、范國恩、陳行惠譯，北京：三聯書店，1984年，第281頁。

〔註64〕〔明〕胡應麟：《少室山房筆叢》卷16，《二酉綴遺中》，北京：中華書局，1958年，第486頁。

〔註65〕魯迅：《中國小說史略》，上海：上海古籍出版社，1998年，第44頁。

而具有更廣泛的共性。所以，中唐士大夫心目中的理想女性，並不單指某個
中唐女性，而是一個共性標準。這個標準即是士大夫幻想擁有的夢中情人，
她是複雜的，甚至是矛盾的，擁有士大夫夢想的優點和特質：她美豔不可方
物又才藝卓絕；她風騷誘惑，而又貞節自持；她柔弱和順、不怨不怒，而又
情深義重……在中唐出現的半史學、半文學的作品中，作者將自己理想中的
意念與現實中的人和事糅合起來。他們筆下的女性形象其實正是他們內心夢
中情人的標準。因此，我們可以從其文字窺探出當時士大夫的幻想和憧憬。
正如某些學者所說的那樣：「詞語世界是以男性爲中心的，在詞語世界裏女性
作爲一個客體，被不斷的被編寫，關於女性的本質實際上是一個被界定的東
西，是遠離女性主體的，是男性想像的結果。如果放在兩性平等的角度來說，
這個詞語世界、這個語言世界是不完整的、有缺陷的不全面的……」〔註66〕
同樣，這個理想女性標準也是根據男權社會的意志和審美尺度塑造出來的性
幻想產品，充溢著文士的期望和意識，在這個由男性書寫的世界裏可以看到
他們想像的女性。

〔註66〕劉慧英：《走出男權傳統的樊籬》，北京：三聯書店出版社，1995 年，第 16
頁。

第二章　中唐士大夫心目中的理想男性

　　前章探討了中唐士大夫心目中理想女性的標準，本章分析他們心目中的理想男性。中唐士大夫性理想中的兩性標準，缺了哪一性都不完整。中唐士大夫對於男性也有自己的價值標準和審美判斷。本書從初唐的歷史環境、社會風氣、時代風尚入手，重點結合初唐、盛唐的詩歌作品及中唐的愛情傳奇來剖析士大夫心目中的理想男性。

第一節　初唐、盛唐士大夫心目中的理想男性

　　從初唐、盛唐到中唐，隨著社會的變化和時代的發展，士大夫心中理想男性標準並不是一成不變的，而是漸有演進、屢有更替。從人類的觀念來說，美的概念的產生很可能是和性愛聯繫在一起的。正如英國美學家博克所言：「我所謂美，是指物體中能引起愛或類似愛的情欲的某一性質。我把這個定義只局限於事物的純然感性的性質。」〔註1〕士大夫心目中的理想男性是與「性」相關聯的美，也是性理想中的一個標準。

　　為什麼要研究士大夫心目中的理想男性呢？因為士大夫代表了唐代統治階級中的精英階層，他們的觀念更能反映時代的風貌，更有研究探討的價值。法國史學家、批評家丹納在《藝術哲學》中說：「作品的產生取決於時代精神和周圍的風俗。」〔註2〕唐詩、唐傳奇都是士大夫階層創作的精神產品，是他

〔註 1〕　朱光潛：《西方美學史》，北京：人民文學出版社，1994 年，第 666 頁。
〔註 2〕　〔法〕丹納：《藝術哲學》，傅雷譯，合肥：安徽文藝出版社，1998 年，第 70 頁。

們價值觀念和文化心理的結晶。所以，立足於歷史環境和時代背景，並結合他們的作品進行剖析將是一個可取的途徑。

　　初唐、盛唐的尚武、任俠風氣對當時士大夫的男性標準可能有較爲直接的影響。「唐土東至安東府，西至安西府，南至日南郡，北至單于府。南北如前漢之盛，東則不及，西則過之」，〔註3〕唐朝統治疆域遼闊、中外文化交流多元，孕育出開放、昂揚、樂觀的時代精神。當時社會的尚武之風不局限於某個地區。此外，「唐源流出於夷狄」，〔註4〕唐高祖之母獨孤氏、太宗之母竇氏、高宗之母長孫氏皆有鮮卑族血統。在這樣的家族中，崇尚武功幾乎是滲透在他們血液裏的理想和追求。西魏、北周時期的關隴軍事貴族集團，在李唐立國後仍是政權的主要支柱。此集團中人，尚弓馬騎射、嫻習攻戰、崇尚武藝。關隴軍事貴族生長於由北朝先祖世代流傳下來的崇尚軍功的社會環境中，帶有祖先游牧部族野性的氣質，他們心理上對壯偉豪健的軍功心態早已習慣成自然。這種先天性的意識傾向，潛移默化地影響著唐人的心態。在這樣的時代條件下，上至官僚貴族，下至平民百姓都重武輕文，而且都樂於披肩執銳。

　　此外，唐代建立之前長期的戰亂和族群間的並存發展，使得北方游牧部族的尚武任俠風氣浸染人心。唐立國後，游牧部族又不斷地大量遷入。貞觀三年，「戶部奏：中國人自塞外歸及四夷前後降附者，男女一百二十餘萬口。」〔註5〕貞觀四年，唐太宗大破突厥後將投降的十萬餘突厥兵將居留於邊境之上，其酋長「皆拜將軍中郎將，布列朝廷，五品以上百餘人，殆與朝士相半，因而入居長安者近萬家。」〔註6〕這種不計族俗的選拔必然會使不同種族在風尚習俗上互相影響，儘管漢族先進的文化對非華夏部族的影響是主要的，但它們對漢族的影響也不能低估，其中一個就是「尚武」的社會風習。在與漢民族的相互影響中，非華夏部族的文化精神和風氣得以流行於社會。而唐代統治者實行的「夷夏一家」，「漢蕃一家」的民族政策，無疑對這種融和與交

〔註3〕　〔後晉〕劉昫：《舊唐書》卷38，《地理一》，北京：中華書局，1975年，第1398頁。

〔註4〕　〔宋〕黎靖德編：《朱子語類》卷136，文淵閣《四庫全書》本，第20頁上。

〔註5〕　〔宋〕司馬光：《資治通鑑》卷193，唐太宗貞觀三年閏十二月條，北京：中華書局，1956年，第6069頁。

〔註6〕　〔宋〕司馬光：《資治通鑑》卷193，唐太宗貞觀四年五月丁丑條，北京：中華書局，1956年，第6078頁。

流起了促進作用。唐代杜佑在《通典》中講關中之地「五方錯雜，風俗不一」，「其安定、彭原之北，汧陽天水之西，接近胡戎，多尚武節」，并州「近狄，俗尚武藝」。〔註7〕英國學者崔瑞德在《劍橋中國隋唐史》中也這樣說：「北方的文明，特別是西北的文明，仍以鮮明的特點向前發展。它具有與眾不同的尚武精神色彩，不論漢人或是『夷狄』，都崇尚武功，喜愛狩獵，喜歡良馬和獵犬獵鷹。」〔註8〕胡人的尚武精神爲唐代尚武任俠風氣的盛行起了推波助瀾的作用。陳鴻《東城老父傳》中說：「今北胡與京師雜處，娶妻生子，長安中少年有胡心矣。」〔註9〕社會上胡風彌漫。作爲唐代統治者的關隴集團本就胡漢雜糅，因而對胡風持開放態度。唐朝強盛的國力吸引大量的胡人來到中土，胡人文化開始流行，並且滲透、影響到當時士大夫心目中的理想男性標準。南朝時期柔弱、文質、纖細的男子形象似乎已不符合這時期的審美價值觀，而男性的粗獷、勇武、陽剛則成爲初唐、盛唐較爲認同的理想男性標準。

　　初唐、盛唐士大夫的任俠精神其實也是尚武精神的一種表現。當時不少文士具有俠客精神或對俠客充滿敬佩。李白自稱「十五學劍術，遍干諸侯」，曾經「託身白刃裏，殺人紅塵中」。〔註10〕《俠客行》一詩中對那個「十步殺一人，千里不留行。事了拂衣去，深藏功與名」的俠客不無欽仰。此外，陳子昂「赤丸殺公吏，白刃報私仇」。〔註11〕孟郊「殺人不回頭，輕生如暫別」〔註12〕等詩句都將俠客的行爲寫得浪漫瀟灑，在尚武精神的表現上則幾乎一致。「（唐代）處於歷史上又一個繁榮時期的地主階級，精力充沛，充滿自信。它的一部分成員，須要借助各種方式表現自己的英雄氣概，建功立業是一種適宜的方式，任俠也是一種適宜的方式，而且是一種更容易做到的方式。誠然，勇決任氣、揮金如土、揚眉吐納、激昂青雲的非同凡響的行爲與氣概，

〔註7〕　〔唐〕杜佑：《通典》卷179，《河東郡・風俗》，王文錦、王永興等點校，北京：中華書局，1988年，第1489頁。

〔註8〕　〔英〕崔瑞德：《劍橋中國隋唐史》，北京：中國社會科學出版社，1990年，第54頁。

〔註9〕　〔宋〕李昉：《太平廣記》卷485，《東城老父傳》，北京：中華書局，1961年，第3998頁。

〔註10〕　〔唐〕李白：《李太白文集》卷7，《贈從兄襄陽少府皓》，〔清〕王琦注，北京：中華書局，1977年，第462頁。

〔註11〕　〔唐〕陳子昂：《陳子昂集》卷1，《感遇三十四》，徐鵬點校，北京：中華書局，1960年，第12頁。

〔註12〕　〔唐〕孟郊：《孟東野詩集》卷1，《游俠行》，北京：人民文學，1959年，17頁。

在初唐、盛唐之前和之後都有，但被當作高尚的行爲，光榮的標誌、時髦生活方式而受到皇室、將相、權貴、士族、豪富子弟如此普遍的崇尚，則是罕見的。它是處於繁榮時期的地主階級的理想主義的一種表現方式。」〔註13〕尚武任俠精神在初唐、盛唐社會中具備重要影響是顯而易見、毫無疑問的。

初唐、盛唐統治者出於鞏固邊防和開疆拓土的需要，獎勵軍功，激發了當時文士的功業追求。文士的尚武精神在很多方面都有所表現。根據《山堂肆考》卷43中稱唐宰相才兼文武者有李靖、郭元振、唐休璟、張仁願等，這幾位可以說是由於軍功成爲宰相中的代表人物。〔註14〕初唐、盛唐文士即使沒有參加戰爭，在日常生活中仍舊嚮往仗劍天涯、行俠仗義的游俠生活。即使自己不能一展夙願，也會在文學作品中表現出對那種激情澎湃的戎馬生活的嚮往和追求。從數量龐大的由唐代士大夫創作的膾炙人口的詩歌中，我們可以瞭解到初唐、盛唐士大夫濃厚的尚武之風。而較能體現尚武風尚的莫過於邊塞詩。「寧爲百夫長，勝作一書生」；〔註15〕「平生多志氣，箭底覓封侯」；〔註16〕「孰知不向邊庭苦，縱死猶聞俠骨香」；〔註17〕「功名祇向馬上取，眞是英雄一丈夫」；〔註18〕「斬得名王獻桂宮，封侯起第一日中」；〔註19〕「長安少年無遠圖，一生惟羨執金吾。麒麟前殿拜天子，走馬爲君西擊胡」；〔註20〕「匈奴今未滅，畫地取封侯」〔註21〕……都生動地反映了當時普遍的時代文化心理。文人士大夫，身上多的是豪氣、是硬氣，是熱血報國，是胸懷天下，是行俠仗義，這種在面貌上的不同凡響勢必會影響到他們心目中的理想

〔註13〕羅宗強：《李杜論略》，呼和浩特：內蒙古人民出版社，1980年，第72頁。

〔註14〕〔明〕彭大翼：《山堂肆考》，卷43，《臣職·才兼文武》，《景印文淵閣四庫全書》，第974冊，臺北：臺灣商務印書館，1983年，第707頁。

〔註15〕〔唐〕楊炯撰，徐明霞點校：《楊炯集》卷2《從軍行》，北京：中華書局，1980年，第21～22頁。

〔註16〕〔宋〕計有功：《唐詩紀事》卷42，王涯《塞上曲二首》，文淵閣《四庫全書》本，第2頁上。

〔註17〕〔唐〕王維：《王右丞集箋注》卷14，《少年行》，〔清〕趙殿成注，文淵閣《四庫全書》本，第3頁上。

〔註18〕〔唐〕岑參：《岑參集校注》，陳鐵民、侯忠義校注，上海：上海古籍出版社，2004年，第122頁。

〔註19〕〔唐〕張籍：《少年行》，《張司業集》卷2，文淵閣《四庫全書》本，第8頁下。

〔註20〕〔宋〕姚鉉編：《唐文粹》卷12，王翰《古長城吟》，〔清〕許增校，文淵閣《四庫全書》本，第32頁上。

〔註21〕〔唐〕楊炯：《楊炯集》，北京：中華書局，1980年，第25頁。

男性標準。他們看重那些以武功打天下，從血與火的戰場上走過來的開國勇士。他們具有投筆從戎，開創天下的使命感，還有慷慨激昂的功名之念，試看魏徵的《述懷》：

> 中原初逐鹿，投筆事戎喧。縱橫計不就，慷慨志猶存。
>
> 杖策謁天子，驅馬出關門。請纓繫南越，憑軾下東蕃。
>
> 鬱紆陟高岫，出沒望平原。古木吟寒鳥，空山啼夜猿。
>
> 既傷千里目，還驚九逝魂。豈不憚艱險，深懷國士恩。
>
> 季布無二諾，侯嬴重一言。人生感意氣，功名誰復論？〔註22〕

又如王昌齡《青樓曲》二首：

> 白馬金鞍從武皇，旌旗十萬宿長楊。
>
> 樓頭小婦鳴箏坐，遙見飛塵入建章。
>
> 馳道楊花滿御溝，紅妝縵綰上青樓。
>
> 金章紫綬千餘騎，夫婿朝回初拜侯。〔註23〕

文人士大夫筆下勾畫出這麼一幅振奮人心的皇家大軍凱旋圖，可見當時的國威軍容之盛，武將地位之高。立功回朝的將軍很快便可封侯拜爵，詩中少婦亦以立軍功的夫婿爲榮耀。而這些雄赳赳、氣昂昂的散發著陽剛、勇武美的武士們無疑就是士大夫心目中的理想男性形象。在初唐、盛唐時，民間女子以嫁給軍中男子爲榮，因爲獲取軍功就可能改換門庭。敦煌曲子詞中許多「征婦怨」題材的作品，其實就是那時期從軍將士妻子的心跡記錄。如《風歸雲》中「想得爲君貪苦戰，不憚崎嶇。終朝沙磧裏，只憑三尺，勇戰奸愚……」〔註24〕婦女對丈夫認可、讚賞，而且心存自豪感。還有另外的一首《風歸雲》中：「父兄皆是，佐國良臣。……娉得良人，爲國遠長征。爭名定難，未有歸程。」〔註25〕父親、兄長、丈夫都是「佐國良臣」。她爲「未有歸程」而失望怨歎，但又爲了「爭命定難」而驕傲自豪。而《宮怨春》中「慕得蕭郎好武，累歲長征。向沙場裏，掄寶劍，定攙槍」〔註26〕中征婦爲「累歲長征」而心存怨

〔註22〕〔宋〕計有功：《唐詩紀事》卷4，魏徵《述懷》，上海：上海古籍出版社，2008
　　　　年4月第2版，第45頁。

〔註23〕〔宋〕洪邁輯：《萬首唐人絕句》卷17，王昌齡《青樓曲》二首，文淵閣《四
　　　　庫全書》本，第10頁下。

〔註24〕曾昭岷等著：《全唐五代詞》，北京：中華書局，1999年，第801頁。

〔註25〕同上註，第802頁。

〔註26〕同上註，第849頁。

望，但在思念中融入了理解之意，在怨歎中又表達了傾慕之情，不但支持，而且歌頌，「蕭郎」的「好武」令她愛慕不已，而且讚賞他能夠在沙場中持槍掄劍英勇殺敵，字裏行間似乎洋溢著一種樂觀精神和必勝信心。在征婦訴說思念之情後，流露出了想像之中沙場戰爭的剛健威武，詞中高揚著勇武之氣。詞的下闋，征婦表達出自己的美好祈願：「願天下銷戈鑄戟，舜日清平。待成功日，麟閣上，畫圖形。」〔註 27〕征婦眞誠期盼戰爭結束，願天下將戈戟等兵器都熔化成鐵，渴望天下太平，同時也希望自己的丈夫能因昔日沙場上的英勇苦戰而功成名就。而《失調名》：「離卻沙場別卻妻，交我兒婿遠征行。乃可氈鞍搋漢齊。大王不許女人妝。女人束妝有何妨，妝束出來似神王。乃可刀頭劍下死，夜夜不願守空房。」〔註 28〕不僅描寫了征夫遠征前夫妻惜別的悲壯情景，而且表現了妻子提出寧可隨夫一起出征的果敢。雖然這些詩詞是士大夫以婦女的角度和口吻來寫的，所以詩詞中表現婦女們對於從軍將士的讚美、愛慕、思念之情，以從軍將士爲男性美的代表其實也是士大夫審美志趣的體現。陽剛美體現的是男性實踐主體的精神意志和價值追求。在初唐、盛唐特定時期內的尙武之風薰染下的士大夫心目中的理想男性標準摒棄了魏晉南北朝崇尙男性的弱質、陰柔等女性化的美，回歸到崇尙粗獷、陽剛、勇武美的軌道上來。

第二節　中唐士大夫心目中的理想男性

　　王朝的更迭頻繁、戰事的頻仍所帶來的政治混亂、多民族雜居所帶來的民族關係緊張等狀況逐漸得到改善。經過初唐的經營，社會經濟得到恢復和發展，百姓安居樂業。多年戰爭、割據的混亂狀態的結束，爲社會文化的發展創造了一個良好的環境，經高宗之世到武周時代，即在唐立國近半個世紀後，文事漸盛。相應地，粗獷、豪放、勇武的男性標準似乎漸漸失去昔日的價值。期間朝廷對軍士的軍功政策的調整爲尙武之風的消衰以及理想男性標準的轉變起了推波助瀾的作用。尙武之風的嬗遞大致在玄宗時期已告明朗，隨之科舉成爲社會風尙，入仕成爲非常榮耀的事情，而科舉登第的士大夫成爲士大夫推崇的理想男性。

〔註 27〕曾昭岷等著：《全唐五代詞》，北京：中華書局，1999 年，第 849 頁。
〔註 28〕同上註，第 947 頁。

　　大約從高宗時期起，對於軍功者雖然仍許以勳獎，但是勳官的地位卻逐漸下降。劉仁軌說：「今日官府，與往日不同，人心又別。」〔註29〕據《舊唐書》卷42《職官志一》：高宗咸亨五年（674年）以後，「戰士授勳者動盈萬計……又分支諸曹，身應役使，有類僮僕；據令乃與公卿齊班，論實在於胥吏之下，蓋以其猥多，又出自兵卒，所以然也。」〔註30〕大致反映出這一時期世人對於行伍中人的某種輕視。故此，始有世人不樂從軍「以求勳效」〔註31〕之事出現。劉仁軌在一份上表中談及顯慶五年（660年）以後的情況時說：朝廷對將士「征役身死，更不借問，……又為征役，蒙授勳級，將為榮寵；頻年征役，唯取勳官，牽挽辛苦，與白丁無別。百姓不願征行，特由於此。」〔註32〕顯而易見，時代風尚的嬗遞，理想標準的轉變，是有著深刻的社會原因的。

　　武則天時期，為了沉重打擊士族門閥勢力，提高庶族出身地主的地位，鞏固自己的統治基礎和權力，大力推行科舉制，文人士子以詩文求取仕進漸漸趨於興盛。這與時人不樂從軍交相呼應。武則天君臨天下時，公卿百辟「恥不以文章達」。〔註33〕而到了玄宗開元、天寶之世，唐久承昇平，崇尚文教之風日趨興盛，尚武之風漸次遠離唐代主流社會，而唐人求取仕進、追逐功名的途徑也與以往發生了明顯變化。

　　唐德宗時期任職史館的沈既濟回憶開元、天寶時期的情況說：

> 雖有宏猷上略無所措，奇謀雄武無所奮，……故太平君子唯門調戶選、徵文射策以取祿位，此行己立身之美者也。父教其子、兄教其弟，無所易業；大者登臺閣，小者任郡縣，資身奉家，各得其足，三尺童子恥不言文墨焉。是以進士為士林華選，四方視聽，希其風采，每歲得第之人，不浹辰而周聞天下。〔註34〕

〔註29〕〔後晉〕劉昫：《舊唐書》卷84，《劉仁軌傳》，北京：中華書局，1975年，第2793頁。

〔註30〕〔後晉〕劉昫：《舊唐書》卷42，《職官志一》，北京：中華書局，1975年，第1808頁。

〔註31〕〔宋〕司馬光：《資治通鑑》卷201，唐高宗乾封元年十二月己酉條，北京：中華書局，1956年，第6351頁。

〔註32〕〔後晉〕劉昫：《舊唐書》卷84，《劉仁軌傳》，北京：中華書局，1975年，第2793頁。

〔註33〕〔唐〕杜佑：《通典》卷15，《選舉典三》，王文錦、王永興等點校，北京：中華書局，1988年，第357頁。

〔註34〕〔宋〕李昉：《文苑英華》卷759，《詞科論》，北京：中華書局，1966年，第3974頁。

而「開元以後，四海晏清，士無賢不肖，恥不以文章達」，〔註35〕尙武之風已經不明顯。玄宗時代不僅折衝府將因「積歲不得遷，士大夫皆恥爲之」，〔註36〕就連往日番上宿衛、侍從的被人豔羨而成爲侍官者，天寶以來軍師中人也同樣「恥之，至相罵辱必曰侍官」。〔註37〕在唐後期，「天下無事⋯⋯挽得兩石力弓，不如識得一丁字」〔註38〕成爲順應潮流的益世良言。開元二十三年進士李頎的《緩歌行》：「男兒立身須自強，十年閉戶潁水陽；業就功成見明主，擊鍾鼎食坐華堂。」詩中又述：「二八蛾眉梳墮馬，美酒清歌麴房下。文昌宮中賜錦衣，長安陌上退朝歸。五陵賓從莫敢視，三省官僚揖者稀。早知今日讀書是，悔作從前任俠非。」〔註39〕這和宋代士大夫所認同的書中自有顏如玉、書中自有黃金屋、書中自有千鍾粟之聖訓的意蘊幾乎一致。李頎在另外一篇《放歌行答從弟墨卿》中所述：「小來好文恥學武，世上功名不解取；雖沾寸祿已後時，徒欲出身事明主」，〔註40〕表達的仍然是士大夫求取功名、好文恥武的心情。文賦之道爲世所重，科舉入仕爲世風所尙。這一風尙使得初唐、盛唐士大夫嚮往仗劍從戎、立功塞外的豪邁之舉化爲往日雲煙。〔註41〕玄宗以後，朝廷官員的任職成分也發生了改變。中樞要員宰相等多由諸出身科舉者擔任。唐德宗時期，常袞當政，「非以辭賦登科者莫得進用」。〔註42〕陳寅恪先生論及進士科：「進士之科雖設於隋代，而其特見尊重，以爲全國人民出仕之唯一正途，實始於唐高宗之代，即武曌專政之時，及至玄宗，其局勢遂成凝定。」〔註43〕從此，士大夫對於科舉是趨之若鶩、百折不回。

〔註35〕〔唐〕杜佑：《通典》卷15，《選舉典三》，王文錦、王永興等點校，北京：中華書局，1988年，第357頁。

〔註36〕〔宋〕歐陽修、宋祁：《新唐書》卷50，《兵志》，北京：中華書局，1975年，第1327頁。

〔註37〕同上註。

〔註38〕〔後晉〕劉昫：《舊唐書》卷129，《張延賞傳》，北京：中華書局，1975年，第3611頁。

〔註39〕〔宋〕計有功：《唐詩紀事》卷20，李頎《緩歌行》，文淵閣《四庫全書》本，第10頁下。

〔註40〕〔宋〕王安石：《唐百家詩選》卷5，李頎《放歌行答從弟墨卿》，文淵閣《四庫全書》本，第12頁下。

〔註41〕《全唐詩》卷36，虞世南《出塞》詩以及卷50楊炯《出塞》詩大致可以反映出這一趨向。

〔註42〕〔後晉〕劉昫：《舊唐書》卷119，《崔祐甫》，北京：中華書局，1975年，第3440頁。

〔註43〕陳寅恪：《統治階級之氏族及其升降》，《陳寅恪集・隋唐制度淵源略論稿・唐代政治史述論稿》，北京：三聯書店出版社，2001年，第205～206頁。

時尚的流轉與價值觀念的變遷是一脈相承的，二者都體現了社會風貌的內在特徵。「時代精神已不在馬上，而在閨房；不在世間，而在心境。」〔註44〕隨著中唐時代風尚的變化，中唐士大夫心目中理想男性的標準也發生改變。初唐時楊炯的「寧為百夫長，勝作一書生」〔註45〕的牢騷與中唐的「挽得兩石力弓，不如識得一丁字」〔註46〕可視為士大夫心目中理想男性標準從崇尚陽剛、力量、勇武到崇尚才氣橫溢、纖細文弱轉變的生動寫照。「才子」成為士大夫群體乃至中唐社會羨慕、追逐的對象，成為理想男性的典範。中唐後的愛情傳奇中大多數與女主角享受巫山雲雨、魚水之歡性活動的男主人公是才子。這也隱喻了士大夫群體對理想男性標準的變化。

中唐士大夫希望努力建構起適合自身生存的理想家園，這種建構行為在初唐、盛唐時以潛流的形式而存在，在中唐則於傳奇文學中得以體現。中唐的愛情傳奇引人注目，首先作者輩出：「沈既濟、許堯佐攇秀於前，蔣防、元稹振採於後，而李公佐、白行簡、陳鴻、沈亞之輩，則其卓異也。」〔註47〕這些都是士大夫階層中的「才子」。其次從創作群體來看，大多是士大夫中的佼佼者，如許堯佐、元稹、白行簡、沈亞之、李公佐等。愛情傳奇中文士的形象和現實中的士大夫有相契合的一面。愛情傳奇中的男主人公大多數是進士、才子，從某種意義上可稱之為是他們創作主體的自我設計及自我呈露。這些人物雖為小說中人，但是相當部分有真人真事可資對照。韓翃為大曆十才子之一，《新唐書》卷203、《唐詩紀事》卷30、《唐才子傳》卷4均有記載；李章武，敏博工文，時人比之張華，《全唐詩》卷516有記載；李益，《舊唐書》卷137、《新唐書》卷203、《唐詩紀事》卷30、《唐才子傳》卷4均有記載；至於韋崟，仍實有其人，《元和姓纂》卷2、《新唐書·宰相世系表四上》均說韋崟為龍州刺史，與《任氏傳》述其為殿中侍御史兼龍州刺史相合。

莫達爾曾指出，文學作品「它是個人的表達，代表作者的整個人格。它的現在和過去，快樂和痛苦，都進入創作的過程，而這個過程也記錄了他秘密的渴望和最隱秘的情感，是他掙扎與失望的表露，是他情緒的出口，雖然

〔註44〕李澤厚：《美的歷程》，桂林：廣西師範大學出版社，2000年，第207頁。
〔註45〕〔唐〕楊炯：《楊炯集》卷2，《從軍行》，徐明霞點校，北京：中華書局，1980年，第21～22頁。
〔註46〕〔後晉〕劉昫：《舊唐書》卷129，《張延賞傳》，北京：中華書局，1975年，第3611頁。
〔註47〕魯迅校錄：《唐宋傳奇集·序例》，北京：人民文學出版社，1952年，第2頁。

他努力壓抑，仍然暢流不止。」〔註48〕據《唐會要》載：「（武德）四年九月二十九日，詔太常樂人……婚姻絕於士庶，名籍異於編甿。」〔註49〕對奴婢的規定則更爲苛刻：「一免爲番戶，再免爲雜戶，三免爲良人。」〔註50〕上述資料表明妓女、奴婢在社會上的地位很低賤。唐代社會在等級制度上存在良賤之分。自由的良人包括貴族、士族、官僚及庶族平民，賤族則包括百工、樂人、官私奴婢等。等級制度決定了逾階婚娶很難發生，法律甚至對此作了嚴格的限制，唐律就細密地規定了各階層婚娶的準則：「人各有耦，色類須同。良賤既殊，何宜配合。」〔註51〕唐律本著「當色爲婚」的原則，對於那些異色相娶者，必須「離正」，並接受法律的制裁。而中唐士大夫創作出一系列優秀傳奇作品：《離魂記》、《李章武傳》、《霍小玉傳》、《鶯鶯傳》、《李娃傳》、《任氏傳》、《非煙傳》等。這些傳奇的男女主人公分別來自兩個社會階層：男子多爲良人，秀才、名門弟子，但多才華橫溢，即「才子」；女子多爲賤人，如倡優、奴婢等，但多美貌驚人，即「佳人」。中唐的愛情傳奇發生在身份地位懸殊的良賤之間，不由得讓人想追問一句，士大夫違背法律規定和社會婚尙的言情之作，究竟反映什麼樣的心理呢？在文情並茂的敘述中，體現著作者對一種新型愛情理想的追尋與嚮往，在男女相戀的故事背後，流露出對於才子佳人相戀的構想。無論富貴與否，甚至無論品行如何，才子都能夠成爲傳奇中佳人仰慕和付出的對象。佳人加才子是中唐士大夫集體認同的情感模式，傳奇中的男主人公被打上作者自己的烙印，若非金榜題名，至少也才華橫溢。士子們獲得這些佳麗豔遇、青睞的條件，就是才華。在傳奇的世界中，中唐士大夫精英階層的優越性有可能被放大了。無形中，男人微妙的自尊心和優越感得到了膨脹，這實際是自我肯定的方式。在中唐士大夫心目中，這時期的理想男性就是「才子」，這與初唐、盛唐士大夫心目中的理想男性標準爲粗獷、力量、陽剛已然不同。

中唐愛情傳奇中愛情的演繹通常貫穿著性的色彩，通常男女還沒有交談

〔註48〕〔法〕莫達爾：《愛與文學》，鄭秋水譯，長沙：湖南文藝出版社，1987年，第2頁。

〔註49〕〔宋〕王溥等：《唐會要》卷34，《論樂》，北京：中華書局，1955年，第623頁。

〔註50〕〔宋〕王溥等：《唐會要》卷86，《奴婢》，北京：中華書局，1955年，第1569頁。

〔註51〕〔唐〕長孫無忌：《唐律疏議》卷14，《戶婚》，劉俊文點校，北京：中華書局，1983年，第269頁。

幾句便有了魚水之歡。才子佳人相悅的過程特點表現爲一見鍾情式的相遇。他們往往一見傾心，女愛男的才，男愛女的貌，以各自的情感直覺作爲愛的起點，邂逅相遇的刹那間迸發出驚喜的火花。傳奇女主人公都是超凡的美麗動人，她們不僅是美的化身，更是士大夫理想願望和審美情趣的凝結。而與之相匹配並且產生愛情的男主人公，則都是談吐不凡、文筆雋秀的才子，但是其相貌則不一定丰釆超凡。如李益，爲了見霍小玉刻意打扮自己，在鏡前盤桓，不覺過了半日，及至小玉見了，還是譏笑道：「見面不如聞名。」〔註52〕看來這位公子相貌不會太出色。不過這些才子因爲才而煥發出耀眼的光芒，而這種光芒足以獲得佳人的青睞，能匹配其絕世美貌。這說明才子能夠獲得青睞而產生性吸引力的重要因素不是「貌」，而是「才」，尤其越是才華橫溢者越是魅力非凡。董家尊先生說：「歐洲的武士是用刀、劍、拳腳來達到『弔膀』的目的，而我國的書生則是用詩詞、歌賦來博得女人的歡心。」〔註53〕《柳氏傳》中柳氏初見頗有詩名的韓翃時，「自門窺之，謂其侍者曰：『韓夫子豈長貧賤者乎！』遂屬意焉。」〔註54〕而《非煙傳》中的趙象「秀端有文，才弱冠矣」，他「於南垣隙中窺見非煙，神氣俱喪，廢寢忘寐」，非煙雖「含笑凝睇而不答，」但當一封情緘來到時，方才吐露眞言：「我亦曾窺見趙郎，大好才貌……」從此兩人暗通詩信，傳遞情思。〔註55〕傳奇中男女一見鍾情式的相遇，心靈與心靈的相通也並非毫無來由的牽扯，而是基於兩人心中對生命本質的感悟與理解而迸發出的情感火花。女子出於對才子才能的欣賞與尊重，才子則出於對女子大好容貌的傾心以及對其肯定贊同才子價值的感激。這種情節的安排正好可以反映出中唐士大夫新型的審美觀，也折射出他們心中理想男性標準的變化。

「任何文學的歷史，只有把這種文學和創造這種文學的社會和精神狀態聯繫起來，只有把它放到它當時的環境中去，才能被人理解，才能加以研究。」

〔註52〕〔宋〕李昉：《太平廣記》卷487，《霍小玉傳》，北京：中華書局，1961年，第4007頁。

〔註53〕董家尊：《中國古代婚姻史研究》，廣州：廣州人民出版社，1995年，第338頁。

〔註54〕〔宋〕李昉：《太平廣記》卷485，《柳氏傳》，北京：中華書局，1961年，第3995頁。

〔註55〕〔宋〕李昉：《太平廣記》卷491，《非煙傳》，北京：中華書局，1961年，第4033頁。

〔註56〕由於唐代社會經濟的發展，都城長安出現了專門的狎妓場所平康里。這裡是達官貴人、新晉進士等人經常流連的場所。雖然娼妓以賣身為特徵，但在文學藝術高度繁榮的唐代，當時妓女卻以色為副品，大都注重一定的文化素質培養。中唐嫖客「最注重『恢諧言談』，其次為『音律』，其次為『居住及飲食音律』。」〔註57〕中唐士大夫常用詩來褒獎或嘲謔妓女，可使平康里某妓身價倍增，門庭若市，也可使之獨守空床，淒清寂寞，從中足可見出當時社會士大夫的才華被推崇重視的程度。

中唐愛情傳奇小說中「才子」大行其道，有學者認為，本來形容德才兼備的有教養的文人「才子」和形容美人的「佳人」一語古已有之，但將其組合到一起，作為男女的理想模式而並稱，同時作為小說的主人公而出現，實始自唐代。〔註58〕佳人愛才子，實際上是在社會看重文學才能的基礎上形成的一種審美心理，郎才女貌的愛情格局，得到了士大夫的認同和社會的豔羨。

傳奇作品的男主人公大都有著科舉考試的經歷，被描寫為文才出眾的知識分子，即「才子」。這是因為進士是時代的寵兒，達官貴人極願挑選進士為金龜婿。長安曲江旁是進士試放榜後最熱鬧的地方，進士們在這兒大宴賓朋，泛舟戲水。「其日，公卿家傾城縱觀於此，有若中東床之選者十八九，鈿車珠鞍，櫛比而至。」〔註59〕「公卿家率以其日，揀選東床，車馬闐塞，莫可殫述。」〔註60〕這說明當時的進士已經獲得時人的豔羨。

唐愛情傳奇作品，雖然與明清時期典型的才子佳人小說不同，但已有了才子佳人小說的重要因素。這種選擇配偶時，對男子的審美趨向於「才」，因「才」而生愛，甚至因「才」而產生性，理想男性標準以「才」標榜，無疑折射出時代擇偶觀、審美觀的轉變，有著深刻的社會文化背景。

〔註56〕《斯達爾夫人論文學》，《外國文藝理論叢書》，徐繼曾譯，北京：人民文學出版社，1986年，第1頁。
〔註57〕王書奴：《中國娼妓史》，上海：上海三聯書店，1988年，第77頁。
〔註58〕張競：《唐代小說與戀的成立——關於〈鶯鶯傳〉的「戀」》，東京：汲古書院，1991年，第290頁「才子佳人」之最早用例，見《太平廣記》卷344，《鬼》29，「呼延冀」條所引唐代李隱《瀟湘錄》：「妾既與君匹偶，諸鄰皆謂之才子佳人」，北京：中華書局，1961年，第2726頁。
〔註59〕〔唐〕王定保：《唐摭言》卷3，《慈恩寺題名遊賞賦詠雜記》，上海：上海古籍出版社，1978年，第32頁。
〔註60〕〔唐〕王定保：《唐摭言》卷3，《散序》，上海：上海古籍出版社，1978年，第25頁。

愛情傳奇中「才子」往往頗具詩才，隋唐確立了以詩賦取士的科舉制度，對整個社會文化的取向具有導向作用。唐代社會文化氛圍的濃鬱，使得除讀書士子外，上至皇帝將相，下至販夫走卒，坊中妓女，幾乎無不能寫詩、誦詩，都以能吟上幾句附庸風雅。中唐愛情傳奇作者，大多屬於中下層士大夫，從他們的審美視角中，具備了詩才的才子無疑是理想男性典範。此外，詩才還是士大夫自然性情的展露、昂揚生命力的迸發，通過詩篇的表達形式，士子們可以充分展示自我才能和風采，展示自我存在的價值。中唐愛情傳奇中女主人公對士子才華的看重，進而以身相許，甚至雖死無憾。假如沒有心靈的契合與期許，決不會有如此訣絕之舉。這從一個側面反映了士大夫對自身才能的自許。

筆者注意到中唐的愛情傳奇中「才子」的性活動的情節安排。在傳奇中，因為「才」而產生愛，又因為「才」而產生「性」，「才」是男主人公吸引女主角的最耀眼的光芒所在，「才」還是推動情節發展最重要的因素。所以，「才」是當時士大夫心目中最理想男性標準的體現。既然詩詞歌賦就是表達詩才的形式，而詩歌在故事中的作用就不但是男女主人公表達愛情的媒介，更是推動故事情節發展的必備手段。此外，故事中男女主人公的吟詩酬唱營造了優美的意境，令整個故事籠罩於浪漫的詩化氛圍之中。借助於詩歌來推動情節的發展，營造意境，以詩歌傳情、定情，進而水到渠成、順理成章地來享受魚水之歡。

武則天時期的著名才子張鷟的《遊仙窟》〔註61〕和一百多年後元稹的《鶯鶯傳》〔註62〕可以作為對比。武則天時期雖然還不是中唐，但是此時進士的地位漸漸提高，士大夫的才能受人重視。張鷟就是當時聞名遐邇的才子，「初登進士第，對策尤工，考功員外郎騫味道賞之曰：『如此生，天下無雙矣！』」〔註63〕「鷟凡應八舉，皆登甲科……員外郎員半千謂人曰：『張子之文如青錢，萬簡選中，未聞退時。』時流重之，目為『青錢學士』」〔註64〕這個雅號後代成為典故，成了才學高超、屢試屢中者的代稱。以致於當時「新羅、日本東

〔註61〕袁閭琨、薛洪勣：《唐宋傳奇總集》（唐五代上），鄭州：河南人民出版社，2001年，第15～28頁。

〔註62〕〔宋〕李昉：《太平廣記》卷488，《鶯鶯傳》，北京：中華書局，1961年，第4012～4017頁。

〔註63〕〔後晉〕劉昫：《舊唐書》卷149，《張薦傳》，北京：中華書局，1975年，第4023頁。

〔註64〕同上註。

夷諸蕃，尤重其文，每遣使入朝，必重出金貝以購其文，其才名遠播如此。」
〔註65〕那麼如斯才子所寫的作品，自然非常推崇「才子」。

《遊仙窟》故事敘述男主人公奉使河源，與美豔絕倫的崔十娘和五娘相
遇。在男女主人公交往的過程中，多通過書信投贈、詩句對答來表現男女調
情之事，賦詩言談充滿了赤裸裸的欲望，側面顯示出唐代士大夫自詡才子者
的輕狂、自信及情欲賁張，而女主人公也充滿了妓的風情和妖嬈，所以色情
成分濃厚。最關鍵的是男主人公的文才引得女主角的傾慕和主動俯就。

《遊仙窟》故事情節的基本構成如下：

一是相遇。因公務出身名門的科舉進士出身的地方官人（才子）奉使河
源，迷路於博陵崔氏小姐的住所。

二是詩歌贈答。忽聞有人彈箏，於是通過僕人，男子向女子贈詩（詩為
五言律詩）。女子也以詩（五言絕句）回贈，同時展現美麗容顏。經過數次詩
文往來，男子終於成功接近了女子。

三是宴會。在房間內舉行有僕人們在場的宴會。依次描寫極盡奢華的酒
具和酒，優雅的對話，詩的贈答，箏的演奏，山珍海味，詩的贈答，樂團合
奏，男性起舞，詩的贈答。

四是同衾。女性的寢室，華麗的陳設中展開詩的贈答，徹夜擁抱的描寫。

五是離別。天明詩的贈答，互留信物枕（男）、履（女）、銅鏡（男）、扇
（女），男性告別而出。

而元稹的《鶯鶯傳》的主要結構情節雷同得幾乎如出一轍，簡略敘述如下：

一是相遇。貞元年間（785～804），以好色自居的張生在蒲州（山西省永
濟縣）——寺廟偶遇姨母鄭氏及其女崔鶯鶯，同宿寺內。

二是宴會。鄭氏為答謝拯救自己於危機之中的男子舉行宴會，席上張生
見到崔鶯鶯並且一見鍾情。

三是詩歌贈答。男子通過鶯鶯的使女贈詩，女子亦以詩回贈，互相試探
傳情（男子贈以春詞三首，女子回以「明月三五夜」之五言絕句）。

四是同衾。應詩所邀男子欲入女子寢室，一度遭到拒絕。數日後女子造
訪男子寢室，男女徹夜相擁。後男子再贈詩（以「會真」為題三十韻），並以
此為契機每夜在女子房內相會。

〔註65〕〔後晉〕劉昫：《舊唐書》卷149，《張薦傳》，北京：中華書局，1975年，第
4024頁。

五是離別。男子辭別女子赴京城趕考，其間一度回到女子身邊又再次趕赴京城。男子科舉考試失敗滯留京城，與鶯鶯雖以魚雁傳書而終不得再次相會。

通過比較可以發現，《鶯鶯傳》雖然在登場人物的數量、種類、情節構成上比《遊仙窟》更爲複雜，但基本上是重複著同樣的故事結構，大概都是作者根據自身在妓館與歌妓的交往而寫成的，在發展到性交往的程式上，都以富於技巧的詩文和會話來推進。〔註66〕《遊仙窟》的情節如果細分爲五個環節的話，那麼詩歌的贈答出現在從第二到第四個環節中，可以說是貫穿始終。而詩歌的贈答正是才子彰顯詩才的主要形式。

而《鶯鶯傳》也是同樣的以詩文來推進情節的發展。我們可以從兩部傳奇的字裏行間嗅出那股色情的氣息，似乎還都彌漫著性的色彩，而才子才華的彰顯及展現推進了男女主人公性交往的水到渠成。《遊仙窟》和《鶯鶯傳》都將故事中的男性描寫爲風流倜儻的「才子」，而將女性描寫爲風華絕代的佳人，男性仰慕女性的容貌，女性愛慕男性的才華。女主人公的性魅力來源於「貌」，而男主人公的性魅力則來源於「才」。「才」與「貌」相遇則產生了「性」。這種故事情節幾乎雷同的設置其實就反映了中唐士大夫的新型性審美觀念。雖然《遊仙窟》出現在盛唐，但是我們可以認爲這是唐早期性審美觀的反映。此後，延續到中唐，這類型的作品不斷湧現，故事情節更爲豐富，敘事手法漸趨多樣：《柳氏傳》、《霍小玉傳》、《步非煙》、《裴航》、《崔護》……但是，如出一轍的都是女愛男的才，男重女的色，女性以美麗的姿容征服才華橫溢男子的心，而男子以才華贏得美女的愛慕。這種男女描寫方法爲後世所繼承，對社會的審美觀念產生重要影響。這種價值觀，在中唐逐步成型。對於男性審美標準側重於內在的詩才、文才，而不是外型上的孔武勇猛、陽剛矯健，這可能是從中唐確立起來的士大夫對於理想男性的新標準。

第三節　理想男性標準變化的原因

從初唐、盛唐到中唐，士大夫心目中理想男性標準的變化明顯。那麼，究竟是什麼原因導致這種變化呢？

〔註66〕〔日〕妹尾達彥：《「才子」與「佳人」──九世紀中國新的男女認識的形成》，收錄於鄧小南主編：《唐宋女性與社會》，上海：上海辭書出版社，2003年，第707～708頁。

　　唐人的功利心態是導致價值觀變化的原因之一。公元 4 世紀以來，我國北方的匈奴、羯、鮮卑、氐、羌五個邊遠部族相繼進入中原，建立了若干軍事割據政權，王朝更迭頻繁，戰火連天，每次王朝的更替都伴隨著大規模的戰亂。連年戰爭在給北方帶來巨大破壞的同時，也孕育了一種以勇武為美的時代心理，形成了一種強悍尚武的軍功崇拜意識。唐初以來，為求天下統一，李唐統治集團發動了連年征戰。為鼓勵征戰，國家制定了獎勵軍功的政策，當時規定征人作戰有功者受勳賞，死者朝廷派人弔祭，並追贈官職，優待死難子弟。受此政策鼓舞，朝野上下士氣旺盛，人們希望用軍功換取個人的富貴前途。當時社會上普遍存在著崇尚勇敢殺敵、希冀以軍功進身的尚武之風，軍功出身者因而有著很強的優越感，以太宗為首的軍功集團的這些觀念，不可避免的影響到了身邊的文人士大夫階層。在太宗的大臣中，虞世南曾作《結客少年場行》、《從軍行》、《出塞》、《擬飲馬長城窟》等詩篇，勾畫出一代建功立業的勇士從戎征戍的豪邁氣勢。而唐政府採取獎勵軍功之法。凡立功將士，不僅加官晉級，還可以得到更多的永業田。從軍可以得到豐厚利益，改換門庭，提高社會地位，因而，對廣大農民家庭具有很強的吸引力。在最高統治者推波助瀾下，對軍功的崇拜以及隨之而來的功名富貴的熱切追求風靡唐初，成為時代的風尚。不絕如縷的軍功崇拜意識反映在大量的詩文作品中，唐人建功立業取富貴的思想在唐詩中多有反映，如祖詠「少小雖非投筆吏，論功還欲請長纓」；〔註 67〕李賀「男兒何不帶吳鉤，收取關山五十州，請君暫上凌煙閣，若個書生萬戶侯」；〔註 68〕王宏也有「從來戰鬥不求勳，殺身為君君不聞」。〔註 69〕其實王氏所說「殺身為君」是假，戰鬥求勳為己富貴才是真。

　　軍功出身者具有崇高的社會地位及時代優越感，唐前期就出現過一批憑軍功晉升致身通顯者，如郭元振、婁師德、薛仁貴、唐休憬等人。他們憑藉軍功青雲直上，獲取功名、富貴、地位、名望等等。這一切都在向人們昭示一條憑藉軍功獲取進身的道路。士大夫不但豔羨這些軍功富貴獲得者的出將入相，同時也喚醒了他們內心的功利心。在他們眼裏，只有這些軍功獲得者

〔註67〕〔清〕彭定求：《全唐詩》卷 131，北京：中華書局，1960 年，第 625 頁。

〔註68〕〔清〕彭定求：《全唐詩》卷 390，李賀《南園十三首》，北京：中華書局，1960年，第 2077 頁。

〔註69〕〔清〕彭定求：《全唐詩》卷 38，王宏《從軍行》，北京：中華書局，1960 年，第 494 頁。

上至封爵、封侯下至從軍將士們才是理想的男性典範。所以說，唐人的功利心態對他們的審美觀有不容忽視的影響。

但是馬上得天下，畢竟不能馬上治天下。所以從唐代立國初開始，統治者在統治重心上即逐步採取偃武修文的政策。隨著社會的安定與科舉制的發展，武人已乏用武之地，武人的地位也隨著逐步下降。大凡士大夫，只有應試科舉，方有入仕之望。而科舉考察的主要是個人的文學修養，即詩才，因此，民間尚武任俠之風漸為重文尚才之風所取代。以致出現「士無賢不肖，恥不以文章達」，〔註 70〕「五尺童子，恥不言文墨」〔註 71〕的情況。「唐代科舉之盛、肇於高宗之時，成於玄宗之代，而極於德宗之世。」〔註 72〕「自大中皇帝（唐宣宗）好儒術，特重科第，故進士自此尤盛，曠古無儔。」〔註 73〕又隨著中唐進士科的日益顯貴，大批文士一躍成為朝廷新貴，徹底改換門庭。進士登第後有很轟動的社會效應，《李奕登科記序》中提到「於是獻藝輸能、擅場中的者，榜第揭出，萬人觀之，未浹旬而名達四方矣。近者佐使外藩，司言中禁。彈冠憲府，起草粉闈，由此與能，十恒七八，至於登臺階、參密命者，亦繁有徒。所謂選才授爵之高科，求仕濫觴之捷徑也。」〔註 74〕科舉新貴們是時代的寵兒，極大地吸引著世人的眼光。所以，隨著科舉制的發展，唐人的對於男性的品評標準中，逐漸向才學傾斜。原因很簡單，在科舉制下，有才學就意味著可通過科舉考試謀取功名，有了功名就等於開啓了錦繡前程，還有與之相隨的榮華富貴。而這種功利心態的傾斜，也很可能會影響到士大夫的價值觀念及審美標準。重文輕武之風日盛，人們在對於男性的衡量評價中更趨向偏重於「才」。在科舉士大夫備受重視的中唐社會，才華橫溢的士大夫才子被視為偉丈夫，美男子。

還有一個原因可能導致士大夫心目中理想男性標準的變化。中唐國力日衰，內有宦官專權、藩鎮割據，外有非華夏部族頻頻犯邊，對內對外戰爭都甚少勝利的戰績，「（貞元十五年）十二月……乙未，戰淮西賊於小溵河，王

〔註 70〕〔宋〕李昉：《文苑英華》卷 759，《詞科論》，北京：中華書局，1966 年，第3974 頁。

〔註 71〕同上註。

〔註 72〕陳寅恪：《元白詩箋證稿》，上海：上海古籍出版社，1978 年，第 2 頁。

〔註 73〕〔唐〕孫棨等：《教坊記・北里志・青樓集》，上海：古典文學出版社，1957年，第 22 頁。

〔註 74〕〔宋〕李昉：《文苑英華》卷 737，趙儆《李弈登科記序》，北京：中華書局，1966 年，第 3842 頁。

師不利，諸軍自潰。」〔註75〕「（貞元）十六年春正月……乙巳，恒冀、定州、許、河陽四鎮之師與賊戰，皆不利而退。」〔註76〕「（長慶元年）十二月……庚午，杜叔良之軍與賊戰於博野，爲賊所敗，七千人陷賊，叔良僅免。」〔註77〕可以建立豐功偉業的武將不多，不像初唐、盛唐時候，湧現出一大批驍勇善戰，建立赫赫功勳的武將，如尉遲敬德、秦叔寶、程知節、段志玄、張公瑾、唐休璟、張仁願等等。中唐士風變化，士大夫心中自然不會去崇拜和羨慕那些甚少勝績的武夫。此外，藩鎮割據勢力嚴重威脅唐王朝中央政權的大一統，而其中一些番將出身的武人掌握了節度使大權，他們在德行情操上有污點，很少堪稱爲士大夫心中楷模者，如「王廷湊，本回鶻阿布思之種族，世隸安東都護府。曾祖曰五哥之，事李寶臣父子。王武俊養爲假子，驍果善鬥，武俊愛之。以軍功累授左武衛將軍同正，贈越州都督。」〔註78〕這位番將出身的武人殺魏博節度使田弘正，進而反叛朝廷。「長慶元年六月，魏軍還鎮。七月廿八日夜，廷湊乃結衙兵噪於府署，遲明，盡誅弘正與將吏家族三百餘人。廷湊自稱留後、知兵馬使，將吏逼監軍宋惟澄上章請授廷湊節鉞。」〔註79〕所以，東川節度使王涯獻狀曰：「幽、鎮兩州，悖亂天紀，迷亨育之厚德，肆狼虎之非心。囚繫鼎臣，戕賊戎帥，毒流州郡，遷及賓寮。凡在有情，孰不痛憤？伏以國家文德誕敷，武功繼立，遠無不伏，邇無不安，矧茲二方，敢逆天理……」〔註80〕這其實就是抨擊了當時大權在握的節度使某些悖亂行徑天怒人怨，爲人不齒。因此，士大夫自然很難將這些有污點的武人作爲理想男性的典範進行頌揚。

陳寅恪先生曾經說過：「唐代之史可分前後兩期，前期結束南北朝相承之舊局面，後期開啓趙宋以降之新局面，關於政治社會經濟者如此，關於文化學術者亦莫不如此」。〔註81〕士大夫理想男性標準的流變亦是如此。士大夫心

〔註75〕〔後晉〕劉昫：《舊唐書》卷13，《德宗下》，北京：中華書局，1975年，第392頁。

〔註76〕同上註。

〔註77〕〔後晉〕劉昫：《舊唐書》卷16，《穆宗》，北京：中華書局，1975年，第493頁。

〔註78〕〔後晉〕劉昫：《舊唐書》卷142，《王廷湊》，北京：中華書局，1975年，第3884頁。

〔註79〕同上註，第3885頁。

〔註80〕同上註。

〔註81〕陳寅恪：《論韓愈》，《歷史研究》，1954年，第2期。

目中理想男性標準的變化其實也是對於自身社會價值的肯定和認同。陽剛、力量、勇武的男子形象實際上是初唐、盛唐士大夫對於尚武任俠社會風氣的追隨而確立起來的標準，但是富於文才的男性形象──「才子」則是士大夫階層對於自身群體價值的自我確證，因為才子就是他們自身的投影。這次理想男性標準的變化不是作為客體被影響確立起來的，而是真正作為審美主體的自我審美意識的群體性的覺醒和認知，可以說這是一個時代的進步。

中篇　中唐士大夫性實踐的反映

第三章 從男風透視中唐社會與兩性文化

　　社會背景以及文化環境對人類的性關係、性觀念會有不同的影響和制約作用。而通過對同一種性關係（同性戀）的研究，可以據此來透視社會的變遷。

　　「同性戀」是指同性之間發生的性愛。英國學者靄理士將其定義爲：「假如一個人的性衝動的對象是一個同性人而不是異性的人，這就另成一種性畸變的現象，有人叫做『性的逆轉』或『反性感』或『優浪現象』，比較普遍的名詞是『同性戀』。」〔註1〕那麼同性戀的表現是怎樣的呢？靄理士說：「在一切性的歧變之中，同性戀是界限最分明的；同樣是性衝動的表現，同樣是用情，而情的寄託則根本而且很完整地從一個常態的對象轉移到另一種對象身上，……我們一再地說『同樣』兩個字，因爲除了對象的轉變爲同性而外，其餘一切用情的方法、過程、滿足等等，可以說完全和異性沒有二致。」〔註2〕關於同性戀產生的原因，古今中外，莫衷一是。英國學者靄理士認爲，同性戀其實是一種變態而不是病態，同性戀現象的存在具備一定的合理性，因爲同性戀有其產生的先天性生物學基礎。「它（性）是會變動的。兩性中的一性變成另一性是可能的；兩性也不能截然劃分，中間的界線往往不很確定。……決定雄性與雌性的因素之間，是有一個數量的關係的，這關係若和諧，或不成雄，便成雌，不成男，便成女，否則便成一種居間與夾雜的狀態。」

〔註1〕 〔英〕靄理士：《性心理學》，潘光旦譯，北京：三聯書店，1987年，第282頁。
〔註2〕 同上註，第745頁。

〔註 3〕而清代著名學者紀昀在《閱微草堂筆記》卻認為：「凡女子淫佚，發乎情欲之自然，變童則本是無心，皆幼而受紿，或勢劫利餌耳。」這種觀點很明顯認為同性戀是後天形成的。同性戀未必是靠自然的性本能，或許也可以理解為它是社會演變過程中出現的一種自然現象，是人類性心理、性體驗日趨豐富的結果。

「同性戀」並不是中國本土語言，它是近現代以來受到西方影響才在中國被廣泛使用，屬於現代詞彙的範疇。而在中國的古代沒有這樣一個可以同時兼用於男性和女性的同性戀詞語。但是同性戀作為兩性文化中存在的一種現象，自古以來就有，伴隨著人類歷史的產生而產生，並不是近現代才出現的。「大量已有的研究表明，同性戀者雖然在整個人口中占少數，但其絕對數量並不少；尤為重要的是，它是一種跨文化而普遍存在的現象。」〔註 4〕「同性戀現象是在人類歷史上、在各個文化當中普遍存在的一種基本行為模式，無論是在高度發達的工業社會，還是在茹毛飲血的原始部落，無論是在 21 世紀，還是在遠古時代。」〔註 5〕在人類的歷史上，除了在一些國家的某些特定時期，譬如古希臘和古埃及時期，對同性戀採取較為寬容的態度外，同性戀作為一種性行為模式，都曾經受到過不同程度的非議甚至歧視。在古希臘時期，男性的同性戀不僅是合法的，甚至是值得尊敬的。蘇格拉底曾經說過：「……一個任意出賣自己的身體以獲取錢財的男人被稱為男妓，但如果一個男人知道某人是一個高貴而可敬的愛人，而同他建立感情關係，我們認為他的做法完全是值得尊敬的。」〔註 6〕男性的同性戀在古希臘的貴族社會是非常流行的時尚，並且將同性戀視為是最崇高最純粹的愛情。在希臘人的觀念裏以感情為基礎的愛情，主要表現為男性的同性戀。「人們普遍認為，雖然同性戀並不排除自然欲望的滿足，但只有男性之間的愛情才能夠激發相愛者的勇氣和其它優良品質。」〔註 7〕但是，中國古代社會對於同性戀的態度卻完全不同。「中國古代同性戀的境況特色是社會對同性戀持比較穩定的傾向於中立的

〔註 3〕〔英〕靄理士：《性心理學》，潘光旦譯，北京：三聯書店，1987 年，第 304頁。

〔註 4〕李銀河：《性文化研究報告》，南京：江蘇人民出版社，2003 年，第 113 頁。

〔註 5〕同上註，第 103 頁。

〔註 6〕〔古希臘〕色諾芬：《蘇格拉底回憶錄》，I，北京：商務印書館，1984 年，第13 頁。

〔註 7〕黃洋：《從同性戀透視古代希臘社會——一項歷史學的分析》，《世界歷史》，1998 年第 5 期。

反對態度。古代男風大體是在世人疑惑的目光下，以一種曖昧的狀態存在於社會當中的。」〔註8〕

作爲一種普遍存在的性行爲模式，同性戀輾轉沉浮於中國幾千年的歷史文化中。但是值得注意的是，中國歷史上所說的同性戀，一般都是特指男同性戀，稱呼有：男風、變童、男寵、男妾、男妓等，本書探討的同性戀也是指男同性戀，或將其稱爲「男風」。本章準備探討的是唐代男風現象的流行情況、主要特色以及社會成因，藉此透視中唐社會和兩性文化。唐代的男風現象記載比較少，漢代遠比唐代歷史久遠，而男風史料卻俯拾皆是。所以，唐代男風記載的缺乏是不尋常的，有著深刻的社會原因。

第一節　唐代男風的流行狀態及主要特色
——收斂、衰微

「在中國古代，同性戀行爲多爲異性性生活的補充，主動者大多具有雙性戀傾向，他們的社會地位、經濟地位一般高於被動者，故處於權利結構的上峰，對後者擁有絕對的支配權。」〔註9〕所以，在中國古代的同性愛組合中，在男權社會裏，處於被動的一方實際上不能與主動方一樣享有平等關係，權利結構的不對等使他們成爲主動方性壓迫或性交易的對象。這其實揭露了中國古代社會男風的特點：第一，古代男同性戀大多數並不是徹頭徹尾的單純的同性戀者，其中絕大部分是雙性戀。一般不會排斥異性戀和異性婚姻，男同性戀者照樣娶妻生子，他們對同性和異性抱有同樣濃厚的興趣。簡言之，同性戀只能算是異性戀的補充；第二，中國古代男同性戀一般均有主動方與被動方區分，兩種角色似乎不能隨意互換。主動方由有身份、地位、權力、財富的強勢一方擔任，被動方由身份、地位、權力、財富處於弱勢的一方來擔任。可以說，中國古代的男同性戀雙方關係並不平等。

唐代之前，男風較爲流行主要有兩個時期。一爲漢代；一爲魏晉南北朝時期。

漢代是男風盛行的時期。潘光旦先生根據《史記》、《漢書》的資料統計，認爲西漢幾乎每一個皇帝都有同性戀傾向。如高帝有籍孺，惠帝有閎孺，文

〔註8〕張在舟：《曖昧的歷程》，鄭州：中州古籍出版社，2001年，第25頁。
〔註9〕施曄：《中國古代文學中的同性戀書寫研究》，上海：上海人民出版社，2008年，第4頁。

帝有鄧通、趙談、北宮伯子，景帝有周仁，昭帝有金賞，武帝有韓嫣、李延年，宣帝有張彭祖，元帝有弘慕、石顯，成帝有張放，哀帝更有願意為之「斷袖」的董賢，〔註10〕《漢書》還記載了大將軍霍光、梁冀愛幸監奴事，可見，同性戀現象在漢代上流社會的風行。

如果說史書所載漢代的同性戀主要表現在宮廷之間，那麼自魏晉以後，同性戀就逐漸成為一種社會風氣，不僅流行於統治階級內部，而且也盛行於民間，這都是和當時特定的社會政治、文化環境的影響分不開的。在魏晉南北朝政局動蕩的情況下，風氣放浪、頹廢、豪侈、厭世。《顏氏家訓·勉學篇》記載，當時不但貴族階層，甚至百姓也競相「薰衣剃面，傅粉施朱，駕長簷車，蹈高齒履，坐棋子方褥，憑斑絲隱囊，列器玩於左右，從容出入」，使人「望之若神仙」。〔註11〕當時，很流行「以男為女」，或自形女色以求慰藉，如魏晉時的何晏、王夷甫、潘安、裴令公、杜弘治等都是以美男子、或以善傅朱粉扮作婦人行於當時。在民間，「丈夫著婦人衣行歌，旁人齊和」，〔註12〕成了一種社會風氣。男風更有愈演愈烈之勢。狎昵男寵不再僅僅是帝王貴族的癖好，而擴及一般階層的民眾，男風成為流行時尚。上文述及，魏晉南北朝社會對於男色審美有陰柔化、女性化的傾向，對於面目白淨、傅粉妝扮之風的認可，其實就與這時期男寵大興的社會狀況緊密關聯。當時的人們崇尚「人格的唯美主義」，「尤沉醉於人物的容貌、器識、肉體與精神的美」，〔註13〕對同性身心之美的愛慕與追求極盛。

魏晉南北朝社會男風興盛的狀況可以從這一時期同性戀詩歌的繁榮窺知一二。在古代文學史上，純粹的同性戀文學作品就始於這個時候。其中較早出現的詩篇是阮籍的《詠懷》十二：

　　昔日繁華子，安陵與龍陽。

　　夭夭桃李花，灼灼有輝光。

　　悅懌若九春，磬折似秋霜。

〔註10〕〔英〕靄理士：《性心理學》，潘光旦譯，北京：三聯書店出版社，1987年，附錄《中國文獻中同性戀舉例》，第516頁。

〔註11〕〔隋〕顏之推：《顏氏家訓》卷上，《勉學篇第八》，文淵閣《四庫全書》本，第28頁下。

〔註12〕〔元〕陶宗儀：《輟耕錄》卷14，《婦女曰娘》，文淵閣《四庫全書》本，第16頁下。

〔註13〕宗白華：《意境》，北京：北京大學出版社，1997年，第141～142頁。

　　　　　流盼發姿媚，言笑吐芬芳。

　　　　　攜手等歡愛，宿昔同衣裳。

　　　　　願爲雙飛鳥，比翼共翱翔。

　　　　　丹青著明誓，永世不相忘。〔註14〕

安陵與龍陽都是著名男寵，詩中極力讚美他們的美貌，流露出來的自然情感
不言而喻。詩中讚美「繁華子」嬌豔欲滴的容顏以及顧盼生輝的神采，作者
對之充滿了喜愛之情。但是，這首詩讚美的對象卻是男性，其中歌詠的男性
美絲毫不遜色於美女。

　　《晉書・五行志下》則對同性戀加以批判：

　　　　　自咸寧、太康之後，男寵大興，甚於女色，士大夫莫不尚之，

　　　天下相仿傚，或至夫婦離絕，多生怨曠，故男女之氣亂而妖形作也。

　　〔註15〕

咸寧、太康爲西晉武帝司馬炎年號，當公元 275 至 289 年。若是說這一時期
都是男寵興盛甚於女色，那或許言過其辭，但是男風在魏晉南北朝時期一直
處於較爲興盛活躍的狀態則較符合事實，而且不獨流行於上層社會，有向民
間滲透的趨勢，成爲一般民眾的性嗜好。因爲同性戀而致使夫妻離絕的事情
比比皆是。同性戀風氣竟至於危及正常的婚姻關係，可想而知其嚴重程度。
但男風爲古代的社會大環境所寬容默許，甚至蔚爲風氣，成爲時人追逐的風
流時尚。

　　公元 618 年，李淵建立起強盛的唐王朝。和之前中國歷史上男風長期流
行的情況迥異，唐代的男風較爲收斂，尤其是與漢代、魏晉南北朝時期相比，
顯得衰微。「隋唐五代宋元時期與魏晉南北朝時期相比，社會環境相對地比較
穩定，男色狀態也因而表現得較爲和緩。由於一些具體原因，這一時期的男
風資料是比較缺少的，但男風的社會境遇則與前代並未存在多麼明顯的差
異。」〔註16〕

　　唐代史料中關於男風的記載甚少而且僅是個案。雖唐代宮廷中存在著男
同性戀的現象，但是這種現象和漢代、魏晉南北朝比起來，顯得收斂。

〔註14〕 逯欽立輯校：《先秦兩漢魏晉南北朝詩》，北京：中華書局，1983 年，第 499
　　　　頁。

〔註15〕 〔唐〕房玄齡等：《晉書》卷 29，《五行志下》，北京：中華書局，1974 年，
　　　　第 908 頁。

〔註16〕 張在舟：《曖昧的歷程》，鄭州：中州古籍出版社，2001 年，第 177 頁。

初唐、盛唐時，至少有兩位皇太子因爲同性戀等種種原因而被廢爲庶人。較著名的是唐太宗的太子李承乾。據《舊唐書》記載：

> 恒山王承乾，太宗長子也，……武德三年，封恒山王。七年，徒封中山。太宗即位，爲皇太子，時年八歲，性聰敏，太宗甚愛之。……及長，好聲色，慢遊無度，然懼太宗知之，不敢見其迹。……承乾先患足，行甚艱難，而魏王泰有當時美譽，太宗漸愛重之。承乾恐有廢立，甚忌之，泰亦負其材能，潛懷奪嫡之計。於是各樹朋黨，遂成釁隙。有太常樂人年十餘歲，美姿容，善歌舞，承乾特加寵幸，號曰稱心。太宗知而大怒，收稱心殺之，坐稱心死者又數人。……（承乾）痛悼稱心不已，於宮中構室，立其形像，列偶人車馬於前，令宮人朝暮奠祭，承乾數至其處，徘徊流涕。仍於宮中起冢而葬之，並贈官樹碑，以申哀悼。〔註17〕

此後，痛失稱心的李承乾對於父皇的怨恨愈深，竟然與叔父漢王李元昌、兵部尙書侯君集等人密謀造反。事泄被逮，於貞觀十七年被廢爲庶人，十九年死於徙所。唐太宗的《廢皇太子承乾爲庶人詔》曰：

> 邪僻是蹈，仁義蔑聞。疏遠正人，親昵群小……倡優之技，晝夜不息；狗馬之娛，盤遊無度。……鄭聲淫樂，好之不離左右；兵凶戰危，習之以爲戲樂。〔註18〕

此外，《資治通鑑》卷196太宗貞觀十七年三月條也明確記載了李承乾和稱心的同性戀關係：「太子私幸太常樂童稱心，與同臥起。道士秦英、韋靈符挾左道，得幸太子。上聞之，大怒，悉收稱心等殺之，連坐死者數人。」〔註19〕李承乾和稱心的斷袖之戀改變了自己的人生軌迹，還釀造了人生悲劇，首先是自己的同性戀情不爲父皇唐太宗所容，太宗怒殺男寵稱心，然後承乾因爲情人被殺而懷恨在心，積怨日深，終於按抑不住起而謀反，事泄，廢爲庶人，成爲唐代第一位被廢的太子。〔註20〕

〔註17〕〔後晉〕劉昫：《舊唐書》卷76，《恒山王承乾》，北京：中華書局，1975年，第2648頁。

〔註18〕〔宋〕宋敏求：《唐大詔令集》卷31，《廢皇太子承乾爲庶人詔》，文淵閣《四庫全書》本，第8頁上。

〔註19〕〔宋〕司馬光：《資治通鑑》卷196，唐太宗貞觀十七年三月條，北京：中華書局，1956年，第6191頁。

〔註20〕張在舟：《曖昧的歷程》，中州古籍出版社，2001年，第178頁。

還有一位被廢的是唐高宗太子李賢。《資治通鑑》卷 202 唐高宗永隆元年十一月條載有事之原委，謂：

> 太子賢聞宮中竊議，以賢爲天后姊韓國夫人所生，內自疑懼。明崇儼以厭勝之術爲天后所信，常密稱：「太子不堪承繼，英王貌類太宗。」又言：「相王相最貴。」……太子愈不自安。及崇儼死，賊不得，天后疑太子所爲。太子頗好聲色，與戶奴趙道生等狎昵，多賜之金帛，司議郎韋承慶上書諫，不聽。天后使人告其事。詔薛元超、裴炎與御史大夫高智周等雜鞫之，於東宮馬坊搜得皂甲數百領，以爲反具；道生又款稱太子使道生殺崇儼。上素愛太子，遲回欲宥之，天后曰：「爲人子懷逆謀，天地所不容，大義滅親，何可赦也！」甲子，廢太子賢爲庶人。〔註21〕

永淳二年，李賢被遷置於山南巴州。文明元年，臨朝稱制的武則天又派人至巴州逼令廢太子自殺。雖然李賢「頗好聲色」並非導致他被廢黜的主因，但是這肯定也是原因之一。而「與戶奴趙道生狎昵」，「狎昵」一詞暗示李賢的同性戀事實。《舊唐書》卷 88 亦載：「儀鳳四年五月，詔皇太子賢監國。時太子頗近聲色，與戶奴等款狎。」〔註22〕這裡的「款狎」也暗指李賢是一位男風愛好者。

盛唐時的玄宗李隆基不但有武惠妃、梅妃、楊貴妃等嬪妃，而且還有外嬖。據《舊唐書》的記載：「張暐、王琚和王毛仲，皆鄧通、閎孺之流也。」〔註23〕後晉劉昫編撰此書的時候，距離唐代不遠，可能會有關於他們與唐玄宗有同性戀嫌疑的流傳也未必。「會臨淄王（玄宗登帝位前封號）爲潞州別駕，暐潛識英姿，傾身事之，日奉遊處」，「唐隆元年六月，王清內難，升爲皇太子，召暐拜宮門大夫……在太子左右以接歡」；「琚轉見恩顧，每延入閣中，迄夜方出」；「（王毛仲）性識明悟，玄宗爲臨淄王，常伏事左右」，「毛仲亦悟玄宗旨，待之甚謹，玄宗亦憐其敏慧」，「玄宗或時不見（王毛仲），則悄然如

〔註21〕〔宋〕司馬光：《資治通鑑》卷 202，唐高宗永隆元年十一月條，北京：中華書局，1956 年，第 6397 頁。

〔註22〕〔後晉〕劉昫：《舊唐書》卷 88，《韋思謙》，北京：中華書局，1975 年，第 2863 頁。

〔註23〕〔後晉〕劉昫：《舊唐書》卷 106，《史臣曰》，北京：中華書局，1975 年，第 3256 頁。

有所失，見之則歡洽連宵，有至日晏。」〔註24〕這裡的「接歡」、「迄夜方出」、「伏事左右」、「歡洽連宵」等雖是平常之語，實是有些曖昧。此外，崔令欽《教坊記・序》中：「常於九曲閱太常樂，卿姜晦，雙人楚公皎之弟也，押樂以進。」〔註25〕毫無避忌直呼姜皎為唐玄宗的雙人。從以上記載來看，唐玄宗有同性戀傾向無疑。

唐玄宗之後，還有幾位皇帝如唐穆宗李恒、唐敬宗、唐僖宗等與嬖下過於狎昵。《舊唐書》卷173《鄭覃傳》載：

> 穆宗不恤政事，喜遊宴，即位之始，吐蕃寇邊。覃與同職崔玄亮等廷奏曰：「陛下即位已來，宴樂過多，畋遊無度。今蕃寇在境，緩急奏報，不知乘輿所在。臣等忝備諫官，不勝憂惕，伏願稍減遊縱，留心政道。伏聞陛下晨夜昵狎倡優，近習之徒，賞賜太厚。凡金銀貨幣，皆出自生靈膏血，不可使無功之人，濫霑賜與。」〔註26〕

《新唐書》卷175《楊虞卿傳》亦載：

> 穆宗初立，逸遊荒恣……時又有衡山布衣趙知微，上書指言帝倡優在側，馳騁無度，內作色荒，外作禽荒。〔註27〕

這裡的「昵狎倡優」以及「倡優在側」說明穆宗與倡優的關係很曖昧，可能存在同性戀的事實。

至於唐敬宗李湛與陶元皓等的親密關係則見於《新唐書》卷208《劉克明傳》：

> 劉克明亦亡所來，得幸敬宗。敬宗善擊毬，於是陶元皓、靳遂良、趙士則、李公定、石定寬以毬工得見便殿，內籍宣徽院或教坊，然皆出神策隸卒或里閭惡少年，帝與狎息殿中為戲樂。四方聞之，爭以趫勇進于帝。〔註28〕

〔註24〕〔後晉〕劉昫：《舊唐書》卷106，《張暐傳》，北京：中華書局，1975年，第3247頁。另見：《舊唐書》卷106，《王琚傳》，3248～3251頁。《舊唐書》卷106《王毛仲傳》，第3252頁～3253頁。

〔註25〕〔唐〕崔令欽：《教坊記箋訂》，任半塘箋訂，北京：中華書局，1962年，第8頁。

〔註26〕〔後晉〕劉昫：《舊唐書》卷173，《鄭覃傳》，北京：中華書局，1975年，第4489頁。

〔註27〕〔宋〕歐陽修、宋祁：《新唐書》卷175，《楊虞卿傳》，北京：中華書局，1975年，第5248頁。

〔註28〕〔宋〕歐陽修、宋祁：《新唐書》卷208，《劉克明傳》，北京：中華書局，1975年，第5883頁。

這種親密關係似乎也不尋常，可以推測唐敬宗很可能也是和這些美男有同性戀情。

唐僖宗李儇與田令孜則有「同臥起」的記載。《新唐書》卷 208《田令孜傳》：

> 始，帝為王時，與令孜同臥起，至是以其知書能處事，又帝資狂昏，故政事一委之，呼為「父」。〔註29〕

「同臥起」大多數時候被史臣用來記載同性戀時所用的曲筆。唐僖宗與田令孜的關係看來非比尋常，可能就是同性戀。

雖然唐代宮廷中存在男風的記錄可考，但是根據目前掌握的史料可知，在唐代宮廷之中，畢竟沒有出現像漢代或者魏晉南北朝時期那樣的男風盛況。與這兩個時期相比，男風顯得衰微。

其次，唐代文臣武將間的男風也值得關注。

唐高宗的寵臣李義府就有同性戀的記載。顯慶元年，他仗勢納取有罪之婦，事發，侍御史王義方廷奏彈劾，提到了他年青時為黃門侍郎劉洎、持書御史馬周所稱薦的往事，言「其初以容貌為劉洎、馬周所幸，由此得進。」〔註30〕《全唐文》卷 161 及《唐會要》卷 61 均收王義方彈劾李義府疏原文，其中就曾明確譏諷李義府「善柔成性，佞媚為姿。昔事馬周分桃見寵，後交劉洎割袖承恩，生其羽翼，長其光價，因緣際會，遂階通達。」〔註31〕「分桃」、「割袖」都是古代著名的同性戀典故，這裡是借用來譏諷李義府與劉洎、馬周的關係是曖昧的同性戀，〔註32〕而且還指斥他是出賣色相，通過這種裙帶關係而走上飛黃騰達之路的。雖然，王義方素來與李義府是針鋒相對的政敵，他的片面之詞未必可以盡信，但是空穴來風，未必無因。李義府姦佞狡詐、陰柔害物，名聲很壞，微賤時以容貌獲取龍陽之寵侍奉權貴以求顯達也是極可能的事情。

還有一些武將也有男風的嫌疑。

德宗至憲宗年間割據淮西申、蔡諸州的吳少誠、吳少陽等皆是當時勢力

〔註29〕〔宋〕歐陽修、宋祁：《新唐書》卷 208，《田令孜傳》，北京：中華書局，1975年，第 5884 頁。

〔註30〕〔後晉〕劉昫：《舊唐書》卷 82，《李義府傳》，北京：中華書局，1975 年，第 2767 頁。

〔註31〕〔宋〕王溥等：《唐會要》卷 61，《彈劾》，北京：中華書局，1955 年，第 1068頁。

〔註32〕張在舟：《曖昧的歷程》，中州古籍出版社，2001 年，第 183 頁。

很大的軍閥。《舊唐書》卷145《吳少誠附吳少陽傳》記載:「吳少陽,本滄州清池人。初,吳少誠父翔在魏博軍中,與少陽相愛。及少誠知淮西留守,乃厚以金帛取少陽至,則名以堂弟,署爲軍職,累奏官爵,出入少誠家,情旨甚昵。及少誠死,少陽自爲留後。」〔註33〕載文中的「相愛」、「情旨甚昵」極有同性戀的嫌疑。

《酉陽雜俎》續集卷2《支諾皋中》記載:

> 枝江縣令張汀,子名省躬。汀亡,因住校江。有張垂者,舉秀才下第,客於蜀,與省躬素未相識。大和八年,省躬晝寢,忽夢一人,自言姓張名垂。因與之接,歡狎彌日。將去,留贈詩一首曰:「戚戚復戚戚,秋堂百年色。而我獨茫茫,荒郊遇寒食。」驚覺,遂錄其詩,數日卒。〔註34〕

「因與之接,歡狎彌日」,張省躬連白日做夢都有同性交歡的情節,可想而知,平日同性性愛的次數應該頻繁。而這種夢中同性交歡精氣的外泄,或許就是導致他猝死的原因。

此外,白行簡的《天地陰陽交歡大樂賦》中也有關於同性戀的描寫:

> 圓圓翠頂,變臣斷袖於帝室,然有連璧之貌,暎珠之年,愛其嬌小,或異堪憐。三交六入之時,或搜獲□;百脈四肢之內,汝實通室。不然,則何似於陵陽君指花於君則,彌子瑕分桃於主前,漢高祖幸於藉孺,孝武帝於韓嫣。故惠帝侍臣冠鵔鸃,載貂蟬,傳脂粉於靈幄,曳羅帶於花筵,豈女體之足厭?是人□之相沿!〔註35〕

白行簡是中唐社會的普通文士,他的觀點具有一定的代表性。白行簡在《大樂賦》中是借描寫漢高祖和男寵藉孺、武帝和男寵韓嫣的性愛來表達對於男風的一般性看法。

綜上史料進行分析,唐代男風的大致情況概括如下:第一,唐代男風記載雖然不多,但總的來說,見於初唐、盛唐時的較多。中唐之後的記載較少,男風似乎更爲衰微。男風在唐代並不盛行,在唐人的性愛風尙中也不佔據主

〔註33〕〔後晉〕劉昫:《舊唐書》卷145,《吳少陽傳》,北京:中華書局,1975年,第3947頁。

〔註34〕〔唐〕段成式:《酉陽雜俎》續集卷2,《支諾皋中》,方南生點校,北京:中華書局,1981年,第209頁。

〔註35〕周燮藩主編:《三洞拾遺》,合肥:黃山書社,2005年,選輯《雙梅景闇叢書》之《天地陰陽交歡大樂賦》,第694頁。

要位置；第二，男風並不被視爲異端，而看作是社會上自然存在的現象，是相沿已久的一種人性，故有《大樂賦》中「豈女體之足厭？是人□之相沿！」之語；〔註36〕第三、唐代社會對於男風批評程度可能低於別的朝代。第四、男風的境遇與前代並沒有很大的不同，社會仍是默許、寬容，並不認爲是邪惡和醜陋，但卻也不加以鼓勵和提倡。唐代詩歌、傳奇等作品繁榮，但同性戀的題材較少涉及，記載匱乏，反映也不充分。總的來說，唐代的男風在中國古代男風史上處於一個衰微、低迷期。

第二節　從男風的衰微看中唐社會及兩性關係

　　研究中國古代同性戀史的學者們言及唐代一般喜歡輕描淡寫，在他們看來，唐代是一個男風衰微、低迷的階段，似乎沒有多大的研究價值。唐代的男風爲什麼會不流行呢？而記載爲什麼會匱乏呢？中國人的史學意識敏銳，史學記載系統，那麼唐代男風記載之缺乏就顯得不尋常了。這現象的背後有許多錯綜複雜的因素在起作用，如果抽絲剝繭、去僞存眞去發掘無疑是有趣的事情。唐代男風的衰微，尤其是中唐後男風記載更少，可以某種程度上反映唐代的兩性文化以及士大夫的性觀念。

　　爲了更深入地研究唐代的男風現象，筆者試將漢唐兩代的男風做一個比較。

　　因爲漢代和唐代都是中國歷史上的強盛王朝，在性觀念開放上，兩個朝代也經常被相提並論。歷史上一直有「髒唐亂漢」的說法，意思即是唐人和漢人的性關係都很複雜、混亂。最爲世人熟知的是，唐朝宮廷亂倫嚴重，漢代宮廷盛行男風。漢代流行男風主要也是指在上層統治階層裏風靡，民間的記載流傳下來的少。根據筆者分析，漢代宮廷盛行男風至少有以下因素：

　　第一，社會環境因素。秦漢時期從民間到宮裏，縱欲之風盛行（目前出土有大量漢代性用具，就是一個佐證），這也是男風盛行的社會環境因素。西漢建立之後，著力修復秦末的戰爭創傷，經過「文景之治」，社會財富大大增加。而社會財富的增加也給統治者帶來了可以縱欲淫樂所仰賴的物質資源。在物質資源極大豐富的情況下，奢侈之風盛行，到漢武帝時達到一個高峰，昭宣中興之後，奢侈之風更有增無減，而西漢晚期，達到了登峰造極的地步。

〔註36〕張在舟：《曖昧的歷程》，中州古籍出版社，2001 年，第 182 頁。

奢侈之風必定刺激個人欲望的膨脹，同時刺激縱欲之風。所以，西漢統治者們都縱欲，包括縱女色及好男色，而喜好男風成為漢代統治者們認可的一種生活風尚，並看作這是宮廷生活中很自然的一部分。

第二，傳統性文化的影響因素。古代的房中術認為男女交合，男子損失精元陽氣，容易傷身減壽。但是如果男人與男人之間交合，因為射精所喪失的陽氣又會從對方體內的陽氣中得到補償，所以認為不會損害健康，甚至以為是有益的。漢代統治者喜好男風可能與漢代人相信道家養生法相關。即年老男人與年輕的美少男同房可以延年益壽，甚至可以長生不老。〔註37〕這種觀念，客觀上推動同性戀的流行。所以，漢代宮廷的男風越刮越盛。

第三，遺傳因素。世間確實存在著極少一部分人，生理、心理與大多數人先天不同，有同性相戀的傾向。漢初的高祖、惠帝、文帝都喜好男風。之後的漢代皇帝也幾乎都有同性戀的經歷，情況還越演越烈，可能漢代皇帝的遺傳基因就與此相關。從遺傳學角度來說，同性戀具有一定的遺傳傾向。漢代統治者都來自於同一家族，因而性取向相近也是有可能的。

第四，榜樣作用因素。當然不能僅從遺傳學的角度來說，從漢高祖開始的漢代皇帝的同性戀，有較強的示範作用，上行下效，並且彼此相互影響，造就了同性戀的環境。「一種風氣的形成，因素雖多，物以類聚和處領袖地位者的榜樣究屬是最重要的兩個。」〔註38〕隨後的惠帝、文帝也好男風，甚至後宮上萬佳麗的武帝也有過至少三個幸臣。

同性戀是一種非常態的性取向，所以一般可理解為在特定的條件下才會成立，時代背景、社會風尚、個人際遇等都可能影響到性取向。一般情況下異性誘惑增大的社會環境可能相對減少同性戀現象，而異性戀不自由的情況下則會增加同性戀發生的機率。魏晉南北朝的社會是貴族社會，異性戀是不自由的，是被許多貴族規範所拘囿的。士庶不婚和士族階級內的望族與卑族、大姓和微姓、高門和寒門間杜絕婚姻的風氣造成只能同等級內聯姻。貴族之間的聯姻，嚴格的等級婚幾乎都是家族利益的結合，對於男女雙方來說是很受束縛的。如果男方要納妾另結新歡，甚至生育子嗣，新寵及其子嗣又可能威脅到出身高門的正妻的話，那將是兩個高門大族都不允許發生的現象。

〔註37〕 倪方六：《另類歷史：帝王秘事》，武漢：湖北人民出版社，2004 年，第 24 頁。

〔註38〕 〔英〕靄理士：《性心理學》，潘光旦譯，北京：三聯書店出版社，1987 年，第 543 頁。

　　如果將魏晉南北朝時期至中唐的婚姻作爲一個發展主線來考察的話，會發現一個有趣的歷史現象：即是從魏晉南北朝至中唐，上流社會閨庭悍妒之風長盛不衰，這一時期的妒婦層出不窮。而這與從魏晉南北朝男風的興盛到初唐、盛唐男風的低迷，直至中唐後的衰微一脈相連的漸進發展過程有驚人的重合。從魏晉南北朝至中唐社會這一時期裏的貴族婚姻中長盛不衰的妒風及層出不窮的妒婦可能對男風有影響。

　　第一，因爲從宗室家庭觀念出發，男女兩性關係要求相對較嚴格，因爲容易擾亂家庭的秩序，帶來許多麻煩。而同性戀則既不會結婚，又不能繁衍後代，不會造成血統的紊亂，幾乎不會破壞宗法秩序。所以，社會一般是寬容同性戀的。妒婦對於丈夫的同性戀情的反應自然也沒那麼強烈，甚至還可能默許。

　　第二，魏晉南北朝時期，社會上又還沒能像唐代那樣形成規模的妓館，兩性交往渠道受限制。雖然同性戀成因複雜，但是士大夫在貴族婚姻以及家有妒妻的束縛下，無法恣意縱情聲色，納姬娶妾不自由，婚姻中兩性關係很受束縛，熱衷於同性戀，將發泄對象從美貌姬妾轉向變童尋求補償也順理成章。所以，變童在這時期風行或許出於士大夫性心理補償需求方面的原因多一些。男人們在履行成家立業傳接香火的責任之後，與其他男子相交相親，貴族婚姻中的妒妻或許不加過問。「變童」一詞在《辭海》中釋爲「被當作女性玩弄的美貌男子」，也就是「男色」。因爲變童往往不會像姬妾那樣容易威脅到貴族出身的正妻的權位，而且無法生育子嗣，正妻及其貴族娘家勢力反對變童的理由就少了。而唐代，尤其中唐後，從貴族社會轉向「士庶社會」，貴族社會的規範、限制被打破，與此同時，庶族的市民階層文化逐漸浸染中唐士大夫的思想意識。唐代文苑和士林風尚，爲市井藝妓的興盛提供了便利條件。兩性交往的寬鬆、自由，狎妓縱樂、流連聲色成爲時尚，異性戀得到社會的寬容和默許。在異性戀相對自由的情況下，同性戀自然就會相對減少，將情欲發泄對象從變童轉向那些才貌雙全的妓女也很容易理解。中唐士大夫階層，是處於貴族社會瓦解，「士庶社會」逐步建立的過程中產生的社會精英，他們享受到了世俗生活的快意，自信而富於幻想，縱酒狎妓，一擲千金就成了他們競相誇尚的生活方式。「長安有平康坊，妓女所居之地，京都俠少萃集於此，兼每年新進士以紅箋名紙遊謁其中，時人謂此坊爲風流藪澤。」〔註39〕

〔註39〕〔唐〕孫棨等：《教坊記・北里志・青樓集》，上海：古典文學出版社，1957年，第22頁。

中唐士大夫在女人唾手可得，男女兩性交往自由的情況之下，對於男同性戀的興趣自然減弱。

第三，男人在搞同性戀的時候，心情可以很放鬆的，不必擔心家中貴族出身妒妻的河東獅吼，因其道德約束少而自由程度高。所以，從魏晉南北朝至中唐社會，貴族婚姻中的妒風、妒婦或許就是影響男風興衰的原因之一。

雖然唐人的性觀念似乎更為開放，但上至宮廷，下至士庶臣民，關於男風的記載甚少，尤其是中唐後士大夫縱欲成風，世風奢靡的同時，男風卻更顯衰微。除了上述的貴族婚姻中的妒風、妒婦可能影響男風之外，還有以下因素：

第一，唐代青樓業、科舉制發展之影響。據陶慕寧先生的考證，青樓業正式形成規模是在唐代，它是應唐代全社會對新興士子的尊崇而形成的新型文化場所。〔註40〕青樓業的發展，妓女人數的龐大解決了社會上流動人口的臨時性需求。唐代法律沒有禁止官員狎妓的律令。這樣一來，人們在男風方面的興趣和需求自然減弱。而唐世重科舉，金榜題名成為讀書人的最大追求。新興進士階層不像魏晉南北朝士大夫那樣是以喜好男風為時尚，而縱酒狎妓、流連青樓成為他們競相誇尚的生活方式。士大夫是社會風氣和潮流的領導者，他們有時往往會比朝廷的詔令更具號召力，更能影響整個社會的風氣。

第二，唐代女性受禮法約束較少，文化素質較高，價值呈現多元化，更具有性吸引力。與魏晉南北朝貴族女子缺乏個性不同的是，唐代女性敢於廣泛涉足社會，能歌善舞，通曉文墨，思想開放等。她們敢於拋頭露面，她們可以騎著高頭駿馬招搖於鬧市，可以披著透明的絲織品，自然地展示她們豐滿的倩影，可以和著歡快的音樂跳著胡旋舞，甚至於連道姑、女尼與妓女也可以同達官顯宦在一起吟詩作文，與文豪鴻儒結為文友，互相唱和。唐代士大夫被這些魅力四射的美女們牢牢吸引，容易產生浪漫旖旎的愛情。才子佳人的自由戀愛觀，凝結著當時青年男女的審美情趣，他們以詩歌等情感表達方式，充分展示自然性情、自我價值與個性風采。故使得同性之愛相形見絀。

第三，受「胡風」的影響。唐代社會「胡風」彌漫，胡人崇尚強健、陽剛、粗獷的男性之美，連部分唐代婦女都具有男性化的特質。所以，魏晉南北朝男風盛行時代的羸弱、陰柔美在唐代不再成為標準。而「胡風」指游牧部族的作風，他們重視人口繁殖。因為人口的多少可能影響社會財富，對人

〔註40〕陶慕寧：《青樓文學與中國文化》，上海：東方出版社，2006年，第12頁。

口繁衍毫無貢獻的同性戀他們不熱衷。這也可能影響唐人的性取向。

　　第四，思想多元化之影響。唐代社會在思想領域出現儒、道、釋三家合流的狀況。唐人博大的胸襟表現在思想領域則是兼容並蓄。中外文化交流多元化。各種文化比較、撞擊、融合和互補，可謂是「空前的古今中外的大交流大融合。無所畏懼無所顧忌地引進和吸取，無所束縛無所留戀地創造和革新，打破框框，突破傳統。」〔註41〕從而形成唐代文化的開放態勢。由於思想多元化的緣故，性文化也呈現出交匯、融合的狀態，反而不容易凸顯哪種風尚或者哪方面的特徵。《教坊記》的「香火兄弟」〔註42〕條相關記載顯示唐代同性戀有受突厥風俗影響的例子，但在社會上不占主流。

　　本章先將唐代涉及男風的例子，上至帝王、太子下至士庶臣民的史料梳理出來，通過分析得知唐代也是存在男風現象的，只是遠沒有漢代及魏晉南北朝兩個時期盛行。唐代的男風流行狀態低迷，流行範圍不廣，史料相對較少，而且中唐後男風記載更少。分析了可能影響到唐代男風現象的幾個因素。這種男風記載的缺乏反映出唐代一定的社會風貌，還有折射出唐代士大夫的性觀念。

〔註41〕李澤厚：《美學三書》，天津：天津社會科學院出版社，2003年，第116頁。

〔註42〕「香火兄弟」條記載：「坊中諸人，以氣類相似，約爲香火兄弟，每多至十四五人，少不下八九輩。有兒郎聘之者，輒被以婦人稱呼，即所聘者兄，見呼爲新婦，弟，見呼爲嫂也……兒郎既嫂一女，其香火兄弟多相愛，云學突厥法。」

第四章　中唐士大夫房中術修煉目的之變化：從重求子到重享樂

　　性行為是人的一種本能。房中術就是講求男女交合之性技巧，來源於古代方術，後來為道教所吸收，演變為一種男女雙修的陰陽道法。本章從房中術這個角度對中唐士大夫的性觀念進行分析。房中術源遠流長，最早源於何時，難以確證，但是至少先秦就有。經過秦、漢、魏晉南北朝的發展，進入唐代以後，發生了變化。在唐代之前的房中術，主要內容是養生和求子，而進入唐代以後，求子的色彩明顯減弱，由男人擔負的求子之責似乎還向婦女發生轉移。士大夫性觀念發生了變化，似乎認為求子是婦女的責任，而他們修煉房中術趨向追求享樂。尤其是中唐後，士大夫階層明顯地以房中術修煉作為縱欲享樂手段。

第一節　唐代之前房中術發展脈絡及特點

一、唐代之前房中術發展脈絡

　　房中術歷史悠久，源遠流長。房中術，也就是古代方術所說的房中節欲、養生保氣之術。《孟子‧告子上》說：「食、色，性也。」〔註1〕已開始認識到

〔註1〕楊伯峻：《孟子譯注》卷11，《告子上》，北京：中華書局，1960年，第255頁。

食欲與性欲是人類的兩種本能。《左傳・昭公元年》記載：「晉侯求醫於秦。秦伯使醫和視之，曰：疾不可爲也，是謂近女室，疾如蠱……公曰：女不可近乎？對曰：節之。」〔註2〕可見當時已認識到性生活過度對人的危害，及早採取的措施。表明節欲養生的思想在此時已開始得到提倡。這一時期恰好是古代社會發生巨大轉型的時期，孕育了中國古代房中術，經秦至漢初而基本成型。馬王堆房中書《十問》裏面稱房中術爲「接陰之道」，《後漢書》卷 82《方術下》稱「御婦人之術，謂握固不瀉，還精補腦也」，〔註3〕在古代屬於方技之學。當時中國養生有三大名派：楚爲行氣，尊王喬、赤松；秦爲房中，稱容成、彭祖；燕齊爲服食，稱羨門、安期。說明當時房中已是世人所研習的養生方術之一。從現代性科學的概念來看，房中術主要包括性技巧、性功能障礙治療、受孕等方面。〔註4〕

《漢書・藝文志》中載有《容成陰道》、《務成子陰道》、《堯舜陰道》、《湯盤庚陰道》、《天老雜子陰道》、《天一陰道》、《黃帝三王養陽方》、《三家內房有子方》等房中八家，共計一百八十六卷著作，並認爲房中是：「性情之極，至道之際。是以聖王制外樂以禁內情，而爲之節文。傳曰：『先王之作樂，所以節百事也。』樂而有節，則和平壽老；及迷者弗顧，以生疾而隕性命。」〔註5〕意思是說，房中學著作，是情愛性欲的準則，是論述婚姻之事中男女交合的道理，因此古代聖王設立室外音樂來禁抑房內的情欲，而寫成這些有關節制情欲的文字。

在漢末，房中術被早期道教所吸收。道教修習房中術的目的除了追求長生不死、羽化登仙外，便是治傷療病。

正史中繼《漢書・藝文志》記載房中術專著的是《隋書・經籍志》。《隋書・經籍志》成書於公元 656 年，卷 34 共收錄醫書 256 部，合 4150 卷，其中有房中著作 11 部，共計 34 卷。其中有些著作書名相同，卷數不同，除去重複的書名，實際上只有 8 種。

〔註2〕楊伯峻：《春秋左傳注》，北京：中華書局，1981 年，第 1221 頁。

〔註3〕〔南朝宋〕范曄：《後漢書》卷 82，《方術下》，北京：中華書局，1965 年，第 2741 頁。

〔註4〕江曉原：《「性」在古代中國》，西安：陝西科學技術出版社，1988 年，第 55 頁。

〔註5〕〔漢〕班固：《漢書》卷 30，《藝文志》，北京：中華書局，1962 年，第 1778 頁。

　　而從唐初到宋初近三百年間，未見著錄新的房中術著作，而《隋書》所載的房中書則全爲《漢書》所無，這使我們有理由設想房中術理論的主要格局大約是在魏晉南北朝時期確立起來的。〔註6〕

二、唐代之前房中術修煉重視求子的特點

　　許多人一提及房中術皆以爲這是古代中國人爲了性生活的愉悅而修煉的男女交合之術。但是最近學者的研究卻指出，房中術的最終目的，恐怕和性愉悅等議題無關，主要是在養生與求子。〔註7〕古人認爲房中術對養生起重要的作用，交接是達到長壽甚至永生的手段，這種觀點其實是植根於中國古老的「天人感應觀」。東晉葛洪《神仙傳》曰：

> 　　男女相成，猶天地相生也，所以神氣導養，使人不失其和。天地得交接之道，故無終竟之限；人失交接之道，故有傷殘之期。能避眾傷之事，得陰陽之術，則不死之道也。天地晝分而夜合，一歲三百六十交而精氣和合，故能生產萬物而不窮；人能則之，可以長存。〔註8〕

唐代著名醫家、房中術家孫思邈《備急千金要方》中說得最爲平實：

> 　　然長生之要，其在房中。上士知之可以延年除病，其次不以自伐……然此方之作也，非欲務於淫佚，苟求快意。務存節欲以廣養生也；非苟欲強身力，幸女色以縱情，意在補益以遣疾也。此房中之微旨也。〔註9〕

雖然有些學者認爲房中術主旨是追求長生，〔註10〕但是其實中國古代的房中術有更重要的功能就是求子。

　　基於存在於自然界延續種群是生命最重要的意義，因此凡是人類文明大

〔註6〕 江曉原：《「性」在古代中國》，西安：陝西科學技術出版社，1988 年，第 76 頁。

〔註7〕 周一謀：《中國古代房事養生學》，北京：中外文化出版公司，1989 年，第 21 ～45 頁。

〔註8〕 〔東晉〕葛洪：《神仙傳》卷 1，《彭祖》，呼和浩特：內蒙古人民出版社，2003 年，第 14 頁。

〔註9〕 〔唐〕孫思邈：《備急千金要方》卷 27，《養性》，高文柱、沈澍農校注，北京：華夏出版社，第 479 頁、第 491 頁。

〔註10〕 江曉原：《「性」在古代中國》，西安：陝西科學技術出版社，1988 年，第 64 頁。

都重視生殖。而在中國儒家學說中尤其重視，這種理念被放到特別的境地，然而由於重視男性的延續，所以會特別強調父系血脈繼承關係。因此，求子是中國古人非常迫切的願望。古代中國人把性與生殖緊密聯繫起來，所以，講求男女交合之術的房中術與生殖——求子的關係緊密相連也是理所當然的事情。漢代以後的房中書大多宣揚御女的神奇功效。御女卻不是單純爲了縱欲，而是爲了求子嗣的繁衍，子嗣是一個極其堂皇正大的理由。它可以成爲帝王多妻的理論依據，也經常成爲平民納妾的正當理由。

房中書是記載及傳授房中術的書籍，古書中較早提到的房中書是漢文帝時齊臨淄名醫淳于意從同郡陽慶所授的「接陰陽禁書」。〔註11〕許多傳世的房中術著作中，都有「求子」、「種子」之類的專門章節。這方面的內容在各種中醫書籍中也經常可見。房中術之重視求子，由此可以窺見。從房中術產生的時候起，求子無疑就是房中術的最爲重要的內容之一。

（一）關於行房時機以及胎兒性別之關係

長沙馬王堆三號漢墓出土了大批帛書及少量竹書，其中與醫藥養生有關的著作有十四種。這十四種書，屬於房中書或與房中有關的有七種：(1)《養生方》，(2)《雜療方》，(3)《胎產書》，(4)《十問》，(5)《合陰陽》，(6)《雜禁方》，(7)《天下至道談》。

其中的《胎產書》主要講養胎、埋胞和求子之法。這些內容屬於最早的婦產科的知識記載，但在古代亦屬房中書的研究範圍。此書開頭部分：

> 禹問幼頻曰：「我欲埴人生子，何如而有？」幼頻答曰：「月朔，已去汁□，三日中從之，有子。其一日男，其二日女也。故人之產也，入於冥冥，出於冥冥，乃始爲人。〔註12〕

大禹想要繁衍後代，於是問醫家幼頻有什麼辦法。「幼頻」可能是虛構的人物。幼頻告訴他：在婦女月經停止後三天內行房事的就可以懷孕。其中，等女人的月經完全乾淨之後的第一天行房而有孕，會生男孩，若是在第二天行房而受孕，就會生女孩。〔註13〕

〔註11〕〔漢〕司馬遷：《史記》卷105，《扁鵲倉公列傳》，北京：中華書局，1982年，第2796頁。

〔註12〕馬繼興：《馬王堆古醫書考釋》之《胎產書考釋》，長沙：湖南科學技術出版社，1992年，第780～802頁。

〔註13〕李貞德：《女人的中國醫療史》，臺北：三民書局，2008年，第19頁。

　　馬王堆房中書是迄今出土的世界上年代最早的房中書。早在兩千多年前，它已具備相當完備的體系。這個體系除去一般的技術細節，還強化著某種觀念核心，與中國古代文化的許多側面和分支都息息相關。它包含三個基本層次：（1）合天道；（2）養性命；（3）和合夫婦，延續子嗣。〔註14〕這第三個層次即證明了求子在房中術中佔據非常重要的地位。

　　馬王堆《胎產書》中的關於大禹與幼頻的對話，可能是中國房中術關於求子至今現存最早的記錄。從幼頻的回答看來，我們可以得出兩個結論：第一，房中術求子的主導對象是男人。由男人作為房中術求子的施者與支配者，女子作為房中術求子的受者與配合者，並且在這一過程中男人起絕對主導作用，女人被動配合；第二，房中術求子似乎最看重的是行房交合的時間。即一般選擇在婦人月經結束後的三五日內；第三，房中術求子選擇的行房時間直接關係胎兒性別。隋代的御醫巢元方的名著《諸病源候論》便稱月事之後，「子門開，若交會則有子；過四日則閉，便無子也。」〔註15〕王燾的《外臺秘要》：「男女受胎時日法」也以經絕一日、三日、五日為男。二日、四日、六日為女。過六日則不成子。〔註16〕古代人以奇數代表天、乾、男，偶數代表地、坤、女，所以，奇數被附會為陽，偶數被附會為陰。由此產生聯想附會推論出婦女單日交合就會生男孩，雙日交合就會生女孩。其實都不符合現代醫學。

（二）房中術的巫術化與禁忌

　　房中術求子不但主張特定日期影響求子，而且認為行房的方位，甚至一些添加的儀式也直接影響求子效果。〔註17〕

　　如《葛氏方》曰：以戊子日令婦人敞脛臥上西北首，交接，五月、七月、庚子、壬子日尤佳。〔註18〕這是要求在特定日期（戊子、庚子、壬子日）在特定方位（西北）做特定動作（敞脛臥），整個過程猶如進行某種儀式。因為

〔註14〕 李零：《中國方術考》，上海：東方出版社，2001年，第430頁。

〔註15〕 〔隋〕巢元方：《諸病源候論校釋》，南京中醫學院校釋，北京：人民衛生出版社，1980年，第128頁。

〔註16〕 〔唐〕王燾：《外臺秘要》卷33，《婦人上》，北京：人民衛生出版社，1955年，第904頁。

〔註17〕 李貞德：《女人的中國醫療史》，臺北：三民書局，2008年，第19頁。

〔註18〕 〔日〕丹波康賴：《醫心方》卷24，北京：人民衛生出版社，1993年，第530頁。

古人迷信，對科學的生育知識不瞭解，所以認為通過將房中術進行巫術化能夠求子應驗，而且以為一些添加的儀式也直接影響求子效果。

房中術求子禁忌之說在房中書中也極為流行及普遍。其實這是教導行房之人應該配合天時、地利、人和。還有房中書教導人們應該注意行房時候的身體狀況、天候現象、社會情境、所處地點等等。

例如行房有「九殃」之說：

> 夫合陰陽之時，必避九殃，九殃者：日中之子，生則歐逆。夜半之子，不瘖則聾盲。日蝕之子，體戚毀傷。雷電之子，必易服狂。月蝕之子，與母俱凶。虹之子，若作不祥。冬夏日至之子，生害父母。弦望之子，必為亂兵風盲。醉飽之子，必為病癲，疽痔有瘡。〔註19〕

所謂「日中之子」，是指在日中時性交所懷上的孩子，「夜半之子」，是指在半夜時分性交懷上的孩子，其餘仿此。這樣觸犯禁忌而懷胎的孩子，生下後不是自身傷殘不幸就是禍及父母。

又行房有「七忌」之說云：

> 合陰陽有七忌，第一之忌晦朔弦望，以合陰陽，損氣，以是生子，子必刑殘，宜深慎之；第二之忌雷風，天地感動，以合陰陽，血脈踴，以是生子，子必癰腫；第三之忌，新飲酒飽食，穀氣未行，以合陰陽，腹中彭享，小便白濁，以是生子，子必顛狂；第四之忌，新小便，精氣竭，以合陰陽，經脈得澀，以是生子，子必妖孽；第五之忌，勞倦重擔，志氣未安，以合陰陽，筋腰苦痛，以是生子，子必夭殘；第六之忌，新沐浴，髮膚未燥，以合陰陽，令人短氣，以是生子，子必不全；第七之忌，兵堅盛怒，莖脈痛，當令不合，內傷有病。如此為七傷。〔註20〕

又云：

> 彭祖云：「消息之情，不可不知。又當避大寒大熱，大風大雨，日月蝕，地動雷電，此天忌也。醉飽喜怒，憂悲恐懼，此人忌也。山川神祇、社稷井竈之處，此地忌也。既避三忌，犯此忌者，既致疾病，子必短壽。」〔註21〕

〔註19〕〔日〕丹波康賴：《醫心方》卷28，《房內篇》，北京：人民衛生出版社，1993年，第647頁。

〔註20〕同上註，第648頁。

〔註21〕同上註，第650頁。

如《備急千金要方‧房中補益》曰：

　　夫交合如法，則有福德大智善人降託胎中，仍令性行調順、所
　　作和合、家道日隆、祥瑞競集；若不如法，則有薄福愚癡惡人來託
　　胎中，仍令父母性行凶險、所作不成、家道日否、殃咎屢至，雖生
　　成長，家國滅亡。〔註22〕

這是極力渲染房中術求子犯了禁忌的後果，其中不乏迷信、誇張之辭，但也
從另一個方面說明反映了士大夫性觀念中對於性交合求子的禁忌之重視程
度。

　　房中術求子的禁忌問題還有一個是關於行房交合的男女年齡禁忌的規
定。一般來說，主張在男人、女人年齡合適的情況下生子好，例如《褚氏遺
書》云：

　　求男有道乎？澄對之曰：合男女必當其年。男雖十六而精通，
　　必三十而娶；女雖十四而天癸至，必二十而嫁。皆欲陰陽完實而交
　　合，則交而孕，孕而育，育而為子，堅壯強壽。〔註23〕

《玉房秘訣》云：「男女滿百歲，生子亦不壽」；〔註24〕而如果男人年齡大，
而女性性夥伴的年齡小，這樣生子就不犯禁忌。而女人年齡大，男人年齡小，
也可以有子。例如《褚氏遺書》曰：「夫老陽遇少陰，老陰遇少陽，亦有子之
道也。」〔註25〕

　　而得道者則似乎可以超脫於年齡的限制之外，如《皇帝內經素問》云：

　　帝曰：夫道者，年皆百數，能有子乎？岐伯曰：夫道者，能卻
　　老而全形，身年雖壽，能生子也。〔註26〕

此外，選擇好女，揚棄惡女，也是房中術求子的一個禁忌。如《素女經》云：

　　細骨弱肌，肉淖（曼）澤，清白薄膚，指節細沒，耳目準高鮮

〔註22〕〔唐〕孫思邈：《備急千金要方》卷27，《養性》之《房中補益第八》，高文柱、
　　　　沈澍農校注，北京：華夏出版社，2008年，第491頁。
〔註23〕樊友平主編：《中華性學觀止》，節選《褚氏遺書》之《問子》，廣州：廣東人
　　　　民出版社，1997年，第53頁。
〔註24〕〔日〕丹波康賴：《醫心方》卷28，《房內篇》，北京：人民衛生出版社，1993
　　　　年，第648頁。
〔註25〕樊友平主編：《中華性學觀止》，廣州：廣東人民出版社，1997年，第53頁，
　　　　節選《褚氏遺書》之《問子》。
〔註26〕樊友平主編：《中華性學觀止》，廣州：廣東人民出版社，1997年，第49頁，
　　　　節選《皇帝內經素問》卷1之《上古天真論篇第一》。

白，不短不邊，厚（胝），鑿孔欲高而周密，體滿，其上無毛，身滑如綿，陰淖如膏。以此行道，終夜不勞，便利丈夫，生子貴豪。〔註27〕

這是從男性的角度，也是當時醫學的角度，認為只有選擇這樣的女人交合，才能生子貴豪。這就帶有自利的男性主義立場，男人是求子的主導者和支配者，而女人則只是被選擇、被配合的產育工具而已，說明房中術實際上就是以男人為對象的方術。

（三）房中術關於胎教和孕期衛生的理論

《醫心方》卷28引《洞玄子》：

> 凡女子懷孕之後，須行善事，勿視惡色，勿聽惡語，省淫欲，勿咒詛，勿罵詈，勿驚恐，勿勞倦，勿妄語，勿憂愁，勿食生冷醋滑熱食，勿乘車馬，勿登高，勿臨深，勿下阪，勿急行，勿服餌，勿針灸。皆須端心正念，常聽經書。遂令男女如是，聰明智慧，忠真貞良，所謂教胎者也。〔註28〕

這些說法，與現代的孕期衛生常識及胎教理論多能相合。

自古以來，房中書的讀者都是以男性為主，所以房中書絕大部分相關的求子內容都是針對男性為對象進行勸誡和指導的。因為中國長時期處於男權社會，男性擁有對性夥伴的自由選擇權和絕對支配權。綜上所述，通過對從先秦至隋唐房中書的求子內容的分析，可以得出以下結論：首先，修煉房中術非常追求及重視其求子功能。求子內容不但所佔的篇幅大而且具體細節的敘述非常詳盡。其次，透過房中書多種繁複的操作指引，男性於求子起決定性的作用。因為房中書其實就是以男性為對象的讀物，教導男性在運用房中術進行求子過程中所應該注意的具體事項，雖然裏面也涉及婦女的內容，但都是作為被動接受者和配合者，而不是主導者和支配者。既然是以男性為對象做指導的方術，那麼可以推知求子也就是男性肩負的責任了。〔註29〕

〔註27〕〔日〕丹波康賴：《醫心方》卷28，《房內篇》，北京：人民衛生出版社，1993年，第649頁。

〔註28〕同上註。

〔註29〕李貞德：《女人的中國醫療史》，臺北：三民書局，2008年，第29頁。

第二節　房中術求子觀在唐代的變化

　　唐代尤其是在中唐後，士大夫修煉房中術出現一種新的趨向：士大夫在修煉房中術中承擔的求子之責減弱，相應的是逐漸地發展爲由婦人承擔起求子之責。〔註30〕

　　雖然自古醫家便有專爲婦人病而開立的藥方，但不是以求子爲首要目標。醫方若涉及求子論述，主要多出現在房中書內。房中書的讀者既以男性爲主，求子之責似當由丈夫肩挑。隋唐之際，求子藥方才大量出現，卻是全部羅列在婦人方中，針對女性身體和生育機能下藥。至於五世紀時丈夫求子方中的重要配藥蛇床子，在七世紀孫思邈的男性補虛方中，則被形容爲服用之後「十五日身體輕，三十日聰明，五十日可禦五女」，完全未提及求子功能。求子醫方從房中到草藥，從教導男性尋訪宜男之女、愼選行房時機爲重，到針對婦人身體下藥治療爲主，頗能呈現隋唐之際婦產科發展的軌迹。〔註31〕醫方言及無子，雖曰「夫病婦疾」，但論男性病變既不設無子專章，診治藥方也少提生子之效。顯然，生育並非醫學上論述男性身體的重點。《醫心方》卷28中有《用藥石》章，所收錄的藥石，功能多在壯陽，目的也是在於「可禦數十女」，〔註32〕顯然房中術用藥，重點在於幫助行房，目的在於多禦，側重點並非在於求子，而求子則成爲邊緣效用。至於針對男性腎病、腰痛、膀胱和生殖器諸病所開列的藥方，除了少數例外，幾乎不討論其生育功能。〔註33〕房中術在古代的知識分類體系中列於方術之屬。《漢書・藝文志》將房中與醫經、經方和神仙皆置於「方技類」中。《隋書・經籍志》分則將房中與醫經、經方、養生並列於「醫方類」中。《舊唐書・經籍志》和《新唐書・藝文志》則皆將醫經列入「明堂經脈類」，將房中、經方、養生等列入「醫術類」中。因此，放在「醫方」這個分類的脈絡來看，便會發現求子之責由男性（房中書的讀者和房中術的施術者）逐漸轉向女性（經方所列各種湯藥的服用者）。〔註34〕

〔註30〕李貞德：《女人的中國醫療史》，臺北：三民書局，2008年，第29頁。
〔註31〕同上註。
〔註32〕相關醫方見〔日〕丹波康賴，《醫心方》卷28，《房內篇》，北京：人民衛生出版社，1993年，第652頁。
〔註33〕〔漢〕張仲景：《金匱要略方論》卷上，《血痹虛勞病脈證並治第六》，北京：人民衛生出版社，1979年，第18～21頁。
〔註34〕李貞德：《唐代的性別與醫療》，鄧小南主編：《唐宋女性與社會》，上海：上海辭書出版社，第419頁。

　　而從隋代開始，御醫巢元方的《諸病源候論》才首次在《婦人雜病諸侯》中列「無子候」：

> 婦人無子者，……若夫病婦疹，須將餌，故得有效也。然婦人挾疾無子，皆由勞傷血氣，冷熱不調，而受風寒，客於子宮，致使胞內生病，或月經澀閉，或崩血帶下，致陰陽之氣不和，經血之行乖候，故無子也。診其右手關後尺脈，浮則爲陽，陰脈絕，無子也。又脈微澀，中年得此，爲絕產也。少陰脈如浮緊則絕產。惡寒脈尺寸俱微弱，則絕嗣不產也。〔註35〕

這裡大概的意思是指出不孕的原因，不單是男方或者女方單方面的因素，而是應該結合起來觀察治療，女性的不孕，與氣血陰陽失調有關。這是扼要地指出了問題的關鍵。至於憑脈辯證，臨床可以參考，但能結合婦科檢查，則對病情的瞭解就更清楚。緊接著還論述了婦人月水不利無子候、月水不通無子候、子髒冷無子候、帶下無子候、結積無子候等等具體的症狀和治療方法。

　　唐代孫思邈《千金方》在《序例》之後的便是《婦人方》，而《婦人方》又以「求子」爲首，兩者都說明到了唐代婦科發展上的重大變化。〔註36〕

《備急千金要方》之《婦人方上・求子第一》：

> 論曰：夫婦人之別有方者，以其胎妊生產崩傷之異故也。是以婦人之病，比之男子十倍難療。……惟懷胎妊而挾病者，避其毒藥耳。其雜病與丈夫同，則散在諸卷中，可得而知也。然而女人嗜欲多於丈夫，感病倍於男子，加以慈戀愛憎嫉妒憂恚，染著堅牢，情不自抑，所以爲病根深，療之難瘥……夫四德者，女子立身之樞機。產育者，婦人性命之長務，若不通明於此，則何以免於夭枉者哉！

〔註37〕

這裡論述了婦人病比男人病難治的原因。因爲婦人需要生育，所以身體結構各方面不同男子，這也是婦人病比男人病難治的原因所在。文中有「產育者，婦人性命之長務」之句闡述了生育乃婦女的天職。這就已經明顯異於以往的房中書把生育、求子認爲是男子的責任所在。

〔註35〕〔隋〕巢元方：《諸病源候論校釋》，南京中醫學院校釋，北京：人民衛生出版社，1980 年，第 1089～1090 頁。

〔註36〕李貞德：《女人的中國醫療史》，臺北：三民書局，2008 年，第 29 頁。

〔註37〕〔唐〕孫思邈：《備急千金要方》卷 2，《婦人方上》，高文柱、沈澍農校注，北京：華夏出版社，2008 年，第 31 頁。

　　而與此同時，唐代房中書中關於男性求子之論述與藥方皆沿襲前朝沒有什麼重大進展。即使治療男性「精自泄出」、「房室不舉」的藥方頗有增加，所關注的重點也是養生延年，幾乎不討論生育之效。相形之下，女性無子論述不但日趨繁複，而且求子藥方更是與日俱增。〔註38〕孫思邈的《婦人方》的「求子第一」中羅列了大量求子湯藥，提供女性服用。試舉幾例：

> 樸消蕩胞湯治婦人立身以來全不產，及斷緒久不產三十年者
> 方：樸消、牡丹、當歸、大黃、桃人各三枚，細辛、厚樸、桔梗、赤芍藥、人參、茯苓、桂心、甘草、牛膝、橘皮各一枚，䖟蟲十枚，水蛭十枚，附子六銖，以清酒五升，水三升合煮。此方是用來清理婦人子宮內的惡物的。

治全不產及斷緒，服前樸消湯後，可以再加上坐導藥方配合治療：

> 皂莢、山茱萸、當歸各一兩，細辛、五味子、乾薑各二兩，大黃、礬石、戎鹽、蜀椒各半兩研成粉末，以絹袋盛，大如指長三寸，盛藥令滿，放入婦人陰中，一日一度，必下青黃冷汁。汁盡止即可幸御，自有子。

還有服用紫石門冬丸，治全不產及斷緒方；白薇丸主令婦人有子方；承澤丸，主婦人下焦三十六疾，不孕絕產方；消石大黃丸，治十二癥癖，及婦人帶下絕產無子等等。〔註39〕綜上所述，以往由男性借著房中術所擔負的求子、乃至求健康賢良之子的責任，到了唐代醫方之中，都已轉由女性透過服藥來承擔了。〔註40〕

第三節　中唐士大夫修煉房中術主要爲享樂

　　雖然李貞德也曾經指出唐代求子之責由女性通過服藥來承擔，但是男子房中術修煉偏離求子功能後的走向如何，沒有學者加以關注。其實，房中術求子色彩在唐代似乎更加弱化，尤其是中唐士大夫修煉房中術更多的是爲了嗜欲享樂，房中術的功能更爲單一化、色情化。

〔註38〕 李貞德：《女人的中國醫療史》，臺北：三民書局，2008年，第32頁。
〔註39〕 〔唐〕孫思邈：《備急千金要方》卷2《婦人方上》，高文柱、沈澍農校注，北京：華夏出版社，2008年，第32、33頁。
〔註40〕 李貞德：《唐代的性別與醫療》，鄧小南主編：《唐宋女性與社會》，上海：上海辭書出版社，第420頁。

　　房中術在唐代十分流行。相對於初唐、盛唐，中唐後更為興盛。表現如下：

　　首先，《真誥》在中唐後詩歌中十分常見，而在中唐前的文士詩中則幾乎沒有出現。〔註41〕南朝陶弘景《真誥》一書，充斥著房中術的影響，還有顯露出對長生不死以及享樂孜孜追求之目的。而這部經書在初唐、盛唐詩歌中幾乎沒有出現，直到中唐後才出現並十分常見：「此卷玉清宮裏少，曾尋真誥讀詩來」〔註42〕還有上清派另外一部代表典籍《黃庭經》也經常出現在中唐後士大夫的詩歌意象裏面：「暗誦黃庭經在口，閒攜青竹杖隨身」〔註43〕《黃庭經》也是修煉道教房中術的士大夫樂於吟誦的典籍。

　　其次，白行簡的奇文《天地陰陽交歡大樂賦》似乎也可窺見中唐房中術的流傳情況。〔註44〕因為賦文中就有夫妻同觀房中書以行房事的情景。裏面還對於房中術的術語信手拈來，然而白行簡不是唐代著名的房中大家，兩唐書也並未提及他曾修煉房中術的經歷。那麼以他普通士大夫的身份卻對房中術能夠達到如此熟悉的程度，可以想見中唐士大夫一般都熟悉房中術。修煉房中術或許更可能是當時社會上的常見現象和風尚。

　　又次，從中唐以後的士大夫詩歌作品中較明顯發現房中術的修煉痕迹。例如白居易、元稹、劉禹錫等人的詩歌中都有許多關於房中術的術語和理論。如素女在中唐士大夫的詩歌作品中經常出現：「願聞素女事，去探山花叢。誘我為弟子，逍遙尋葛洪」；〔註45〕「素女悲清瑟，秦娥弄玉簫。山連玄圃近，水接絳河遙。」；〔註46〕「江娥啼竹素女愁，李憑中國彈箜篌。崑山玉碎鳳凰叫，芙蓉泣露香蘭笑。」；〔註47〕「伏羲初製法，素女昔傳名。流水嘉魚躍，

〔註41〕張振謙：《中晚唐愛情詩的道教文化觀照》，暨南大學碩士論文2006年，第18頁。

〔註42〕〔清〕彭定求：《全唐詩》卷474，《回施先輩見寄新詩二首》，北京：中華書局，1960年，第5383頁。

〔註43〕〔唐〕白居易：《白居易集》卷20，《獨行》，北京：中華書局，1979年，第441頁。

〔註44〕張振謙：《中晚唐愛情詩的道教文化觀照》，暨南大學碩士論文2006年，第18頁。

〔註45〕〔清〕彭定求：《全唐詩》卷132，《贈蘇明府》，北京：中華書局，1960年，第1340頁。

〔註46〕〔唐〕李商隱：《玉谿生詩集箋注》卷1，《送從翁從東川弘農尚書幕》，〔清〕馮浩箋注，上海：上海古籍出版社，1979年，第73頁。

〔註47〕〔唐〕李賀：《李賀詩歌集注》，〔清〕王琦注，上海：上海古籍出版社，1977年，第31頁。

叢臺舞鳳驚」；〔註48〕「素女結念飛天行，白玉參差鳳凰聲，天仙借女雙翅猛」；〔註49〕「青帝邀春隔歲還，月娥孀獨夜漫漫。韓憑舞羽身猶在，素女商弦調未殘」〔註50〕這無疑可以推論出他們熟悉房中書，甚至還可能修煉了房中術。

　　處於動蕩的時代，中唐士大夫的心靈處於矛盾、煎熬的狀態，既希望遠離俗世，又不具有真正出世的心理素質。因此只能以流連聲色，縱情享樂的方式來弱化內心的矛盾。而房中術在這時期被道教吸收利用改造，道教利用房中術修煉可以羽化登仙的傳說作為當時吸引世人紛紛神往的方術（據《神仙傳》說彭祖就是利用房中術成仙的）。而士大夫崇道的風氣濃厚，在這種氛圍中紛紛修煉房中術也是順理成章的事情。安史之亂後，士大夫由「兼濟天下」轉而「獨善其身」，社會的危機四起，仕途的艱險坎坷，現實的禍福難測，命運的難以把握，帶來及時享樂之風的蔓延以冀尋求解脫。

　　所以，中唐士大夫修煉道教的房中術就是為了像道教中的神仙那樣追求長生不死來永遠享受現世快樂。中唐士大夫修煉房中術，一般還會把它與服食丹藥結合起來。道教宣揚服食與房中術二者是缺一不可的。其實服食丹藥就是為了在修煉房中術的時候作為享樂之用的。服食丹藥的作用是刺激神經和催情。其實就是與房中術享樂結合起來，服食丹藥才會在唐代如此流行。

　　中唐名儒韓愈被譽為是一位「文起八道之衰，道濟天下之溺」〔註51〕的偉丈夫，而且在《唐故監察御史衛府君墓誌銘》和《故太學博士李君墓誌銘》中，對別人服食丹藥痛心疾首，認為正是丹藥致人過早死亡。但是頗具諷刺意味的是，他也是服用道教丹藥修煉房中術縱欲而斃命的。「朱熹批評韓愈『只是要作文章，令人觀賞而已』。蘇軾也說，『韓愈之於聖人之道，蓋亦知好其名矣、而未能樂其實』。韓愈高喊周孔道統，一本正經，強調仁義道德。但他自己的生活、愛好卻並不如此。貪名位、好資財、耽聲色、佞權貴，完全是另外一套。這使當時和後世各種真誠的衛道者們（從王安石到王船山）頗為不滿。其實，它倒是真實地表現了從中唐開始大批湧現的世俗地主知識分子

〔註48〕　〔唐〕李嶠：《日藏古抄李嶠詠物詩注》，張庭芳注，上海：上海古籍出版社，
　　　　　1998年，第141頁。
〔註49〕　〔清〕彭定求：《全唐詩》卷486，《弄玉詞二首》，北京：中華書局，1960年，
　　　　　第1231頁。
〔註50〕　〔清〕錢謙益、何義門評注：《唐詩鼓吹評注》卷6，韓成武、賀嚴、孫微點
　　　　　校，保定：河北大學出版社，第31頁。
〔註51〕　〔宋〕蘇軾：《東坡全集》卷86，《潮州韓文公廟碑》，文淵閣《四庫全書》本，
　　　　　第11頁上。

們（以進士集團爲代表）很善於『生活』。他們雖然標榜儒家教義，實際卻沉浸在自己的各種生活愛好之中：或享樂，或消閒；或沉溺於聲色、或放縱於田園；更多地是相互交織配合在一起。」〔註52〕

　　這就更加說明了在中唐的社會氛圍下，不少士大夫都加入了享樂的大潮中。白居易《思舊》詩云：「退之服硫磺，一病訖不痊。」陳寅恪曾證此「退之」就是韓愈：「然則此詩中之退之，固捨昌黎莫屬矣。」〔註53〕陶穀的《清異錄》云：「昌黎公愈晚年頗親脂粉。故事：服食用硫磺末攪粥飯啖雞男，不使交，前日烹庖，名火靈庫，間日進一隻焉。始亦見功，終致絕命。」〔註54〕韓愈在歷史上以闢佛反道而著名，但是卻明知丹藥之毒而最終重蹈覆轍，是因爲服食丹藥「屏去粉白黛綠之輩，或者用以資色力」。〔註55〕韓愈服食就是爲了享樂。陳寅恪先生對此更是「寧信其有」，其理由是「當時士大夫爲聲色所累，即自號超脫，亦終不能免」，並且認爲這是和「唐代士大夫階級風習相符會」。〔註56〕

　　張籍的《祭退之》寫道：

　　　　中秋十六夜，魄圓天差晴。公既相邀留，坐語於階楹。

　　　　乃出二侍女，合彈琵琶箏。臨風聽繁絲，忽遂聞再更。

　　　　顧我數來過，是夜涼難忘。〔註57〕

陳寅恪先生對此又說：「韓公病甚將亡之時，尚不能全去聲伎之樂，則平日於『園花巷柳』及『小園桃子』滯流，自未能忘情」。〔註58〕所以，歷史上彬彬君子的韓愈，其實是以丹藥濟色欲的典型代表。

　　除了韓愈的例子以外，我們還可以找到中唐士大夫風流自放、縱情逸樂的典型——白居易。在中唐社會士大夫階層集體無意識地沉溺於享樂風潮的

〔註52〕李澤厚：《美的歷程》，桂林：廣西師範大學出版社，2000 年，第 206～207頁。

〔註53〕陳寅恪：《元白詩箋證稿》之《白樂天之思想行爲與佛道關係》，上海：上海古籍出版社，1978 年，第 326 頁。

〔註54〕〔宋〕陶穀：《清異錄》卷上，文淵閣《四庫全書》本，第 73 頁上。

〔註55〕陳友琴：《白居易評述彙編》，北京：科學出版社，1958 年，第 83～86 頁。

〔註56〕陳寅恪：《元白詩箋證稿》之《白樂天之思想行爲與佛道關係》，上海：上海古籍出版社，1978 年，第 326～327 頁。

〔註57〕〔唐〕張籍：《張籍詩集》卷七，《祭退之》，北京：中華書局，1959 年，第 99 頁。

〔註58〕陳寅恪：《元白詩箋證稿》之《白樂天之思想行爲與佛道關係》，上海：上海古籍出版社，1978 年，第 336 頁。

時候，白居易勢必會受到這種風氣的潛移默化。葉夢得說白居易「似未能全忘聲色酒杯之類，賞物太深，若猶有待而後遣者，故小蠻、樊素，每見於歌詠。」〔註59〕白居易沉迷於聲色酒杯之中，癡迷於煉丹、服食、房中術、求仙、問道的活動中。試看白居易《酬思黯戲贈》詩：「鐘乳三千兩，金釵十二行。妒他心似火，欺我鬢如霜。」白居易自注此詩：「思黯自誇前後服鐘乳三千兩，甚得力。而歌舞之妓頗多。來詩謔予羸老，故戲答之」。〔註60〕牛僧孺，字思黯，唐穆宗、文宗時期的宰相，在「牛李黨爭」中是牛黨的領袖，據說愛好服藥和女樂。而《早服雲母散》便是白居易喜歡服食的真實寫照：「曉服雲英漱井華，寥然身若在煙霞。藥銷日晏三匙飯，酒渴春深一碗茶。每夜坐禪觀水月，有時行醉玩風花。淨名事理人難解，身不出家心出家。」〔註61〕詩中的「行醉玩風花」似乎暗指自己沉溺於風花雪月，維持充沛的體力以移用於聲色之樂。白居易又曰：「以之資嗜欲，又望延甲子。」〔註62〕可見，服用神仙丹藥不僅可以「嗜欲」，而且還可以「延年」。中唐士大夫薛曜又云：「夫金石之性，堅剛而急列……今驗所見年少服者，得力速，兼無病患。」〔註63〕這說明年輕人服食效果更佳、得力迅速。難怪白居易在《思舊》詩中寫道：「況在少壯時，亦為嗜欲牽……退之服硫磺，一病訖不痊。」〔註64〕這又驗證了白居易崇道不過是遮掩嗜欲的幌子而已。唐中宗時的詩人蘇遊對於丹藥和房中術之間的關係，更是直截了當地指出：「若夫胤者，五行之秀氣，二儀之純精。……可以堅實骨髓，羸體變而成剛；可以悅澤肌膚，衰容反而為少；至於男女之道，房室之間，姬媵數百，取御之儀，俄頃亦具。」〔註65〕可見，服食最為重要的作用是可以壯陽強身，維持充沛的體力以移用於聲色之樂，

〔註59〕陳友琴：《白居易資料彙編》，北京：中華書局，1986年，第53頁。

〔註60〕〔唐〕白居易：《白居易集》卷34，《酬思黯戲贈同用狂字》，北京：中華書局，1979年，第767頁。

〔註61〕〔唐〕白居易：《白居易集》卷31，《早服雲母散》，北京：中華書局，1979年，第712頁。

〔註62〕〔唐〕白居易：《白居易集》卷36，《戒藥》，北京：中華書局，1979年，第818頁。

〔註63〕〔唐〕王燾：《外臺秘要》卷37，《薛侍郎服乳石體性論一首》，北京：人民衛生出版社，1955年，第1025頁。

〔註64〕〔唐〕白居易：《白居易集》卷29，《思舊》，北京：中華書局，1979年，第664頁。

〔註65〕〔宋〕張君房編，李永晟點校：《雲笈七籤》卷78，《方藥部·三品頤神保命神丹方敘》，北京：中華書局，2003年，第1758頁。

說白了就是爲了可以與房中術相輔相成來享樂。房中術講求性結合的快樂技巧，而服食可以爲之提供更加充沛的體力進行享樂。從青年時期開始，白居易就常崇道好仙，煉丹服藥，曾與道士、女冠交往，甚至夜宿道觀，修煉房中術，追求聲色之樂。〔註66〕白居易後期洛陽作太少子傅時，既服食丹藥，有詩題《早結道友，以藥術爲事》爲證；又以歌舞遣情，自說有「鐘乳三千兩，金釵十二行」。〔註67〕即使在中隱時也不忘個人享樂，甚至「況在少壯時，亦爲嗜欲牽」。〔註68〕在他的詩文集中，關於崇道煉丹的「閒適詩」也俯首即拾，僅提到道教著作「參同契」的詩歌就有《對酒》、《尋郭道士不遇》《同微之贈別郭虛舟煉師五十韻》等等，這表明他是個十分虔誠地信奉道家。陳寅恪先生就曾指出：「白公則外雖信佛內實奉道是」。〔註69〕白居易自己也說：「何以明吾志，《周易》在床頭」；〔註70〕「何以療夜饑？一匙雲母粉」，〔註71〕又說：「予非聖達，不能忘情，又不至於不及情者」，因此，當寵妓樊素離去後作《不能忘情吟》。可見，他之所以奢欲享樂，和學習道教，尤其房中術是分不開的。白居易在《仲夏齋戒月》中說：「我今過半百，氣衰神不全。已垂兩鬢絲，難補三丹田」，〔註72〕他的密友元稹也在《和樂天贈吳丹》中說：「密印視丹田，遊神夢三島。萬過黃庭經，一食青精稻。」〔註73〕這裡兩位詩人都用了道教房中術中的丹田理論，似乎可以推測他們曾經沉溺於房中術，並且還可能縱欲過度。

〔註66〕白居易貞元末、元和初曾居華陽觀。其《策林》是和元稹一起在那裡準備科舉考試時擬寫的考卷，見《策林序》。此外有詩《永崇里觀居》、《宿簡寂觀》爲證。與道流頻繁交往，例如《早結道友，以藥術爲事》《尋郭道士不遇》、《同微之贈別郭虛舟煉師五十韻》《玉眞張觀主下小女冠阿容》等等。

〔註67〕〔唐〕白居易：《白居易集》卷34，《酬思黯戲贈同用狂字》，北京：中華書局，1979年，第767頁。

〔註68〕〔唐〕白居易：《白居易集》卷29，《思舊》，北京：中華書局，1979年，第664頁。

〔註69〕陳寅恪：《元白詩箋證稿》之《白樂天之思想行爲與佛道關係》，上海：上海古籍出版社，1978年，第337頁。

〔註70〕〔唐〕白居易：《白居易集》卷5，《永崇里觀居》，北京：中華書局，1979年，第93頁。

〔註71〕〔唐〕白居易：《白居易集》卷7，《宿簡寂觀》，北京：中華書局，1979年，第130頁。

〔註72〕〔唐〕白居易：《白居易集》卷8，《仲夏齋戒月》，北京：中華書局，1979年，第160頁。

〔註73〕〔唐〕元稹：《元稹集》卷6，《和樂天贈吳丹》，北京：中華書局，1982年，第86頁。

　　《唐才子傳》中曾寫道：「公好神仙，自製飛雲履，焚香振足，如撥煙霧，冉冉生雲。初來九江，居廬阜山峰下，作草堂燒丹，今尚存。」〔註74〕元和十年（815）白居易被貶爲江州司馬，曾築草堂於廬山香爐峰、遺愛寺之間，並向道士郭虛舟學習燒丹。如果說要尋覓到白居易燒丹煉藥、修煉房中術縱情逸樂的證據，那就不得不提及他的這首《同微之贈別郭虛舟煉師五十韻》：

> 我爲江司馬，君爲荊判司。俱當愁悴日，始識虛舟師。
> 師年三十餘，白皙好容儀。專心在鉛汞，餘力工琴棋。
> 靜彈弦數聲，閒飲酒一巵。因指塵土下，蜉蝣良可悲。
> 不聞姑射上，千歲冰雪肌。不見遼城外，古今冢累累。
> 嗟我天地間，有術人莫知。得可逃死籍，不唯走三屍。
> 授我參同契，其辭妙且微。六一閟句鍋，子午守雄雌。
> 我讀隨日悟，心中了無疑。黃芽與紫車，謂其坐致之。
> 自負因自歎，人生號男兒。若不佩金印，即合騎玉芝。
> 高謝人間世，深結山中期。泥壇方合矩，鑄鼎圓中規。
> 爐橐一以動，瑞氣紅輝輝。齋心獨歎拜，中夜偷一窺。
> 二物正欣合，厥狀何怪奇。綢繆夫婦體，狎獵魚龍姿。
> 簡寂館鐘後，紫霄峰曉時。心塵未淨潔，火候遂參差。
> 萬壽覬刀圭，千功失毫釐。先生彈指起，蛇女隨煙飛。
> 始知緣會間，陰騭不可移。藥竈今夕罷，詔書明日追。〔註75〕

從以上詩文裏面敘述了白居易與道士不但交從甚密，而且感情甚篤。這是白居易貶官江州司馬時候所作，詩中「高謝人間世，深結山中期」說明詩人很想脫離塵世，嚮往山中修道成仙。而詩句「專心在鉛汞，餘力工琴棋」、「黃芽與紫車，謂其坐致之」、「泥壇方合矩，鑄鼎圓中規。爐橐一以動，瑞氣紅輝輝」中我們也可以明顯地看出詩人也曾親自動手煉製丹藥，「鉛汞」、「黃芽」、「紫車」都是丹藥名，而泥壇、鑄鼎、爐橐均爲煉丹的容器，「瑞氣紅輝輝」則生動地寫了煉丹時所聞的氣味和所見的顏色。詩中所謂的「守雌雄」、「二物正欣合」等即是繁衍鉛汞派的乾坤陰陽、雌雄配合之說，正是道教房中術的表現之一。而「授我參同契，其辭妙且微」正說明道教典籍《周易參

〔註74〕陳友琴：《白居易資料彙編》，北京：中華書局，1986年，第187頁。
〔註75〕〔唐〕白居易：《白居易集》卷21，《同微之贈別郭虛舟煉師五十韻》，北京：中華書局，1979年，第457頁。

同契》關於修道成仙法術的微妙之處。魚和龍則都是道教房中御女之隱語，這說明修道重要內容之一就是運用房中術和異性修道者發生性關係，這就是男女雙修的內容。〔註76〕因為在房中書《洞玄子》裏面提及男女交合的性姿勢卅法其中就有「龍宛轉」、「魚比目」。「龍宛轉」指的是性交時候，女仰臥曲兩腳，男跪女股內，以左手推女兩腳向前，令過於乳，右手把玉莖入玉門中的特定姿勢。而「魚比目」指的是性交時男女俱臥，女以一腳置男上，面相向，咽口嗍舌。男展雙腳，以手擔女上腳，進玉莖的特定姿勢。這都是房中術修煉中極為讚賞和提倡的性交合姿勢。「綢繆夫婦體，狎獵魚龍姿」其實就是用了房中術術語隱晦地描寫男女修道時之豔事。作者在詩中還展現了房中術男女雙修發生肉體關係後產生了男女之情難分難捨的寫照，經過「十日」的男女同修，雙方都發出了「後會杳何許」、「故情若相思」的感慨，這正是日久生情後依依不捨的心聲流露。這種雙修以得道成仙為幌子，而男女在其中可以縱情享受性快樂才是最大目的。其實這就再次說明，這時候的房中術早就和以前的為了求子而修煉的功能不同了，而是走向了情欲化，追求性快樂或許才是真正目的所在。

中唐時期，道教上清派繼承了葛洪的房中術能延年益壽的觀點和「御女多多益善」的做法，其「男女同修，夫婦俱仙」的雙修法也是盛極一時。這種所謂的修道之法其實可能是男女修道者之間的「性亂」。唐代釋明槩曾在《決對傅奕廢佛法僧事》中生動描摹了男女雙修的情形，簡直像是一幅露骨的春宮畫：「情意相親，男女交接，使四目二鼻，上下相當；兩舌兩口，彼此相對，陰陽即接，精氣遂通。」〔註77〕房中術修煉在中唐的情欲化、色情化本質凸顯出來。

道教步入中唐，內丹術漸漸興盛起來，而道教認為「人身一小天地」（《太清真經》），把人的身體當作煉丹的鼎爐，以人的精氣為藥物，最終煉成長生不老之藥——內丹。而內丹派的主要經書《黃庭經》也出現在中晚唐之交的大詩人李賀筆端：「《黃庭》留衛斑，綠樹養韓馮」，〔註78〕可見李賀對內丹學也絕不陌生。而從他詩歌中我們可以知道他不但信奉道教，而且是通曉道教房中術的。試看李賀的《瑤華樂》：

〔註76〕 張振謙：《試論道教文化對白居易豔情詩的影響》，《內蒙古農業大學學報》2008年第3期。

〔註77〕 〔唐〕釋道宣：《廣弘明集》卷12，文淵閣《四庫全書》本，第17頁下。

〔註78〕 〔唐〕李賀：《李長吉文集》卷2，《惱公》，北京：北京圖書館出版社，2004年影印本。

　　穆天子，走龍媒，八彎冬瓏逐天回，五精掃地凝雲開。高門
左右日月環，四方錯鏤棱層殷。舞霞垂尾長盤跚，江澄海淨神母
顏。施紅點翠照虞泉，曳雲拖玉下崑山。列篩如松，張蓋如輪。
金風殿秋，清明發春。八鑾十乘，轟如雲屯。瓊鐘瑤席甘露文，
元霜絳雪何足云。薰梅染柳將贈群，鉛華之水洗君骨，與君相對
作眞質。〔註79〕

詩中描述了瑤池仙境的金碧輝煌，色彩斑斕，富麗堂皇，又有彩霞掩映，雲煙
湧動，眩人眼目而又凌虛飄渺，崑崙仙境的氣氛十分濃鬱，令人目不暇接，意
亂情迷。仙境的氣氛非常令人迷醉。仙宮中的西王母，施紅點翠，輝耀虞淵，
身著霓裳羽衣，移步玉佩磬鳴，儀態綽約窈窕；出行則鸞駕雲集，族旗如林，
春光爲導，金風奔屬，儀仗氣派盛大。仙山瓊閣的堂皇，西王母的富麗，再加
會仙與長生，瑤池世界的「極樂」似乎才更完美。詩歌寫西王母與穆天子相會
仙境之樂。他們喝下飴美的甘露，其延年登仙之功遠勝「服之白日昇天」的元
霜絳雪之類九轉神丹靈藥。詩歌煞尾三句把西王母與穆王的相合推向眞正的高
潮。所謂「鉛華之水洗君骨」，描繪的是西王母與穆王兩人香豔的沐浴場景。
按道教科儀，「行道之日，皆當香湯沐浴」。〔註80〕沐俗可使人內部虛心澄靜，
外部身垢盡除，也就是洗盡凡塵，甚至可以「離諸以染，證人無爲，進品聖階」。
〔註81〕所謂「與君相對作眞質」，指西王母與穆天子相擁相抱進行男女合氣雙
修。道教一向把房中術稱爲男女合氣之術，其實就是所謂的男女雙修，西王母
與穆王行黃赤之道，利用房中術進行交合，不但使乾坤陰陽化合眞質，還可修
煉增進成仙的功力，而且又能享受人間平凡男女的男歡女愛、魚水之歡，這使
西王母的瑤池之樂被推至巔峰。〔註82〕在這首詩歌中李賀把房中術的乾坤陰陽
化合的享樂視爲仙界至樂。這是士大夫修煉房中術爲享樂作的注解。

　　現實生活中的李賀心靈空虛，在房中術中找到宗教支撐，而且喜歡沉湎
於醉花眠柳的生活。這從他詩歌中的性愛描寫可以體現出來：「離鸞別鳳煙梧
中，巫雲蜀雨遙相通」；〔註83〕「月明啼阿姊，燈暗會良人。也識君夫婿，金

〔註79〕　《箋注評點李長吉歌詩》卷4，文淵閣《四庫全書》本，第12頁下。
〔註80〕　傅勤家：《中國道教史》，上海：東方出版社，2008年，第136頁。
〔註81〕　同上註。
〔註82〕　謝建忠：《論道教與李賀的詩歌》，《貴州大學學報》，1999年第5期。
〔註83〕　〔唐〕李賀：《李長吉文集》卷1，《湘妃》，北京：北京圖書館出版社，2004
　　　　年影印本。

魚掛在身」;「碧玉破不復,瑤琴重撥弦」;「洞房思不禁,蜂子作花心」;「戟干橫龍簴,刀環倚桂窗」;〔註84〕「誰能事貞素,臥聽莎雞泣」;〔註85〕「新客下馬舊客去,綠蟬秀黛重拂梳」;〔註86〕「御篆銀沫冷,長簟鳳案斜」;〔註87〕「藕花涼露濕,花缺藕根澀。飛下雌鴛鴦,塘水聲溢溢。」〔註88〕……均爲顯豁地表現性器官、性活動的豔語。正如清人姚文燮在評李賀詩《詠懷》(其一)時所言:「賀少年早夭,亦必因色致疾,故引相如以自慰而作詠懷也,《後園鑿井歌》而及奉倩,益可想見。」〔註89〕他的《惱公》便是自己狎妓生活的真實寫照,詩中營造了一個穠豔的性愛夢境,嬌嬈的女主人公精心妝扮,與意中人在富麗堂皇的「仙境」中「蜀煙飛重錦,峽雨濺輕容……魚生玉藕下,人在石蓮中」,享受性快樂,體驗性滿足。「心搖如舞鶴,骨出似飛龍」,前句寫心搖目蕩、不能自持,後句寫相思成病,身體消瘦。他的《房中思》說:「誰能事貞素,臥聽莎雞泣」,這種對傳統道德的懷疑與反叛更是將他引向縱欲的道路,而縱欲在一定程度上又促進了他精神的變態。在這種變態心理作用下,他有時害怕自己的力量被女人吸去,「元氣茫茫收不得」(《崑崙使者》)。而每一次的縱欲恰恰具體而實在地體現了他所恐懼的情況,於是精神和身體都江河日下了。而李賀的例子也代表了士大夫階層中失意於仕途轉而寄託於房中術享樂的那類人。他們是利用沉湎於酒色來撫慰自己失意於仕途前程的心靈。所以他們的房中術修煉很少再去關注什麼求子延後,而是更多地注重於感官的享受了。

中唐之後,詩壇上出現的大詩人李商隱,他的詩歌作品中有許多是涉及道教房中術的。雖然他不算是中唐時期的士大夫,但是從他的詩歌作品中可

〔註84〕〔唐〕李賀:《李長吉文集》卷3,《謝秀才有妾縞練改從於人秀才引留之不得從生感憶座人製詩嘲謝賀復繼四首》,北京:北京圖書館出版社,2004年影印本。

〔註85〕〔唐〕李賀:《李長吉文集》卷3,《房中思》,北京:北京圖書館出版社,2004年影印本。

〔註86〕〔清〕彭定求:《全唐詩》卷394,《夜來樂》,北京:中華書局,1960年,第4439頁。

〔註87〕〔唐〕李賀:《李長吉文集》卷3,《梁公子》,北京:北京圖書館出版社,2004年影印本。

〔註88〕〔唐〕李賀:《李長吉文集》卷4,《塘上行》,北京:北京圖書館出版社,2004年影印本。

〔註89〕〔清〕王琦等注:《李賀詩歌集注》,上海:上海古籍出版社,1978年,第394頁。

以推斷出中唐直至晚唐士大夫修煉道教房中術較普遍。李商隱筆下許多詩歌
採用隱比手法作爲一般的修辭和表現方法來使用，其詩歌充滿了道教隱語、
神仙典故、語彙等等，使其作品帶上了獨特的或神秘、或朦朧、或奇特、或
虛幻的色彩。例如他的《聞歌》、《燕臺》、《中元作》、《碧城三首》、《水天閒
話舊事》、《月夜重寄宋華陽姊妹》等等。所謂隱比，「隱也者，文外之重旨者
也」，「夫隱之爲體，義主文外，秘響傍通，伏採潛發」。〔註90〕大量運用隱比
還有象徵手法，使得詩歌面貌呈現出晦澀、精深、詭怪、隱僻的風格，但是
我們仔細分析還是可以看到李商隱詩歌中隱藏的關於他與房中術之間關係的
痕跡。以《水天閒話舊事》爲例：

> 月姊曾逢下彩蟾，傾城消息隔重簾。
>
> 已聞珮響知腰細，更辨弦聲覺指纖。
>
> 暮雨自歸山峭峭，秋河不動夜厭厭。
>
> 王昌且在牆東住，未必金堂得免嫌。〔註91〕

也許很多人不明白此詩歌的眞正涵義。其實這裡面描述的是李商隱與女道士
熱烈眞摯的愛情。「月姊」、「嫦娥」象徵貌美而神秘的情人。雖隔重簾而聞其
珮響辨其弦聲。幽會完畢後欲返回道觀。幽會敗露之後，李商隱進行自辨。
呈現在我們面前的是一幅瑰麗多姿的極富仙道色彩的愛情畫卷。龍鳳、龍虎、
鸞鳳等用語出現頻繁。道教房中家最講究陰陽，極喜言物之陰陽、雌雄。在
《周易參同契》中日、龍代陽性，月、虎代陰性。錢鍾書說：「吾國舊說，於
虹、雷、歲、月、草、木、金、石之類，皆分辨雌雄。」〔註92〕李商隱深受
道家這一審美觀的影響，在他詩中便大量出現代指男女的「龍鳳」、「鸞鳳」、
「蟾虎」等。「天泉水暖龍吟細，露畹春多鳳舞遲」；〔註93〕「紫鳳放嬌銜楚
珮，赤鱗狂舞拔湘弦」；〔註94〕「金蟾齧鎖燒香入，玉虎牽絲汲井回」；〔註95〕

〔註90〕 陸侃如：《文心雕龍譯注》，濟南：齊魯書社，1982年，第251頁。

〔註91〕 〔唐〕李商隱：《玉谿生詩集箋注》卷3，《水天閒話舊事》，〔清〕馮浩箋注，
上海：上海古籍出版社，1979年，第702頁。

〔註92〕 錢鍾書：《管錐編》，北京：北京：中華書局，1979年，第865頁。

〔註93〕 〔唐〕李商隱：《玉谿生詩集箋注》卷2，《一片》，〔清〕馮浩箋注，上海：上
海古籍出版社，1979年，第412頁。

〔註94〕 〔唐〕李商隱：《玉谿生詩集箋注》卷3，《碧城三首》，〔清〕馮浩箋注，上海：
上海古籍出版社，1979年，第570頁。

〔註95〕 〔唐〕李商隱：《玉谿生詩集箋注》卷2，《無題》，〔清〕馮浩箋注，上海：上
海古籍出版社，1979年，第386頁。

「松篁臺殿蕙香幡，龍護瑤窗鳳掩扉」；〔註96〕「鳳女彈瑤瑟，龍孫撼玉珂」〔註97〕……其中大量運用「龍鳳」、「鸞鳳」、「蟾虎」等詞語，目的很明確，就是將男女房中性愛的姿勢和動作進行詩化、美化、雅化。

又李商隱的《擬沈下賢》：

　　千二百輕鸞，春衫瘦著寬。倚風行稍急，含雪語應寒。

　　帶火遺金斗，兼珠碎玉盤。河陽看花過，曾不問潘安。〔註98〕

從李商隱這首詩來推論，這個沈下賢應該擅長房中術的描寫。首句「千二百輕鸞」，是說黃帝御女一千二百而成仙之事。「輕鸞」，本指輕盈的青鳥，這裡暗比輕靈之少女，這個典故最早出現在東晉葛洪編撰的著名的房中書《抱朴子》內篇《微旨》中，有「俗人聞黃帝以千二百女昇天」之句。正史《漢書‧王莽傳》中也同樣有黃帝御女千二成仙之說。據此可以知道李商隱對房中術的熟知。其實受李商隱影響頗大的溫庭筠對此也不陌生，其詩曰：「彩翰殊翁金繚繞，一千二百逃飛鳥」〔註99〕（《答段柯古見嘲》）。首聯下句語帶雙關，一曰成仙後人輕如鴻毛，故「春衫寬」；一曰御女過多，身體日益羸弱，故昔日之「春衫」今日顯得「寬」了，這種事實雖然和「御女多多益善」的道教房中術旨意有所不同，而李商隱身體由於多行房中術而瘦弱的現象卻是事實，有詩為證：他在《韓冬郎即席為詩相送因成二絕》詩下自注「余雖無東陽之才，而有東陽之瘦。」〔註100〕東陽，指代沈約，因沈約做過東陽太守。例如：「瘦極沈尚書」〔註101〕中的沈尚書即是沈約。而詩中的頷聯、頸聯是狀寫御女成仙後的體態，能乘風歸去，含雪而語，猶如帶火之金斗，直指玉盤之碎珠。這樣描寫把御女成仙中男女情態描繪得如夢如幻。尾聯運用晉人潘安典故，潘安曾為河陽縣令，素有「古代第一美男子」之稱。「看花」這裡指

〔註96〕〔唐〕李商隱：《玉谿生詩集箋注》卷3，《聖女祠》，〔清〕馮浩箋注，上海：上海古籍出版社，1979年，第693頁。

〔註97〕〔唐〕李商隱：《玉谿生詩集箋注》卷2，《西溪》，〔清〕馮浩箋注，上海：上海古籍出版社，1979年，第489頁。

〔註98〕〔唐〕李商隱：《李義山詩集》卷上，《擬沈下賢》，文淵閣《四庫全書》本，第35頁下。

〔註99〕〔宋〕洪邁：《萬首唐人絕句》卷44，《答段柯古見嘲》，文淵閣《四庫全書》本，第1頁上。

〔註100〕〔唐〕李商隱：《李義山詩集》卷中，文淵閣《四庫全書》本，第1頁。

〔註101〕〔唐〕李商隱：《玉谿生詩集箋注》卷2，《有懷在蒙飛卿》，〔清〕馮浩箋注，上海：上海古籍出版社，1979年，第524頁。

借道教房中術御女行男女之事，正如孟郊《登科後》：「昔日齷齪不足誇，今朝放蕩思無涯。春風得意馬蹄疾，一日看盡長安花。」〔註102〕作者這裡的意思是，御女成仙之「仙人」竟連古代美男潘安也不放在眼裏，足見其得意忘形之極。

　　房中術在中唐的流行還可從白行簡所作的《天地陰陽交歡大樂賦》可以窺見一二。這篇賦文裏面充滿了房中高手的偶合秘籍，顯示了作者非常熟悉房中術。《舊唐書》記載白行簡：「文筆有兄風，辭賦尤稱精密，文士皆師法之。」〔註103〕在仕途上似乎不太一帆風順，他貞元末（805）登進士第，做過校書郎，後作過藩鎮書記；後在兄白居易貶官江州司馬時，從兄之江州，元和十五年（820）隨兄入朝，行簡授左拾遺，又升司門員外郎和主客郎中。而在兩唐書沒有提及他是房中大家，似乎也沒有指出他有特殊的修道經歷，但是賦文中顯示出對於房中術語信手拈來的熟練程度似乎不簡單，說明當時的士大夫階層對於房中術著作比較熟悉，房中術著作流傳也許很廣。當時士大夫似乎已不滿足於歌舞聲色的快樂，而把性事肉欲活動當作縱樂的重要手段。《大樂賦》「序」中就將作為「人之本」的「性命」和「人之利」的「嗜欲」相提並論，不但二者都不捨棄，甚至把歡娛的性事活動看作比衣食還重要的人之大樂。性交是順應天地陰陽、符合夫婦人倫之道、男女之情的滿足、人欲需求的普遍快樂，因此，天下之人樂此不疲。對性事交接的崇尚導致對房中術的迷戀。中唐士大夫的性觀念中已經較少如前代那樣重視房中術的求子功能，而格外崇尚房中性事的享樂主義的蔓延。中唐時期，房中術從醫家、方術之士那裡流傳，普及到宮廷、官僚、文士、青樓……成為閱讀、研習、實踐、言說、書寫的內容，風習所染，進一步推動了廣納姬妾、蓄婢養妓、青樓買歡。這是白行簡的《大樂賦》將全國上下描繪成人人忙於性事、處處充滿快樂的世界的現實基礎。為了將情欲泛濫合理化，作者首先將男女交合的「大樂」置於「父母之命，媒妁之言」成兩姓之好的婚姻的合法背景下。婚姻一旦成立，夫妻的交媾就具有了合法性，但在《大樂賦》那裡，就消解交媾的生育子嗣的傳宗接代的神聖性，而以滿足「飲食男女人之大欲」為最

〔註102〕〔唐〕孟郊：《孟郊詩集校注》，邱燮友、李建昆校注，臺北：新文豐出版社，1997年，第159頁。
〔註103〕〔後晉〕劉昫：《舊唐書》卷166，《白行簡傳》，北京：中華書局，1975年，第4358頁。

高宗旨。從此夫妻之間就開始了「永無閉固」的房中之樂：或月夜，或早春，在男子熟讀諳習了《素女經》之類的房中書之後，調動了情欲，認眞實踐房中術中的「九淺一深」、「十候五徵」的技巧，品味著房中交媾之大樂，直到精透津流，方才收場。而《大樂賦》緊接著還描寫了士大夫隨意縱欲、不擇時日、不分場所、用盡各種房中交媾的方式和技巧進行享樂的場景。這種及時行樂的理想場景，早就把房中術還精補腦、求子延後等等功能拋到九霄雲外，而顯而易見的是，享樂才是其中心觀念。

此外，伴隨著中唐房中術情欲化的泛濫，唐代性藥的應用越來越廣泛也可以作爲佐證。因爲唐代性藥肯定是隨著其應用範圍和需求的擴大而發展的。而這些性藥的應用與房中術的發展相輔相成。如《千金要方》卷 20「雜補第七」即載有治陰瘻不起方：蜂房灰夜臥敷陰上即熱，無婦不得敷之；治陽不起，常服天門多亦佳。《醫心方》卷 28「房內」篇載有治陰瘻方：單末蛇床子酒服之。如果對唐代中藥著作及方書中具有治療性功能障礙的藥物進行分析和統計，唐代單味性藥至少有 84 種，其中礦物類藥 14 種，植物類藥 48 種，動物類藥有 22 種，[註 104] 超越前代。而唐代對中醫性藥的製劑和用法研究似乎也比前代深入，治療不僅有內治，還有外治，或內外同治，內服劑型有湯劑、散劑、丸劑、酒劑、藥膳之不同，外用多爲散劑、栓劑、塗擦劑或洗劑，直接用於外生殖器。《千金要方》、《外臺秘要》、《醫心方》在治療失精、陰瘻等篇中收載了許多具有秘精壯陽作用的複方製劑，通過歸納整理，剔除重複者，共有中醫複方性藥有名方 30 多首，如治遺精、夢泄、尿精等失精病證者，有棘刺丸（有二種同名方）、棗仁湯、韭子丸、禁精湯、羊骨湯、白莖丸、人參丸、三物天雄散、黃茂湯、韭子散、鹿角湯、桂心湯、石解散、龍骨湯、薰草湯、龍骨散、淮南王枕中方等，治陰瘻不起者，有琥珀散、肉蓯蓉散、禿雞散、石硫黃散、杜仲散、蓯蓉補虛益陽方、鐘乳酒、蓯蓉丸、雄蛾散、五加酒、鹿角散、開心署預腎氣丸、遠志丸、益多散等；此外還有許多屬於無名方，從中可以瞭解唐代中醫複方性藥的研究概況。從諸方中藥物組成可以看出，唐時期治療陽瘻病證，已從多途徑入手，多在補腎壯陽的同時，配以滋陰、益氣、補血、利濕、養心等藥物，以助壯陽之力，如《外臺秘要》所載《經心錄》雄蛾散，方中不僅有溫腎壯陽之雄蛾、巴戟天、天雄、肉蓯蓉、蛇床子、菟絲子，還配以滋腎養陰之署預、五味子，更佐以養心安

〔註104〕陳仁壽：《論唐代中醫性藥的研究與發展》，《中醫文獻雜誌》，2003 年第 2 期。

神之遠志及補腎強腰之牛膝，諸藥相配，共奏補腎壯陽，養血塡精之功，以治「五勞七傷，陰痿十年不起」。爲了性交接更快樂，《千金要方》載有用蓯蓉、遠志、附子、桂心研爲細末，以唾和爲小丸，塞於陰莖頭內；《醫心方》引《洞玄子》用石硫黃、青木香、山茱萸、蛇床子，研爲末，性交前塞於婦人陰道內，可治「婦人陰寬冷，令小交接而快」。如《千金要方》記載用蛇床子、菟絲子搗汁塗陰，每日五遍，謂之壯陽道；《醫心方》引《葛氏方》用雄雞肝、鯉魚膽，令塗陰頭；引《洞玄子》用肉從蓉、海藻，搗篩爲末，以白犬肝汁，塗陰莖上，可治陰莖短小〔註105〕……

　　綜上所述，可知中唐士大夫修煉房中術，在房中術修煉中一直以來重視的種子求子的功能淡化，而把房中術視爲享樂的手段和工具，從重視生殖繁衍到重視自身的需求，從重視房中交合的繁衍後代的生殖目的到爲了自身快樂而交合，其色欲化的本質凸顯。

第四節　中唐士大夫房中術修煉目的變化的原因

　　中唐士大夫的房中術修煉求子等功能淡化，而偏重於房中享樂，這反映了士大夫性觀念的變化。從重視房中交合的繁衍後代的唯生殖目的到爲了自身快樂而交合，這種性觀念的轉變有著非常深刻和現實的根源，不僅要從士大夫自身，更要從社會方面來尋找。在思想比較自由、開放的唐代，世俗肉欲、美感意識的全面復蘇，而動蕩的中唐，促使士大夫的價值觀由外向內的轉變。

一、大唐盛世的轉折和禮教的衰微

　　安史之亂給中唐士大夫帶來深刻的影響。群體心態發生了變化，他們失落、幻滅、彷徨、苦悶、無奈……而經過了大曆年間的調整恢復，政壇及文壇上出現了大批的有志之士，重拾信心準備中興。但是理想與現實有很大差距，朝廷中宦官專權，奸臣當道，同時邊境屢屢因爲外族的侵犯告急，盛唐那個輝煌的時代已經一去不復返了。白居易、元稹、韓愈及柳宗元等相繼在政壇上受挫，或貶謫，或流放，他們清楚而痛苦地認識到唐朝的衰落是無論如何避免不了了。他們在充滿信心的改革失敗後的心情苦悶而無助。

〔註105〕陳仁壽：《論唐代中醫性藥的研究與發展》，《中醫文獻雜誌》，2003 年第 2 期。

白居易就在遭到重重打擊之後人生態度大變，醉心於佛理，把寫作重點轉移到身邊瑣事上，寫下了大量吟詠個人閒適情懷，甚至表現自己沉湎酒色、惟逸樂是尋的詩作。晚年的他與早年那個滿腔熱血「但傷民病痛，不識時忌諱」〔註106〕的白諫官簡直判若兩人。他再也不諱言自己的世俗，並視之為理所當然。有詩為證：「慕貴而厭賤，樂富而惡貧；同出天地間，我豈異於人」，〔註107〕「人生百年內，疾速如過隙；先務身安閒，次要心歡適」〔註108〕……據統計，與白居易交往過的妓女說得出名字的就有小蠻、樊素、谷兒、羅敷、沈平、崔七、阿軟、態奴、關盼盼、薛濤、得憐、秋娘、蕭煉師、吳二娘、陳結之、崔七、阿滿、心奴、菱角、谷兒、小王、春草、商玲瓏、李娟、張態、楊瓊……不知姓名的還有琵琶妓、柘枝妓等等，可見其閒適生活的主要內容跟狎妓是分不開的。

再如元稹早年因剛正不阿、不畏強暴而得罪宦官，被不問是非曲直的唐憲宗，貶為江陵士曹參軍。他遭受重大人生打擊，後來就改變節操以及為官策略，毫無羞愧之色地依附宦官換來仕途上的飛黃騰達，官至宰相。其實這樣的人生轉折在很多文人身上都發生，這就說明儒家的「節操」在中唐似乎失去了價值。

此外，由於唐朝文化多元化，儒家禮教在一開始本就不十分突出。中唐以來，禮教二字更是漸漸被人淡忘，特別是「男女之大防」的儒家戒條完全被拋之腦後。當時整個社會瀰漫著享樂之風，大家飲酒狎妓及時行樂，且往往將姬妾妓女當作禮品相贈或交換。她們是主人的財物，當然會被任意買賣、轉讓或被更有權勢者奪走，完全不能掌握自己的命運。貫休的《輕薄篇》詩還說到少年賭徒「一擲賭卻如花妾」，〔註109〕姬妾又成了賭注，可想而知當時的社會風氣。中唐士大夫由於人生理想的無法實現和內心矛盾的無法解決，選擇沉湎聲色中來解脫這種人生痛苦，以此填補心靈的空虛和不安全感。《舊唐書·穆宗紀》這樣概述中唐後士林風俗的轉變：「前代名士，良辰宴聚或清談賦詩，投

〔註106〕〔唐〕白居易：《白居易集》卷1，《傷唐衢二首》，顧學頡點校，北京：中華書局，1979年，第16頁。
〔註107〕〔唐〕白居易：《白居易集》卷6，《詠拙》，顧學頡點校，北京：中華書局，1979年，第119頁。
〔註108〕〔唐〕白居易：《白居易集》卷8，《詠懷》，顧學頡點校，北京：中華書局，1979年，第156頁。
〔註109〕〔唐〕釋貫休：《禪月集》卷1，《輕薄篇二首》，北京：中華書局，1985年，第4頁。

壺雅歌，以杯酌獻酬，不至於亂。國家自天寶已後，風俗奢靡，宴席以喧嘩沈酒爲樂。而居重位、秉大權者，優雜倨肆於公吏之間，曾無愧恥。公私相效，漸以成俗。」〔註110〕中唐出現的享樂風尚很快彌漫到了社會各階層。士大夫追求的享樂生活主要的內容就是狎妓和交遊，服食丹藥和房中術修煉。他們在乎的是如何讓自己活得閒適、享受、從心所欲。眞正佔據中唐士大夫私人空間核心地位的仍是女色，他們描寫最多的也是女色。

元稹在任監察御史時，曾給自己的侄兒們寫過一封信，爲了教育他們致力於學，自稱「吾生長京城，朋從不少，然未嘗識倡優之門」〔註111〕然而實際情況如何呢？看看他的《酬翰林白學士代書一百韻》，詩中說自己與白居易「密攜長上樂，偷宿靜坊姬」，還曾「逃席衝門出，歸娼借馬騎」，〔註112〕這才是他的眞實生活，也是當時士大夫的典型生活。中唐禮法思想淡漠，特別在那批靠科舉走上仕途的庶族士大夫眼裏，禮教一詞何足掛齒？正如元稹《看花》云：「努力少年求好官，好花須是少年看。君看老大逢花樹，未折一枝心已闌。」〔註113〕這裡的「花」當然另有它意，豔麗的花指女色也指榮華富貴。在這首詩中元稹露骨地道出在他們眼裏什麼才是最應該把握的，即少年得高位以及及時尋歡作樂，莫等青春不再空後悔。對士子而言，女色和高官一樣對他們有著致命的吸引力。大唐盛世的結束，文士們紛紛失去了建功立業進而實現自身價值的機會，他們唯有通過別的方法，尋求其他路徑來達到心理平衡，還有尋求精神上的解脫。從某種意義上來說，尋歡作樂的放蕩生活只是用來迴避現實矛盾的一個解脫方式而已，所以也就有了中唐房中術修煉的情欲化泛濫。

二、繁華逸樂的城市生活和放蕩享樂的社會風氣

安史之亂雖然使北方經濟遭受重創，但南方城市經濟卻得以繼續發展和繁榮。一些大城市戰亂後恢復速度較快，甚至呈現出相對繁榮的境況。大批

〔註110〕〔後晉〕劉昫：《舊唐書》卷16，《穆宗紀》，北京：中華書局，1975年，第485頁。

〔註111〕〔唐〕元稹：《元稹集》卷30，《誨姪等書》，冀勤點校，北京：中華書局，1982年，第356頁。

〔註112〕〔唐〕元稹：《元稹集》卷10，《酬翰林白學士代書一百韻》，冀勤點校，北京：中華書局，1982年，第116頁。

〔註113〕〔唐〕元稹：《元稹集》外集續補，冀勤點校，北京：中華書局，2010年，第798頁。

人口南遷，元和年間江南遂爲全國人口密集的地區。這次大遷徙爲江南帶去先進生產技術和充足勞動力，促使當地經濟得到發展，湧現出一批新都市。比如以杭州、揚州、成都爲代表的一大批南方城市在中唐呈現出富庶的景象，經濟發展呈現多樣化。農業、紡織業、藥業、鹽業……都很可觀。陳寅恪先生這樣論斷：「唐代自安史之亂後，長安政權之得以繼續維持，除文化勢力外，僅恃東南八道財賦之供給。」〔註114〕可見當時江南經濟對全國的重要影響。翁俊雄也認爲江南手工業和商業的發展，「對維持唐代的繁榮、昌盛局面起了決定性的作用」，他認爲安史之亂是唐代由盛至衰的轉折點，「如果指政治、軍事而言，無疑是正確的，然而如果就經濟，文化來說就難以成立。」〔註115〕這是十分有見地的。

中唐的揚州就是一個燈紅酒綠的繁華大都市。張延賞、李珏、杜佑、李吉甫等朝廷重臣都曾駐節揚州，生活在揚州和曾經到過揚州的著名士大夫就有李白、杜甫、高適、劉長卿、白居易、王建、李紳、張祜等人。揚州的繁華，特別是夜生活的豐富多彩可從以下詩歌中看出來，如「夜市千燈照碧雲，高樓紅袖客紛紛」；〔註116〕「夜橋燈火連星漢，水郭帆牆近斗牛」；〔註117〕「十里長街市井連，月明橋上看神仙。人生只合揚州死，禪智山光好墓田。」〔註118〕其中「紅袖」、「神仙」等詞皆指妓女。從這些詩歌中可以看出狎妓的生活在繁華城市十分盛行。「唐代官妓最盛，文人墨客、進士新貴，多以風流相高。皇帝也有出外作狎邪遊者。長安、洛陽、揚州、湖州諸處妓女尤多。」〔註119〕當時長安、洛陽、揚州等繁華的大城市妓院盛行，文士墨客狎遊成風。「故保唐寺每三八日士子極多，蓋有期於諸妓也。」〔註120〕可見士大夫十分熟悉娼妓的日常習慣與出行規律，並以刻意追逐這些風流韻事爲樂。士大夫狎妓、

〔註114〕陳寅恪：《唐代政治史述論稿》，北京：三聯書店出版社，1956年，第20頁。

〔註115〕翁俊雄：《唐代人口與區域經濟》，臺北：新文豐出版公司，1995年。

〔註116〕〔唐〕王建：《王建詩集》卷9，《夜看揚州市》，上海：中華書局上海編輯所，1959年，第77頁。

〔註117〕〔清〕彭定求：《全唐詩》卷481，《宿揚州》，北京：中華書局，1960年，第5470頁。

〔註118〕〔宋〕洪邁編：《萬首唐人絕句》卷15，張祜《縱遊淮南》，北京：書目文獻出版社，1983年，第299頁。

〔註119〕陳東原：《中國婦女生活史》，上海：上海書店，1984年，第96頁。

〔註120〕〔唐〕崔令欽等：《教坊記·北里志·青樓集》，上海：古典文學出版社，1957年，第26頁。

冶遊、服食、修煉房中術享樂成為風尚，更是當時重要的娛樂方式。

最高統治者也推許享樂風尚。德宗貞元四年詔書曰：「今方隅無事，烝庶小康，其正月晦日、三月三日、九月九日三節日，宜任文武百僚選勝地追賞為樂。」〔註121〕在這樣的社會氛圍中，士大夫也染其風習，漸趨放蕩、輕薄的趨勢。「自貞元侈於遊宴，其後或侈於書法圖畫，或侈於博弈，或侈於卜祝，或侈於服食，各有所蔽也。」〔註122〕這種以世俗生活滿足其感官享受和心理慰藉的內在需求，反映了士大夫從社會政治和功名事業的外部世界向個人的狹小精神生活圈子的轉變，從而給士大夫的社會生活和人生理想打上世俗化的印記。這種世俗化不僅指繁華的都市生活形態，而且使得個人欲望的追求與實現普遍地與道德責任感彼此剝離甚至對立，個體生命的享樂體驗被認為是具有真實意義的生活本質。士大夫狎妓、冶遊、服食、修煉房中術享樂成為風尚，更是當時重要的娛樂方式。

中唐士大夫似乎不再那麼注重以「士行」作為評判君子的標準，狂放不羈本就是庶族出身士大夫的特性。所以承認自己好色，追求享樂再也不是禁忌。晚年白居易已經是兩鬢斑白的老人了，但是也毫不諱言自己好色。試看他的那首《追歡偶作》：「追歡逐樂少閒時，補帖平生得事遲。何處花開曾後看，誰家酒熟不先知。石樓月下吹蘆管，金谷風前舞柳枝。十載春啼變鶯舌，三嫌老醜換蛾眉。樂天一過難知分，猶自咨嗟兩鬢絲。」〔註123〕在中唐這樣的社會大氛圍下，士大夫以房中術作為享樂也是自然而然的事情。

三、道教的發展滋生享樂意識

終唐一代，統治者對宗教是極其寬容的，各種宗教在當時都得到很大發展。因為他們與「道教教主」老子同姓，為鞏固政權，他們曾奉老子為李氏王朝的宗祖，尊道教為國教。唐人高彥休《唐闕史》卷下「太清宮玉石像」條云：「明皇朝，崇尚玄元聖主之教，故以道舉入仕者，歲歲有之」。〔註124〕自此以後，唐代的科舉制度更趨完備，並與道教結合。道舉的實行推動了社會上研習《老》、《莊》等道學經典的熱潮。所以到中唐，道教才滲透到士大

〔註121〕〔後晉〕劉昫：《舊唐書》，北京：中華書局，1975年，第366頁。
〔註122〕〔唐〕李肇：《唐國史補》，上海：上海古籍出版社，1979年，第60頁。
〔註123〕〔唐〕白居易：《白居易集》卷34，《追歡偶作》，北京：中華書局，1979年，第783頁。
〔註124〕〔唐〕高彥修：《唐闕史》卷下，北京：中華書局，1985年，第35頁。

夫思想的深層。道教在個性旗幟的張揚以及及時行樂方面得到中唐士大夫的認可，並在新的歷史時期又獲得新的生機和活力。宗教信仰本身沒有性別限制，善男信女都有信教的自由，因而，各種類型的宗教信徒中都包含有男女兩種成分。佛教中有僧人和尼姑之分，道教中有道士、女冠之別。但是比較而言，因為道教從古代巫術及方術中發展而來，因此道教階層中的兩性關係顯得相對混雜和開放。另外，道教也似乎有意識地編織和傳播一些仙凡艷遇來誘惑世俗文人去求仙學道。尤其在中唐，因為統治階級的附會和大力提倡，公主、貴族女子、民女、樂妓湧入道觀，使女冠隊伍迅速壯大，女冠的文化素質和藝術修養也大為提高，這就為道教文化的興盛起到了積極作用。此外，中唐女冠的成長壯大也進一步推動了道教的世俗化和浪漫化。據《東觀奏記》上卷載：至德觀女道士「盛服濃妝」〔註125〕康駢《劇談錄》記載：唐昌觀女冠「皆束髻黃衫，端麗無比」以致「觀者如堵」，〔註126〕……從這裡可以看出中唐以來女冠之風流和道凡合流的傾向。據《新唐書・百官志》記載及研究者考證，長安、洛陽等地女冠的人數甚至超過男性道士。唐公主入道者達 12 人之多，宰相李林甫之女李騰空也遁入道門，而唐代著名女詩人李季蘭、魚玄機、元淳都曾為道士。可以看出，女性入道成為當時的社會風氣甚至時尚。

　　身為道教中人，女冠與道士一樣要遵守道規，時時參道等。但是唐朝的道規禁律並不嚴密，入道的女子借求仙訪道、遊歷福天洞地、為人做法講經的機會可以自由結交異性，甚至比一般女性更加自由。《唐才子傳》中說：「皆躍出方外，修清靜之教，陶寫幽懷，留連光景，逍遙閒暇之功，無非山水之念，與名儒比隆，珠往瓊復。針浮艷委託之以，終不能盡，白璧微瑕，惟在此耳。」〔註127〕其實很多女子入道的目的並不是出於宗教信仰，而是為了擺脫禮法束縛，獲得自由獨立的生活。

　　中唐道觀這樣的似清靜非清靜之地，發生了女冠與文士的許多風流韻事。一方面，道觀多建在相對偏僻、隱蔽的地方，且提供住宿與餐飲，文士為了讀書備考選擇道觀寄居是常事，於是就有了與女冠接觸的契機。另一方面，女冠

〔註125〕〔唐〕裴庭裕：《東觀奏記》，田廷柱點校，北京：中華書局，1994 年，第 92 頁。

〔註126〕〔唐〕康駢：《劇談錄》卷下，《玉蘂院真人降》，北京：中華書局，1991 年，第 92 頁。

〔註127〕〔元〕辛文房：《唐才子傳》卷 8，《魚玄機傳》，王大安校訂，哈爾濱：黑龍江人民出版社，1985 年，第 157 頁。

行爲不受禮法約束，可以抛頭露面與文士自由交往。而在期盼長生的世俗人眼中，仙道是分不開的，與女冠們的接觸似乎離成仙更近一步。唐代房中術盛行，與女冠相交無疑是文士修煉的首選。而且女冠沒有繁雜的家事，沒有凍餒之虞，有著充足的時間和良好的條件讀書習文。她們中不乏容貌美豔、文才出眾者，且因爲所處的環境迷離幽冷、清靜雅潔，比妓女們更多了幾分脫俗、飄逸、高雅之氣，她們大多數都有不止一個的情人。她們的社會交往範圍比較寬泛，而且放浪不羈，以至於後世許多人把唐代女冠視爲妓女。

中唐士大夫創作了不少關於女冠的詩歌。如韓愈的《華山女》：「華山女兒皆奉道，欲驅異教歸仙靈。洗妝拭面著冠帔，白咽紅頰長眉青。」〔註128〕白居易的《玉眞張觀主下小女觀阿容》：「綽約小天仙，生來十六年。姑山半峰雪，瑤水一枝蓮。」〔註129〕士大夫筆下的女冠不但貌若天仙、明眸善睞，而且風騷誘惑、舉止妖冶，充滿了性吸引力。

中唐文士常以「仙子」指稱女冠，幻想能獲得如劉、阮天台遇仙之豔遇。一大批空虛無聊的文士與浪漫風騷的女冠接觸中，士大夫更容易接受房中術男女雙修的修煉法，而與女冠們兩情相悅並借助於房中術來縱情逸樂。女冠們才色雙絕，高於一般娼妓，充滿性吸引力。士大夫修煉房中術將其視爲理想的性夥伴，眞正爲了修煉成仙的是少數，多數還是爲了享人間極樂。

中唐道教文化的不斷壯大衝破了正統儒家禮教的約束，士大夫的性觀念隨著道教房中術的盛行和崇道風氣的日益滋長而發生了變化。道教神仙思想和世俗愛情（包括性愛）之間達到了契合統一。道教並不排斥性愛意識，認爲性欲是十分自然的事情。所以道教的興盛使得士大夫一邊嚮往神仙生活，一邊在醉花眠柳中享樂，士大夫被壓抑的情感似乎找到了合適的宣泄場所。這種愛情意識的滋長和人性的復蘇使士大夫更加關注自身的情感需求。而房中術被道教宣傳爲得道成仙的捷徑，因此士大夫思想深處的享樂意識不斷滋長。此外，中唐士大夫在「金榜題名」受挫後，從而轉向「洞房花燭」的本能享受領域。所以，他們會在房中術修煉中放縱自己的情感和欲望，而不再僅僅關注房中求子，不再汲汲以求後嗣的延續，注重的是個人的享樂，不以情欲泛濫爲恥，其實都是中唐時代的產物。

〔註128〕〔唐〕韓愈：《韓昌黎全集》卷6，《華山女》，北京：中國書店，1991年，第102頁。

〔註129〕〔唐〕白居易：《白居易集》卷19，《玉眞張觀主下小女冠阿容》，北京：中華書局，1979年，第422頁。

第五章 社會轉型期的中唐兩性文化的新變化

　　文化內涵的演化常常與先前的形式和內容同時有沿用和變革的情況。它在時間上往往形成螺旋式上昇的發展，在某一個點上它看上去相似，可是又有本質上的差異。而中國性文化的演化與之相似。中唐處於貴族社會向「士庶社會」的轉型中，這時期的兩性文化呈現的某些特徵看似和魏晉南北朝時期差不多，如唐代與魏晉南北朝時期一樣崇尚門第閥閱。而實際上這些相似的特徵是表面的，真正內涵發生變化是主要的。簡而言之，本章就是探討處於新舊文化轉型期的中唐社會，兩性文化產生了哪些新的內涵和獨特的內蘊。

　　筆者擬從以下兩個方面來闡釋：

　　第一、中唐士大夫相當大部分有相對分裂的兩性生活，或者說對待女人有兩種不同的態度。在婚姻方面選擇妻子還是和魏晉南北朝時期一樣崇尚門第閥閱，仰慕高門士族，以娶五姓女為榮，同時看重婚姻帶來的利益，這很明顯就是魏晉南北朝的貴族婚姻觀念遺風影響使然。士大夫一般都會尊重出身高門的妻子，與此同時又不甘於禮教對於愛情的桎梏，而選擇在婚姻外去尋找真情摯愛、紅顏知己。在那些出身卑微的女人身上傾注情與愛，追求心靈相通、兩情相悅，這些下層女子卻反而是滿足士大夫情愛需要的女人。這是在中唐社會轉型期常見的性文化現象。

　　第二、社會轉型期的中唐士大夫對待婚姻、戀愛的心態矛盾而複雜。在思想較自由開放的中唐，世俗肉欲、美感意識的復蘇，喚起了士大夫對浪漫愛情的希冀和追求。士大夫一方面重視女性自身的價值——美貌和才情，即

使對方出身卑微也熱烈地仰慕、追求，但另一方面婚戀對象的選擇卻要符合社會標準，看重門第，所以拋貧女棄舊愛而另娶高門成為中唐士大夫群體默認的價值觀。正如陳寅恪先生在《元白詩箋證稿》中說：「捨棄寒女，而別婚高門，當日社會所公認之正當行為也。」〔註1〕他們以仕宦為人生第一要義。希望婚姻成為仕宦之助，而不允許、不願意因婚姻而連累仕宦。一旦戀愛對象有可能妨礙其前程的，他們都會果斷的捨棄。他們拋卻舊愛而另就高門，或許有著個人品格的因素，但更多的是社會風氣使然。這種現象在社會轉型期常見顯然具有特殊意義。因為它被中唐士大夫群體默認恰好說明了當時的社會處於轉型中，而且從此開了後世「士庶社會」文士此種趨向的先河！

第一節　中唐士大夫對於士庶文化的兼容導致分裂的兩性生活

文化內涵的演化在時間上往往形成螺旋式上昇的發展，唐代的兩性文化自然也夾雜著魏晉南北朝貴族兩性文化的某些內涵。但是，歷史在曲折中前進著，一些看似相近的表面特徵之下卻已然發生了質的變化。

作為人類社會和家庭生活的重要組成部分，婚姻關係一直是人們社會觀念和精神狀態的折射鏡。一個社會時尚和精神的變化，往往也要牽動人們婚姻關係的取向和觀念。

魏晉南北朝之世，崇尚門閥之風盛極，最講究門第婚姻。所謂門第婚姻，是指男女雙方按照各自所屬門第相當（相等或相近）的原則而締結起來的婚姻，也就是我們今天所說的門當戶對婚。家族門第、本人出身成為通婚的惟一標準。唐長孺先生說過：「當時門第高低，婚姻是一項重要標準。」〔註2〕同等級內聯姻的結果是全社會的婚姻層層排列——婚配成了社會分層的重要手段之一。這時期婚姻雙方門當戶對的觀念成了常識、常態。

到了唐代，門閥士族勢力已漸趨沒落。山東舊士族的政治勢力大不如從前，但仍然得到社會的推崇，世人的景仰。唐太宗重修《氏族志》並非反對門閥制度，其目的僅在於建立以李唐王室為核心的新的世家大族的門第體系，來取代六朝舊的世族體系。這一行為恰恰張揚了門閥觀念。雖然唐太宗、

〔註1〕陳寅恪：《元白詩箋證稿》，北京：三聯書店出版社，2001年，第116頁。
〔註2〕唐長孺：《魏晉南北朝史論拾遺》，北京：中華書局，1983年，第63頁。

武后、中宗三修譜牒，使士族勢力進一步衰弱。但其自矜門閥的觀念卻依然強烈。唐太宗雖感歎「不解人間何爲重之（山東士族）」，然而積重難返，別說民間改變不了那種頑固的觀念，連朝廷新貴如魏徵、房玄齡、李勣等人都向山東士族求婚不絕，望族之魅力就可想而知了。貴爲武則天宰相卻出身低微的李義府，因爲代子向山東舊族求婚遭拒而記恨在心，遂向朝廷建議行「禁婚令」。可是由於幾百年來形成的門閥觀念根深蒂固，李義府等庶族權貴的這種酸葡萄心理和行政命令的手段，不僅未能使山東舊族屈服，反而更加提高了山東舊族的聲望，越禁越自爲婚姻，深怕貶低門閥，抗拒禁令如故，說明了當時重視門第的觀念達到了何等頑固的程度。中唐以後，山東舊族憑靠深厚的家學優勢，通過參加科舉考試獲得高官厚祿，其成員在官員中的占比增大，政治地位較唐初有了很大提高。而唐自安史之亂后皇權衰弱，朝廷內有朋黨之爭、宦官專權，外有藩鎮割據。此時，李唐皇族與山東士族的矛盾已變得不似唐前期那樣突出，相反，日益衰弱的皇權需要得到政治勢力愈益強大的山東士族集團的支持。自憲宗後，大唐皇帝大都主動與高門士族聯姻，但士族往往反嫌李唐皇室門第過低而不喜國婚。而那些出身低微的新貴更是爭相攀附。由此我們不難看到這種對門第的嚮往，與西方文學作品中對所謂的貴族血統的癡迷追求如出一轍。士族如此注重門第，原因在於士族門閥歷來依靠「宦」與「婚」兩種方式來維護其集團的政治地位和社會地位。然而隋唐以來，其政治地位已每況愈下，今非昔比，因而就只有依靠「婚」來作爲保障其社會地位的唯一手段，這就是履行門第婚姻。士族越是自矜門第，世人越是仰慕，以與之聯姻爲美，士族的社會地位也長期不衰。

「除先秦外，中唐上與魏晉、下與明末是中國古代思想領域中三個比較開放和自由的時期。」〔註3〕中唐是世風變化、轉折的時代。科舉制結束了魏晉以來的選官制度，門閥士族日趨式微，而「用進士詞科以致身通顯」〔註4〕的庶族士大夫階層逐步壯大起來。以科舉入仕的人數日增，這些出身寒門的文人士子、白衣卿相以他們自身的才能進入上層社會和官僚體系。元稹、白居易、韓愈、令狐楚、牛僧孺等人都是庶族出身，經過科舉而走上了顯達之路。庶族「重詞賦而不重經學，尙才華而不尙禮法」。〔註5〕在這種社會氛圍

〔註3〕李澤厚：《美的歷程》，桂林：廣西師範大學出版社，2001年，第203頁。
〔註4〕陳寅恪：《元白詩箋證稿》，北京：三聯書店出版社，2001年，第89頁。
〔註5〕同上註。

中，進士階層的士大夫縱情聲色，享受著世俗社會的歡娛，沉浸在布衣登龍的洋洋自得中。在政治生活中，他們代表著新的社會勢力和價值觀念。中唐的社會風氣變得不再刻板與墨守成規。

此外，工商業已空前繁榮。而坊市制、宵禁制限制商人的活動和居民的自由，隨著商業的發展，必然趨於分解，爲城坊制所代替。中唐以後，各地邸店林立，行業繁多，夜市如雨後春筍漸次出現。王建《夜看揚州市》描述了揚州不夜城的盛況：「夜市千燈照碧雲，高樓紅袖客紛紛。如今不似昇平日，猶自笙歌徹曉聞。」〔註6〕城市的繁榮使一個新的階層——市民階層崛起了。這種市民意識的出現帶來了士族審美觀念和庶族審美趣味之間的衝擊。士庶文化在長期鬥爭中漸漸實現了合流。

但是中唐士大夫處在新舊文化轉型、新舊道德標準並存於世的時期，一方面因所受教育遵循傳統的道德規範，仍舊以「仕」與「婚」爲人生兩大事，而婚姻作爲改變身份和地位的第二塊踏腳石，就顯得尤爲重要。士大夫夢寐以求娶甲族千金，不斷朝著躋身上層社會，取得功名利祿的方向前進；另一方面因其大多出身中下層，而吸收了較多市民階層的庶族文化觀念，開放恣肆和耽於享樂，同時也注入了庶族文化觀念的生機和活力，他們不甘於禮教對於愛情的桎梏，在婚姻之前去尋找眞情摯愛，尋求紅顏知己，在她們身上傾注情與愛。處在新舊思想交替時期的中唐士大夫，其婚姻文化也一樣有著士庶文化衝擊、融合的特徵。

中唐士大夫的兩性關係明顯分裂成兩種生活，遇到兩類女人區別對待。第一類就是以出身名門望族的千金爲代表的妻子，她們可以給中唐士大夫帶來光明的仕途前程和血統高貴的子嗣，士大夫給予她們更多的是尊重和敬畏，這明顯就是承繼魏晉南北朝貴族婚姻的傳統；第二類是出身低微的姬妾、妓女，這些姿容豔麗、能歌善舞的紅粉佳人成爲他們注目的對象。她們和士大夫心意相通、兩情相悅，郎才女貌、相得益彰。士大夫給予她們更多的是寵幸和情愛。這兩類女人對於中唐士大夫來說都是不可或缺的。這種明顯分裂的兩性生活成爲中唐社會轉型時候所常見的現象。

在唐代，門第高卑，婚姻是一項重要標準。唐代人娶妻都以娶有「海內第一高門」的「七姓十一家」女子爲最大的榮耀，這也是當時知識分子夢寐

〔註6〕〔唐〕王建：《王建詩集》卷9，《夜看揚州市》，北京：中華書局，1960年，
　　　　第77頁。

以求的願望之一。《禮記・昏義疏》云：「昏禮者，將合二姓之好，上以事宗廟，而下以繼後世也。故君子重之。是以昏禮納采、問名、納吉、納徵、請期，皆主人筵及幾於廟，而拜迎於門外，入輯讓而升，聽命於廟，所以敬慎重正昏禮也。」〔註7〕說明婚姻乃結兩姓好合之舉，締結婚姻關係的男女應分屬不同的家族。而在唐代社會中，這不但是兩個家族之間的結盟，更是鞏固地位、擴大勢力、緩和矛盾、尋求盟友的重要手段。士子一旦名登科第，得到貴冑豪門的青睞，被招為乘龍快婿，便意味著從此可以領受各種特權的蔭庇和仕途上的飛黃騰達。因為借助於婚姻關係可以得到許多政治、經濟上的好處。正如恩格斯所說的那樣：「結婚是一種政治的行為，是一種借新的聯姻來擴大自己勢力的機會；起決定作用的是家世的利益，而決不是個人的意願。在這種條件下，關於婚姻問題的最後決定權怎能屬於愛情呢？」〔註8〕所以，元稹娶了韋叢；白居易與楊虞卿的從妹結為夫妻；劉禹錫與福州刺史的女兒結為伉儷；韓愈娶了河南參軍的女兒……這些出身名門的妻子雖然得到了士大夫的尊重和敬畏，但是他們的結合相當大部分是出於利益的權衡和富貴的追求，基於此因素，他們中很多數屬於有婚無愛。「這種婚姻主要是家族間財產和權勢的結合，考慮當事人情感的成分則微乎其微，結果是製造了無數貌和神離、同床異夢的夫妻。唐代筆記多有述及士大夫婚姻琴瑟不諧者，如房玄齡、白居易、任環等，夫妻關係都不和睦。」〔註9〕當然也可能有例外，如元稹的《悼亡詩》「曾經滄海難為水，除卻巫山不是雲。取次花叢懶回顧，半緣修道半緣君」〔註10〕裏面把自己追憶亡妻時百感交集複雜而豐富的情緒，表現得充沛感人。這不滿、愧疚、感慨和悵恨，都在作者一腔真情的擁載下形成了波翻浪湧的情感激流，其中的纏綿悱惻和繾綣深情令人唏噓不已。不過，現實中的元稹並不是一個癡情的人，他在韋叢亡後就納妾安氏，之後又繼娶裴淑。〔註11〕他對鶯鶯（雙文）的念念不忘，與薛濤的風花雪月都是人們茶餘飯後的談資。他的《酬翰林白學士代書一百韻》說自己與白居易「密

〔註7〕　〔元〕陳澔注：《禮記・昏義》，上海：上海古籍出版社，1987年。
〔註8〕　《馬克思恩格斯選集》卷4，北京：人民出版社，1973年，第74頁。
〔註9〕　陶慕寧：《青樓文學與中國文化》，上海：東方出版社，1996年，第12頁。
〔註10〕　〔唐〕元稹：《元稹集》外集卷1，《悼亡詩》，冀勤點校，北京：中華書局，1982年，第640頁。
〔註11〕　陳寅恪：《元白詩箋證稿》，北京：三聯書店出版社，2001年，第91頁。

攜長上樂，偷宿靜坊姬」，還曾「逃席衝門出，歸娟借馬騎」，〔註12〕這才是他的真實生活。對於中唐士大夫來說，一個出身名門的妻子幾乎是不可或缺的擺設，也是能助其順利躋身上層社會的關鍵。與此同時，士大夫往往沉醉於小樓深院、醇酒美人的溫柔中，將真正的情和愛從婚姻中分裂出來，給予那些出身卑微、地位低下的妓女。這就是士大夫分裂的兩性生活，對於兩種女人區別對待，也是社會轉型期的中唐兩性文化常見的現象。

　　以魏晉南北朝時期為例，雖然那時上流社會男子蓄妾養伎之事也司空見慣。從《世說新語‧奢汰》可知，太僕王濟有「婢子百餘人」，光是石崇家的廁所裏，就「常有十餘婢侍列」。〔註13〕在他們看來，女人的多少和財富的多寡是一樣的，是天經地義的事情。《世說新語‧豪爽篇》曾記載：王敦因耽於美色而身體疲倦，在朋友的勸說之下，揮手打開內室就放走了十幾個侍妾。而且王敦還是一個在時人眼中很高尚的正人君子，可見當時官僚蓄妾之盛，納妾之多。〔註14〕《北史‧李遷哲傳》的記載：李遷哲「性復化侈，能厚自奉養，妾媵至有百數，男女六十九人」，「子孫參見，忘其年句，披簿以審之」。〔註15〕但是，貴族社會的妾和婢的地位十分低下，可打可罵，可賣可殺。《世說新語‧汰侈篇》記載：石崇喜歡殺那些可憐的侍妾僅僅是為了勸酒，而客人喜歡旁觀殺人取樂。〔註16〕真是駭人聽聞，令人毛骨悚然！妾、奴婢都是私有財產，喜歡怎麼處置就怎麼處置，不受法律約束。《世說新語‧言語篇》中顧愷之因在描繪江陵城時說了「遙望層城，丹樓如霞」八個字，就得到了桓溫賞賜的兩個婢女。〔註17〕從本質上來說，妓、婢和妾都是主人的附屬物，是婚姻內容的重要補充。《魏書‧高聰傳》記載，高聰有妓女十餘人，生前玩弄她們還不算，即是他將死之時還不放過她們，強令她們燒指吞炭，毀她們

〔註12〕〔唐〕元稹：《元稹集》卷10，《酬翰林白學士代書一百韻》，冀勤點校，北京：中華書局，1982年，第116頁。

〔註13〕〔南朝宋〕劉義慶：《世說新語》卷下之下，《奢侈》，上海：上海古籍出版社，1982年，第456頁。

〔註14〕〔南朝宋〕劉義慶：《世說新語》卷中之下，《豪爽》，上海：上海古籍出版社，1982年，第319頁。

〔註15〕〔唐〕李延壽：《北史》卷66，《李遷哲傳》，北京：中華書局，1974年，第2336頁。

〔註16〕〔南朝宋〕劉義慶：《世說新語》卷下之下，《奢侈》，上海：上海古籍出版社，1982年，第455～456頁。

〔註17〕〔南朝宋〕劉義慶：《世說新語》卷上之上，《言語》，上海：上海古籍出版社，1982年，第90頁。

的容貌和聲音，再逼令她們出家爲尼。〔註18〕不難想像，這些可憐的妓妾們的身份之卑微、地位之低賤。

可想而知，在貴族士大夫眼中的妓妾沒有起碼的人格尊嚴，充其量只是作爲他們貴族婚姻制度之下的玩物，幾乎和奴隸牲口地位無異。她們不過是娛樂遣興的對象，褻玩觀賞的點綴，發泄情欲的工具。追求的基本是「性」，是和「食」相提並論的一種生命的自然欲求而已，而忽略了比外表更動人的心靈景致。她們沒有作爲七情六欲的女人進入貴族士大夫的世界裏，談不上情與愛，更遑論和她們兩情相悅了。而中唐士大夫則不然，他們處於士庶文化轉型、新舊思想交替的時代，受到庶族文化和市民階層文化的薰染和影響，個性張揚，縱情風流，大膽追求情愛。通常認爲，市民階層對文士有重要影響的時間是在宋朝，其實不然。早在中唐時期，市民階層的文化已經開始滲透文士意識，並作爲庶族文化的代表與傳統士族文化分庭抗禮。所以，他們浪漫而熱烈，任情而放縱。他們個性、張揚、自我，這些都是傳統士族文化中所沒有的。在他們眼中，這些地位卑微的生靈都是鮮活的女人，不是僅將她們視爲狎昵褻玩的玩物，而是視爲可以尋求慰藉的解語花和紅顏知己。縱觀中唐的愛情傳奇，也多見青樓女子爲主角的愛情故事，從中可以感受到士大夫與所鍾情的女子那種身心融匯的情感交流。他們之間已不單單是性的吸引，更是情的相投，對女性的需求不僅僅是美豔的肉體，還重視其豐滿的靈魂。中唐愛情傳奇中的士大夫與妓女，走進了彼此的心靈。男人與女人之間產生了一種從未有過的靈與肉的親和，情感世界與前人相比，已大大地拓展了，並在這種拓展中實現著自身靈魂的豐滿與升騰。中唐時期士大夫留下的許多歌詠妓女的詩歌也可以作爲明證。這時期的送妓、別妓、傷妓、悼妓、懷妓詩層出不窮。文學作品的創作不僅依賴於客觀事物的反映，「氣之動物，物之感人，故搖蕩性情，行諸舞詠。」〔註19〕更是社會現實的感召使然：「嘉會寄詩以親，離群託詩以怨。」〔註20〕正如楊義在《中國古典小說史論》中提到的那樣：「士林華選與風塵嬌娃的遇合，是禮教婚制之外的特殊戀情，多少可以選擇而又常常伴隨悲劇的命運，因而能夠激起情感波瀾和詩的靈感。」

〔註18〕〔北齊〕魏收：《魏書》卷68，《高聰傳》，北京：中華書局，1974年，第1522頁。

〔註19〕鍾嶸：《詩品注》，陳延傑注，北京：人民文學出版社，2001年，第1頁。

〔註20〕同上註，第2頁。

〔註21〕大量與戀情、婚姻有關的詩歌、傳奇既宣泄了對貴族婚姻制度的不滿，又滿足了大多數中唐士大夫的幻想，流露了他們希冀情趣相投的紅粉知己陪伴左右的心理。中唐士大夫心目中對這些風塵嬌娃已從純粹觀賞發展到了心靈交流的程度。在與這些地位低微的女人發生愛情時，難能可貴的是他們不再總充當「控制者」的角色，而更願意以「互動者」的形象平等地出現在男女社會關係之中。不但凸顯著愛情的價值，更閃現著人性的光輝。中唐士大夫筆下的妓女幾乎沒有不美的，字裏行間絲毫不吝於對她們的讚美和肯定，用最美好的字眼來賦予她們，用最優秀的文筆來描摹她們，用最傾慕的口吻來歌詠她們。他們欣賞和中意的美不僅僅是外在容貌和豔麗妝飾而已，而是「公然把婦女當作社會美的載體」。〔註22〕他們不是站在傳統觀念的角度去做普通的旁觀者或評判者，更沒有人為而硬性地設定規範，而是將這些女子與士大夫階層還有社會完美融合在一起，認為她們擁有任何一項美好的品質都是值得讚賞的。在才藝方面有所造詣的名妓更是博得士大夫的青睞和仰慕。「唐代女性以自己的才情贏得了正直文士騷客的尊重和敬慕，這在中國女性生活史和婦女觀念史上都是值得注目的現象。」〔註23〕時代發展到中唐，士大夫更懂得去鑒賞和肯定這些女人，把她們當做真善美的化身傾注情與愛，更渴望從她們那裡獲得情與愛。這些卑微的女子不僅是需要寵幸和憐愛的，更是值得珍惜和惦念的，對她們的態度從傳統的奴役、褻玩、享用發展到讚美、愛戀、尊重的程度。而這是以前那個等級森嚴的貴族社會所不能想像的。中唐士大夫的情懷因風月唱和的興盛而有了疏通的渠道，妓女的談吐風情似乎有著不可言說的無窮的魅力，與他們理想的審美標準甚是相合。他們流連風月場所，結識這些與豪門女子情致完全不同的風塵嬌娃，暫時拋開了兼濟天下的壯志宏圖，忘卻了男女有別、授受不親的儒家教義，除了逃避婚姻和尋求放縱的心態之外，還能夠獲得審美感官上的愉悅、身心暢快的淋漓、真實情感的揮灑，所以對她們有著難以自拔的眷戀、癡迷。他們的內心早在或哀怨、或悲情、或惆悵的交往過程中得到了滿足，所有風流綺靡的過程都值得去書寫和品味。

〔註21〕楊義：《中國古典小說史論》，北京：人民文學出版社，1998年，第164頁。
〔註22〕程薔、董乃斌：《唐帝國的精神文明》，北京：中國社會科學出版社，1996年，第231頁。
〔註23〕杜芳琴：《女性觀念的衍變》，鄭州：河南人民出版社，1998年，第93頁。

不少士大夫不是將她們視爲玩物，而是當做值得付出情愛的對象，其中不乏令人動容的故事。最令人感動和慨歎的，當推《太平廣記》的《歐陽詹》：

> 歐陽詹字行周，泉州晉江人。弱冠能屬文，天縱浩汗。貞元年，登進士第，畢關試，薄遊太原，於樂籍中，因有所悅，情甚相得。及歸，乃與之盟曰：「至都，當相迎耳。」即灑泣而別，仍贈之詩曰：「驅馬漸覺遠，廻頭長路塵，高城已不見，況復城中人。去意既未甘，居情諒多辛。五原東北晉，千里西南秦。一屨不出門，一車無停輪。流萍與繫瓠，早晚期相親。」尋除國子四門助教，居京。籍中者思之不已，經年得疾且甚，乃危妝引髻，刃而匳之，顧謂女弟曰：「吾其死矣。苟歐陽生使至，可以是爲信。」又遺之詩曰：「自從別後減容光，半是思郎半恨郎。欲識舊時雲髻樣，爲奴開取縷金箱。」絕筆而逝。及詹使至，女弟如言，徑持歸京，具白其事。詹啓函閱之，又見其詩，一慟而卒。〔註24〕

這可眞謂感天動地、催人淚下愛情史上的絕唱。《全唐詩》卷473載有孟簡《詠歐陽行周事》，讚美歐陽詹由癡情而身體機能衰竭被奪去生命的舉動。《歐陽詹》讓我們看到了中唐士大夫有著對愛情的純摯和深情的一面，可以爲了愛情付出最眞的心，至死不渝，哪怕這個女人出身多麼微賤！這裡展現的兩性之愛是那麼純摯、和諧，呈現出融洽、平等的美。主角分屬於地位懸殊的兩個階層：男子爲進士，屬於青年才俊，女子爲妓女，是卑微的賤民，但是他們的愛至死不渝！這些爲愛至死不渝的形象，寄寓著士大夫對愛情、婚姻和幸福人生的獨特感悟，反映出文士對理想愛情、幸福婚姻的憧憬和渴望。這也是中唐士大夫愛情生命意識張揚的結果。

中唐雖然仍然講究門第婚姻，但是唐代科舉制度的實行以及庶族文化的薰染，給士大夫帶來進身之階的同時也帶來了風流自任的氣概、活力自我的氣息和樂觀開朗的氣質。他們狂熱地追求著塵世間的聲色快感，其實正是由於他們不滿足於禮教對愛情的桎梏，開始自覺地對愛情、生命進行思考、審視，到人世間尋找眞情、摯愛。如果說戀愛是他們生命價值得以實現的標誌之一，則青樓是他們可以找到的實踐戀愛憧憬適宜的場所。他們流連章臺不是爲了滿足肉欲，居於首位的是對情感的需要。唐代的妓女不但容貌美麗，還才華橫溢，

〔註24〕　〔宋〕李昉：《太平廣記》卷274，《歐陽詹》，北京：中華書局，1961年，第2161頁。

懂音律，善談謔，具詩才……這些地位卑微的女人，成了最具「女人味」的一群，妓女們可以自由地受教育，而且可以不受任何拘束地展現自己作為女人的美豔和欲望。這是身為「甲族」的貴族千金們所或缺的品質。孫棨在他的《北里志‧序》中這樣說道：「……其中諸妓多能談吐。頗有知書言詩者。自公卿以降，皆以表德呼之。其分別品流，衡足人物，應對非次，良不可及。」〔註25〕正因為如此，她們才得到風流俊雅的士大夫的傾心與愛慕，被才貌雙全的她們深深吸引，一段段風流韻事不斷上演。其中以成都官妓薛濤最為有名。元稹於元和四年出使四川，因久慕薛濤芳名，曾專往成都拜訪。穆宗長慶初，薛濤聽到元稹被召入翰林的消息後，竟做了百餘小幅松花箋，並題詩給他。元稹《離體詩》回贈有云：「長教碧玉藏深處，總回紅箋寫自隨。」〔註26〕此「紅箋」即一直為後人所津津樂道的「薛濤箋」。薛濤擅寫絕句和律詩，她的《送友人》詩云：「水國蒹葭夜有霜，月寒山色共蒼蒼。誰言千里自今夕，離夢杳如關塞長。」〔註27〕這些風塵嬌娃們既風情萬種，又才華橫溢，還魅力四射，絕對是士大夫貼心而溫軟的解語花，試想一下，她們又怎會得不到文士們的青睞呢？她們擁有美豔的容貌、風流的舉止、婀娜的舞姿、宛轉的歌喉以及善於詩酒唱和的文化素養，與士大夫的感情追求相合，很容易產生心靈的共鳴。因此文士和妓女於觥籌之間吟詩作賦、一唱一和也便成為了人間佳話。文士們與妓女的交往可以放鬆自己的感情和欲望，在溫柔鄉里徜徉。這種生活在一定程度上滿足了士大夫在婚姻之外對紅顏知己、真摯愛情的渴求，在另一個空間中實現了他們才子佳人的愛情美夢。士大夫希冀情愛對象能夠與自己精神溝通，情趣相和，不是一味沉溺於肉欲的放縱，而不懈追求的是精神上的超越，僅此一點就遠勝於貴族社會那些舊式士大夫。

第二節　士大夫拋貧女趨富貴現象的文化內蘊

　　陳寅恪在《元白詩箋證稿》中認為，中唐時期的庶族士大夫，他們「對外之宣傳，未必合於其衷心之底蘊」，深刻剖析了中唐士大夫性格上的兩面性

〔註25〕〔唐〕孫棨等：《教坊記‧北里志‧青樓集》，上海：古典文學出版社，1957年，第 22 頁。

〔註26〕〔唐〕元稹：《元稹集》外集卷 7，《寄舊詩與薛濤因成長句》，冀勤點校，北京：中華書局，1982 年，第 687 頁。

〔註27〕〔唐〕薛濤：《薛濤詩箋》，北京：人民文學出版社，1983 年，第 27 頁。

特徵。他們實際上有著極其矛盾的心態、高度強烈的生存焦慮，這些世俗知識分子在新舊交替的文化轉型時期，他們既適應著開放的觀念，樂於放蕩形骸，享受情欲，又力求符合傳統的道德規範，從而取得功名，躋身社會上層，由此鑄就了他們明顯的兩面性人格。這種兩面性在愛情方面也有體現，「唐代理想的文士一般要經過這樣的人生歷程：年少風流，眠花枕柳，而後科舉中第，娶高門女，出將入相。」〔註28〕唐代由於士庶文化的轉型，新舊道德標準並存於世，因而士大夫在仕宦和婚姻上的態度更顯得複雜。正如許總先生在《元稹與崔鶯鶯》一書中所說：「為官者既可以一無依傍，憑真才實學而平步青雲，同時為得到上層社會的認可，又往往不惜代價而改變出身；婚娶者既常有不問門第，甚至突破傳統禮教之舉動，同時又顧忌由此帶來的不利影響，而不惜另結高門。唐代文人品格的兩面性在仕、婚兩方面都表現得極為突出。」〔註29〕他們一方面任情任性，想無拘無束的追求理想中的愛情；一方面又意識到社會規範、價值等理性觀念的束縛。他們一方面鼓吹、宣揚愛情至上，譬如唐人仙婚戀小說不但把原本不食人間煙火，不具人間情感的女仙們拉入人間，而且讓她們以人的情感與人間男子產生深摯的愛情，說出「天上那比人間」之類的話，這種對天界生活的厭棄，對兩性之愛的讚頌，在前代小說中是沒有的，從而更體現了唐人對愛情至上的認識。但是他們卻又往往踐踏、違背愛情至上。譬如他們得到真愛，但是又往往會為了自己的功名前程毅然決然捨棄這份真愛，而另娶高門，更令人驚訝的是中唐士大夫群體普遍都默認這種拋貧女棄舊愛的行為，百般為其辯解，絲毫不以為恥。影響價值觀形成的重要因素是文化。魏晉南北朝的貴族士大夫不需要拋棄哪位貧女舊愛，而去另娶高門，那時期的文化催生不了這種現象。原因如下：第一，貴族社會中貴族文化和平民文化分層明顯，士大夫與貧女之間自由戀愛的機率低；第二，貴族士大夫有能力照顧遇到的喜歡的女人。魏晉南北朝時期士大夫家中姬妾、孌童動輒百千數是很常見的現象，財力物力驚人，擁有可以收歸囊中的能力下又何必捨棄心頭之愛呢？第三，在貴族社會中，妻和妾名分懸殊，在絲毫動搖不了家中正妻權位的情況下，沒有捨棄誰而另娶誰的必要。這種捨棄甲女才能另娶乙女的情況正好說明社會在轉型；第四，拋棄貧

〔註28〕程國賦：《唐五代小說的文化闡釋》，北京：人民文學出版社，2002年，第142頁。
〔註29〕許總：《元稹與崔鶯鶯》，北京：中華書局，2004年，第3頁。

女舊愛另就高門，一般是社會上那些投機暴發戶才會出現的行為。而社會轉型期更可能催生投機者和暴發戶。貴族社會向「士庶社會」過渡之時，許多文士狂熱地追求功名富貴。因為「上品無寒門，下品無士族」的分層局面已經打破，社會的流動性大為增加，無論任何出身的士大夫都可以通過科舉來改變命運，獲取功名以及富貴。妨礙到仕途的情愛被可能會被捨棄，並得到中唐社會的理解和認可，這其中的文化內蘊確是值得發掘。

趙彥衛《雲麓漫鈔》說唐傳奇「文備眾體，可以見史才、詩筆、議論」，〔註30〕因而它不但有一般詩文所具有的「陳古諷今」、「指事陳情」、「託物寄言」的作用，而且能夠反映更為廣闊的社會生活。魯迅先生評價唐傳奇「小說亦如詩，至唐代而一變，雖尚不離於搜奇記逸，然敘述婉轉，文辭華豔，與六朝之粗陳梗概者較，演進之迹甚明，而尤顯者乃在是時則始有意為小說」，〔註31〕故其紀實性十分突出，與詩歌一樣成為社會的鏡子。縱觀唐愛情婚姻傳奇，男所婚戀的女性對象也被賦予崔、李、鄭、王、盧等大姓的高貴身世，明明是青樓女子形象的人物，在作家的筆下也被冠以高貴門第，從中可以看出士大夫對世家望族大姓的傾慕之深。如在《遊仙窟》中，與張文成相戀的「崔女郎」，乃「博陵王之苗裔，清河公之舊族」；《枕中記》盧生就枕入夢後，在夢境中所娶的女子乃是「清河崔氏女」；《霍小玉傳》中隴西李益最後娶了范陽盧氏之女；《櫻桃青衣》中盧子在講經堂上酣然入睡時，夢境中所娶的女子是崔家姑媽作主嫁與她的鄭氏女。值得指出的是，唐傳奇中地位顯赫、身份高貴的仙女、神女為數眾多。她們大都被刻畫得明麗動人、雍容華貴，擁有無盡的財富和至高無上的權勢。如《汝陰人》和《華嶽神女》中嶽南部將軍的女兒與華山神的女兒，《柳毅》和《韋安道》中的龍女與后土夫人。她們或是府邸豪華擺滿奇珍異寶；或是榮華富貴無人可比；或是權力大到可以支配人間的統治者；或是能夠幫助所愛的男子升仙得道。唐傳奇是士大夫實現自我價值情感的真實流露，表達著他們的人生理想和價值追求，是他們內心世界的形象展示。唐傳奇對於貴族女性或具有這特徵的仙女的熱衷，以至紛紛將其作為描述對象，極力展示她們的高貴出身，誇耀她們的顯赫背景，這種行為並非出於對女性的由衷讚美和肯定，而是一種文化心理。因為與出身名門望族女性的結合可能直接關係到他們的前途命運。陳寅恪就

〔註30〕〔宋〕趙彥衛：《雲麓漫鈔》，北京：中華書局，1996 年，第 135 頁。
〔註31〕魯迅：《中國小說史略》，上海：上海古籍出版社，2006 年，第 41 頁。

曾指出：「夫婚仕之際，豈獨微之一人之所至感，實亦與魏晉南北朝以來士大夫階級之一生得失成敗至有關係。」〔註32〕中唐士大夫對高門女子的追求或許更多是出於功利心態。整個唐代，世族階層在科舉、薦辟及蔭緣等入仕途徑中，比例高達三分之二以上。尤其是前期世族多由薦辟、蔭緣入仕。作為出身低微的庶族知識分子，一旦與高門聯姻，既可以獲得躋身仕途的階梯，又足以使自己的虛榮心得到極大滿足。但是現實中，庶族與高門第士族聯姻的機會是少之又少的。就連貴為天子的唐文宗欲將眞源、臨眞二公主下嫁士族受冷落時也感慨道：「民間修婚姻，不計官品而尚閥閱，我家二百年天子，顧不及崔、盧耶？」〔註33〕可見高攀世家大族之艱難。所以士大夫以津津樂道的高門故事來撫慰揮之不去的高門情結。在現實之中，只要有攀附高門的機會，文士們必定會全力以赴去追求，捨棄可能妨礙到理想目標實現的情感也在所不惜，所以才有拋貧女棄舊愛的一幕幕場景持續上演。

　　中唐士大夫對功名、富貴有孜孜不倦的追求。他們往往難以達到精神的自由與心態的平和，而是在生存的本能需求中走向世俗。他們多出生在藩鎮割據的艱難時世，行走在充滿衰微氣息的年代之中，無法像盛唐文人一樣「散髮弄扁舟」，更無法「仰天大笑出門去」，只能以出仕這條狹窄的道路去追求美好卻飄緲的夢想。而唐傳奇以其獨特的藝術手法對此作了精彩刻畫。如《太陰夫人》中「仙姿殊麗，仙格已高」太陰夫人為了求偶想招盧杞入仙宮。她讓盧杞在「常留此宮，壽比天畢」、「為地仙，常居人間」、「下為中國宰相」之間作出選擇。盧杞名利薰心，鬼迷心竅，居然寧做「人間宰相」，令她希冀與盧杞做比翼雙飛的神仙眷屬的美夢頃刻間破碎！〔註34〕從中我們可以看到，即使不老成仙、如花仙眷也擋不住士大夫對於功名富貴的熱切追求。又《張鎬妻》載：仙女下凡與張鎬山居十年，由於張鎬總是熱衷功名富貴的汲汲追求，毫不顧及她的一往情深，故相互間情意漸疏薄。仙女惆悵又無比痛心，最終只好絕望地含恨昇天而去等。〔註35〕可想而知士大夫對科舉及第，仕途宦海是多麼的虔誠膜拜。正如朱光潛先生所說：「西方社會表面雖以國家

〔註32〕陳寅恪：《元白詩箋證稿》，北京：三聯書店出版社，2001年，第86頁。
〔註33〕〔宋〕歐陽修、宋祁：《新唐書》卷172，《杜中立傳》，北京：中華書局，1975年，第5206頁。
〔註34〕〔宋〕李昉：《太平廣記》卷64，《太陰夫人》，北京：中華書局，1961年，第400～401頁。
〔註35〕〔宋〕李昉：《太平廣記》卷64，《張鎬妻》，北京：中華書局，1961年，第399～400頁。

為基礎，骨子裏卻側重個人主義……中國社會表面雖以家庭為基礎，骨子裏卻側重兼善主義。文人往往費大半生的光陰於宦仕羈旅。」〔註36〕這種兼善主義使得中國的士大夫把功名事業看成最重要的東西，至於為了功名他們割捨愛情也是情理之中。因此，為了成就功名追逐富貴，他們連昔日夢寐以求的仙女都可以棄如敝屣，何況對於仕途毫無幫助的貧女故妻呢？

《鶯鶯傳》中的鶯鶯說是已故崔相國之女，其實可能只是小家碧玉，「若鶯鶯果出高門甲族，微之無事更婚韋氏。推其非名家之女，捨之而別娶，乃可見諒於時人。」〔註37〕倘若她不僅擁有花容月貌、才藝超群，還是擁有累世名望、顯赫門第的千金小姐的話，那麼張生一定不會拋棄她。因為男女相悅的感情僅僅是戀愛的起因，想把她撈到手作為自己將來飛黃騰達的階梯，才是張生之流孜孜追求的執著心念。唐代士大夫的婚姻選擇明顯帶有功利和政治目的，是為仕途服務的。與山東士族崔、盧、李、鄭、王五姓聯姻是當時士子婚姻的最高理想，因為與她們結婚可以立刻讓士子的身價大增，一條通往社會上層的捷徑馬上展現在他們面前。要知道科舉雖然為寒門子弟打開了入仕的大門，似乎給普通的書生士子帶來誘人的前景，美名為「一品白衫」「白衣公卿」，但事實上中進士者少，落榜者眾，即使中舉之後，還得通過吏部的關試，才可以脫下粗布白衫，登上為官之路。因此中第之後，許多人仍不能立刻官爵加身，還得自謀出路；況且中下層士子與豪門世族的利益衝突在中唐以後尤為加劇。多以明經及第的世家子弟志在排斥進士階層的力量，如李德裕言：「然朝廷顯官，須是公卿子弟。何者？自小便習舉業，自熟朝廷間事，臺閣儀範，班行準則，不教而自成。寒士縱有出人之才，登第之後，始得一班一級，固不能熟習也。」〔註38〕在這樣的環境中，士子們仕進的道路充滿曲折與黯淡，面前橫著的一座座大山，讓那種建立豐功偉業的雄心從一種高渺的、壯志的、理想化的追求跌落在現實的土地上。接下來的去向卻不是自己能左右的，許多人也許從此沉淪下僚，更多的也許一生鬱鬱不得志，若想從此平步青雲還是荊棘滿途、困難重重的。宦途坎坷，世風險惡，所以當時的文士要想一帆風順地往上爬，必須娶個名門望族的閨閣千金才行，這

〔註36〕朱光潛：《朱光潛全集》卷3，合肥：安徽教育出版社，第75頁。

〔註37〕陳寅恪：《元白詩箋證稿》，北京：三聯書店出版社，2001年，第116頁。

〔註38〕〔後晉〕劉昫：《舊唐書》卷18下，《武宗紀》，北京：中華書局，1975年，第630頁。

樣功名、富貴才會隨之而來。所以說，如果鶯鶯是那種唐人夢寐以求的士族豪門千金的話，張生喜出望外都還來不及，豈有棄之不要的道理？劉肅《大唐新語》卷 3 載：「來俊臣棄故妻，奏娶太原王慶詵女。侯思止亦奏娶趙郡李自挹女。內史李昭德撫掌謂侯宰說：大可笑，大可笑！諸宰問故，李昭德曰：來俊臣賊劫王慶詵女，已大辱過；今此奴又請索李自挹女，乃復辱國耶！遂寢……」〔註 39〕由此可見在唐代即使躋等至高官，如果出身微賤，那些望族都會將嫁女視爲恥辱。武則天手下的大紅人來俊臣，都以高攀望族爲無上的光榮，心甘情願地拋棄結髮妻子，更不用說一介布衣書生張生了。

　　張生將崔鶯鶯「始亂終棄」後，他的好友們還公然推許他「善於補過」，這句話的潛臺詞就是說：「好險啊！幸好你懸崖勒馬，沒有把自己的錦繡前程斷送在這個女人手裏啊！」而《鶯鶯傳》本身，顯然是唐代詩人元稹自己行狀的眞實寫照。「鶯鶯傳爲微之自敘之作，其所謂張生即微之之化名，此固無可疑。」〔註 40〕現實中的元稹也是拋棄了寒微出身的舊情人雙文，「雙文非負微之，微之之實先負之，而微之所以敢言之無忌憚者，當時社會不以棄絕此類婦人如雙文者爲非，所謂『一夢何足』云者也。」〔註 41〕「微之年十五以明經擢第，而其後復舉制科考，乃改正其由明經出身之途徑，正如其棄寒族之雙文，而婚高門之韋氏。於仕於婚，皆不憚改轍，以增高其政治社會之地位者也。」〔註 42〕元稹的夫人雖不是海內第一高門的千金小姐，但也是朝廷高官韋氏之女。《韓昌黎集》卷 24 的《監察御史元君妻京兆韋氏夫人墓誌銘》：「僕射（韋夏卿）娶裴氏皇女，皇父宰相耀卿，夫人於僕射爲季女，愛之，選婿得今河南御史元稹，稹時選校書秘書省中。」〔註 43〕元稹後來日漸顯赫，甚至官至宰相，跟韋家的裙帶關係恐怕是分不開的。這是唐代社會的眞實習尚，凡寒士子弟必須高攀望族，結成姻親，方有飛黃騰達的可能，否則無論多麼才華橫溢、志存高遠，大都前途渺茫。《舊唐書·元稹傳》引述了元稹向穆宗皇帝上的謝表，從中可以看出關係網在當時政壇的重要性：

〔註39〕〔唐〕劉肅：《大唐新語》卷 3，《公直第五》，北京：中華書局，1984 年，第44 頁。

〔註40〕陳寅恪：《元白詩箋證稿》，北京：三聯書店出版社，2001 年，第 112 頁。

〔註41〕同上註，第 99 頁。

〔註42〕同上註，第 88 頁。

〔註43〕〔唐〕韓愈：《韓昌黎全集》卷 24，《監察御史元君妻京兆韋氏夫人墓誌銘》，北京：中國書店，1991 年，第 337 頁。

年二十四，登吏部乙科，授校書郎。年二十八，蒙制舉首選，授左拾遺。始自爲學，至於升朝，無朋友爲臣吹噓，無親戚爲臣援庇。莫非苦己，實不因人，獨立性成，遂無交結。任拾遺日，屢陳時政，蒙先皇帝召問於延英。旋爲宰相所憎，出臣河南縣尉。及爲監察御史，又不規避，專心糾繩，復爲宰相怒臣下庇親黨，因以他事貶臣江陵判司。廢棄十年，分死溝瀆。〔註44〕

字裏行間都在傾訴自己因爲沒有關係網的庇護而處處遭到壓制的委屈，可想而知光有才學是不夠的，得到權貴的支持與援助是非常重要的，而與之聯姻無疑是捷徑。

張生拋棄鶯鶯得到了元稹等中唐士大夫的認同，是因爲婚姻對象的門第之高低足以影響仕途前程的社會風氣積重難返；更是因爲士大夫根深蒂固的價值觀念在起作用。「捨棄寒女，而別婚高門，當日社會所公認之正當行爲也。否則微之爲極熱中巧宦之人，值其初具羽毛，欲以直聲升朝之際，豈肯作此貽人口實之文，廣爲流播，以自阻其進取之路哉？」〔註45〕他們以仕宦爲人生要義，希望婚姻成爲仕宦之助，而決不允許因婚姻而連累仕宦。一旦戀愛對象有可能妨礙其錦繡前程的，那就不管雙方將如何承受怎樣的煎熬和痛苦，他們都會堅決揮劍斬斷情絲！這樣做或許會遭到一些重感情者的非議和指責，但更多的士子會認同，會認爲他抓住了人生的關鍵所在，而捨棄的不過是極爲次要的兒女私情而已。

《霍小玉傳》中的李益出身「門族清華，少有才思」，「思得佳偶，博求名妓」。當他遇上了出道不久的霍小玉，一時驚爲天人。兩人很快墜入愛河，用李益的話說是「兩好相映，才貌相兼」，他還對小玉立下：「平生志願，今日獲從，粉身碎骨，誓不相捨」的誓言。在小玉因擔心而垂淚時「引諭山河，指誠日月」，立下盟誓，並日夜與她形影不離地相伴兩年，不能說不是眞心。在李益身上，雖有少年的輕薄，可他單獨面對小玉這一可愛的女子時感情是眞誠單純的。可以這樣說，李益對小玉的感情是眞摯的，也就是在「訣別東去」赴任前，或者說在愛情沒有直面家庭利益和社會名聲之前，在未意識到與娼妓的結合會給他帶來怎樣的後果時，也是無畏的，並且全心全意地愛著

〔註44〕〔後晉〕劉昫：《舊唐書》卷166，《元稹傳》，北京：中華書局，1975年，第4334～4335頁。
〔註45〕陳寅恪：《元白詩箋證稿》，北京：三聯書店出版社，2001年，第116頁。

霍小玉的。爲安慰小玉，他一次次表示「皎日之誓，死生以之」，並約以八月奉迎之盟。但後來卻懼於「太夫人素嚴毅」以及自己的仕途前程而和表妹出身望族的盧氏定親，背棄了誓言。其實他不是不想要理想的愛情，但爲了維護家族的聲望地位、實現個人的名利追求，他必須犧牲與之相悖的一切，包括相伴了他兩年的愛情。他千方百計地奔波借貸爭取聯姻甲族，「遠投親知，涉歷江、淮，自秋及夏」，卻始終無法擺脫對愛情的內疚與譴責，他雖然時刻惦念、懷戀霍小玉，卻放不下眼前的功名富貴。眞情固然可貴，但在當時的門閥制度背景下，要跟妓女結合，不但爲家族所不容，而且無異於葬送自身前程！大多數中唐士大夫既希冀得到眞情，卻又不得不逃離眞情。既宣揚愛情至上，卻又在違背愛情至上。所謂的「風流才子多春思」，才子自應多情，對風流韻事不妨偶然爲之，但是又不能過於認眞、過於嚴肅對待，要「爲之者不惑」而不能沉溺不拔，亦即曲終奏雅，最後仍要以禮法爲指歸。

雖然士大夫都認可這種拋棄貧妻舊愛的行爲，其實他們內備受情感的煎熬。如元稹思念鶯鶯而創作了大量情眞意切的詩歌：《夢昔時》、《夜合》、《欲曙》、《憶事》、《離思詩五首》、《魚中素》……首首表達了作者對昔日戀人的深切懷念。《夢昔時》詩中寫道：「閑窗結幽夢，此夢誰人知。夜半初得處，天明臨去時。山川已久隔，雲雨兩無期。何事來相感，又成新別離。」〔註46〕在夢醒之後，元稹深感山川久隔，雲雨無期，因而發出「何事來相感」的癡問，因爲夢境一過，則又造成新的別離，使舊傷更添新痛。詩人這種以夢爲眞，自欺欺人的做法，顯露出其對鶯鶯無盡的思念之情，感染力非常強。陳寅恪先生評價元稹：「然則微之乘此社會不同之道德標準及習俗並存雜用之時，自私自利。綜其一生行迹，巧宦固不待言，而巧婚尤爲可惡也。豈其多情哉？實多詐而已矣」，〔註47〕「巧宦」當然沒有爭議，其「多情」也毋庸置疑。因爲元稹終其一生都在思念鶯鶯。

「不少士子雖與妓女發生戀愛，這種愛情也不能說不眞實、不熱烈，但一談到嫁娶之事，情況往往就變得複雜起來，許多人就不能不顧忌家庭的阻力、仕宦的前途乃至個人的名聲等等。在愛情與這些現實利害問題的矛盾衝突中，失敗的常常是富於理想和浪漫色彩的愛情，常常是士子甘願或不甘願

〔註46〕〔唐〕元稹：《元稹集》卷 10，《律詩》，冀勤點校，北京：中華書局，1982年，第 132 頁。

〔註47〕陳寅恪：《元白詩箋證稿》，北京：三聯書店出版社，2001 年，第 99 頁。

地放棄愛情，而把妓女一方置於被拋棄的地位。」〔註48〕文人士子與那些感情相投、心靈默契但地位卑微的青樓女子之間的愛情在同端莊整肅的社會規範的對峙中，顯得那樣蒼白無力。對功名的渴望與脆弱的人性，迫使他們不得不把那些曾經有過的歡笑，幻化成曇花一現似的人生美夢，他們用真情營建的情感樓閣也隨之在社會狂風暴雨的搖撼下坍塌。雖然士大夫與妓女不顧一切地相愛了，但是就連女主角自己都很清楚這段戀情的結局。如霍小玉與李益雖然才貌相悅，但霍小玉清醒地認識到良賤之間不可逾越的鴻溝，她沒有過高的期望嫁入高門，中宵之夜極歡之際，不覺悲來，「妾本娼家，自知非匹。今以色愛，託其仁賢」，「以君才地名聲，人多景慕，願結婚媾，固亦眾矣……君之此去，必就佳姻」，她唯一的要求是與對方歡度恩愛的八年之期。這是在不幸的命運中想要抓住自己短暫幸福的苦苦掙扎，然而這一點尊嚴和希望也被破壞，使她墜入黑暗的深淵，只落得貧病交加，最後「長慟號哭數聲而絕」。〔註49〕而李娃同樣在滎陽公子功成名就後決意隱退：「今之復子本軀，某不相負也。願以殘年，歸養老姥。君當結緩鼎族，以奉蒸嘗。中外婚媾，無自黷也。勉思自愛，某從此去矣。」霍小玉和李娃都自覺不自覺地遵循了世俗禮教的規範，顯示出無處不在的門閥觀念對青年男女婚戀的摧殘。

　　戀愛是可以隨性的，但婚姻是不能任性的。在士大夫真正考中功名後，他們普遍會冷靜而決然地與以前的戀人斷絕往來，選擇同高門聯姻。《霍小玉》的李益是這樣做的，《鶯鶯傳》的張生也是這樣做的，而他們的行為得到時人的理解。「微之所以棄雙文，蓋籌之熟思之精矣」，〔註50〕元稹拋棄雙文，其友朋謂之「善補過」、「忍情」；白居易在青年時與鄰女湘靈有一段長達十年之久的戀情，兩人非常相愛，私定終身，但白居易中進士後立刻拋棄了湘靈，與楊虞卿的從妹結為夫妻。婚姻是一種涵義豐富的社會行為。中唐士大夫對待婚姻、戀愛的心態矛盾又複雜，有著現實的根源。在思想比較自由、開放的中唐，世俗肉欲、美感意識的全面復蘇，喚起了士大夫對浪漫愛情的渴望和追求，作為一個比較特殊的社會階層，一方面士大夫重視女性自身的價值——美貌和才情，所以即使對方出身卑微也不顧一切去愛慕，但是另一方面

〔註48〕程薔、董乃斌：《唐帝國的精神文明》，北京：中國社會科學出版社，1996年，第337頁。

〔註49〕〔宋〕李昉：《太平廣記》卷487，《霍小玉傳》，北京：中華書局，1961年，第4008頁。

〔註50〕陳寅恪：《元白詩箋證稿》，北京：三聯書店出版社，2001年，第100頁。

婚戀對象的選擇必須符合社會標準，看重門第，所以拋貧女娶高門成爲士大夫群體默認的價值觀。「惟微之於仕則言性人與忤，而於婚則不語及者。蓋棄寒女婚高門，乃當時社會道德輿論之所容許，而視爲當然之事，遂不見其性與人之衝突故也。」〔註51〕正如陳寅恪先生在《元白詩箋證稿》中這樣評價：「元微之於《鶯鶯傳》極誇其自身始亂終棄之事，而不以爲慚疚。其友朋亦視其爲當然，而不非議。此即唐代當時士大夫風習，極輕賤社會階級低下之女子。視其去留離合，所關至小之證。」〔註52〕他們這種拋棄舊愛而另就高門，或許有著個人品格的因素，但更多的是社會風氣使然。唐代門第觀念重，主要是因爲權勢、官爵是成功的象徵，士子爲了增重自身名望，不得不向能助他們得到權勢、官爵的世族高門巴結奉迎。儘管李唐王朝的執政者對高門大族採取抑制打擊的政策，但要到唐末五代時，這種崇尚高門的風氣才日漸衰落下去。

　　士大夫這種拋棄貧女舊愛另娶高門的現象等於開了後世先河。爲什麼從中唐以降的「士庶社會」比較容易催生這種現象呢？第一、貴族社會狀態基本穩定，社會各階層各安其分，達官顯貴甚至貴爲天子要改變自身的門第出身、家族地位都難於上青天，何況一般的文士？隋唐以來，科舉取士取代門蔭入仕成爲官員選拔的主要方式。特別是安史之亂以後，社會各階層之間的流動性增加，從宋代開始「白衣公卿」突出增加就爲明證，「朝爲田舍郎，暮登天子堂」不再是白日夢，那麼起於貧賤後來通過科舉顯貴的文士就不乏其人。但是，「五十少進士」，意思是五十歲中進士，還算是年輕的，可見競爭之激烈，折桂之艱難。科舉是一個需要士子們孜孜不倦、皓首窮經、耗盡畢生心血才可能躍過的龍門，而焚膏繼晷，請託鑽營，鏖戰於科場窮盡一生心力還是科場失意的文人不計其數。這些貧賤出身的文人不可能都等到登第富貴以後再結婚，而貧賤時的配偶一般都可以推知爲下層女子居多。經過科甲晉升的文人在社會上享有殊榮。凡進士及第者要「列書其姓名於慈恩寺塔，謂之題名會；大宴於曲江亭子，謂之曲江會。」「曲江之宴，行市羅列，長安幾於半空。公卿家率以其日擇選東床，車馬闐塞，莫可殫述。」〔註53〕士大

〔註51〕陳寅恪：《元白詩箋證稿》，北京：三聯書店出版社，2001年，第101頁。
〔註52〕同上註，第54頁。
〔註53〕〔唐〕王定保：《唐摭言》卷3，《散序》，北京：中華書局，1959年，第24頁。

夫金榜題名後就可能有機會被皇親國戚、達官顯貴招爲東床快婿，才有了拋貧女娶高門的資格。第二、貴族社會的婚姻文化和「士庶社會」文化不同。貴族社會講究門第婚姻，那麼出身名門望族地位最崇高的女子無論先娶還是後娶都必定爲正妻，但是「士庶社會」裏面，先娶者無論出身貴賤一般都是正妻，後娶者則失去正妻地位。如果士大夫們在已經先行娶妻的情況下再企圖攀龍附鳳，成爲權貴之家的乘龍快婿的話，權貴家的千金小姐肯定不可能屈就爲妾，這樣只有拋棄故妻才可能讓出正妻的名分的可能性也是客觀存在的。

綜上所述，中唐士大夫相當大部分有截然分裂的兩性生活，或者說對待女人有兩種不同的態度。而社會轉型期的中唐士大夫對待婚姻、戀愛的心態矛盾而複雜。拋貧女娶高門被中唐士大夫群體默認恰好說明了當時社會處於轉型中，而且從此開了後世「士庶社會」文士此種趨向的先河。

下篇　傳奇故事對中唐社會與兩性
　　　文化的隱喻

第六章　女俠故事對中唐社會與兩性文化的隱喻

第一節　女俠形象是中唐士大夫謳歌的模式

　　文學作品尤如時代的鏡子，會折射反映出一定的社會生活和時代精神。唐傳奇中對女性形象的描寫佔據了很大的部分，在唐代的社會背景和文化風氣下，女性地位大大提高。唐代女性以前所未有的社會地位展現自我，反映在小說文本中較明顯的是女俠形象的大量湧現。綜觀中國古代文學典籍，唐代以前雖然不時可以見到游俠形象，但是只限於男性，沒有女性。中國的俠文化源遠流長，大約可以追溯到春秋、戰國時代。俠在中國古代是一種特殊的流品，它並不是一個社會階層或職業集團，而是一類具有獨特氣質和行為方式的個體的合稱。〔註1〕王國瓔說：「俠客顯然並不局限於某一特定之社會階級，上至王公將相，下至閭巷游民，只要符合重然諾、輕生死、拯人困厄、不矜其能之精神行為，即可譽之為俠客。」〔註2〕俠是中國古代社會中一種具有傳奇色彩的英雄人物。李白《俠客行》有這樣的描寫：「十步殺一人，千里不留行。事了拂衣去，深藏身與名。」〔註3〕

〔註1〕　朱溢：《漢唐間俠的個人形象和社會內涵》，《中國社會歷史評論》，2006年，第2期，第163〜173頁。

〔註2〕　王國瓔：《李白的俠客形象》，《中國文哲研究集刊》第3期，1993年，第336頁。

〔註3〕　〔清〕彭定求：《全唐詩》，北京：中華書局，1960年，第718頁。

但是，在俠的世界裏似乎從來只有男性的滾燙熱血和陽剛氣勢在張揚，鮮有女性的身影。即使司馬遷的《史記》載錄了眾多的游俠、刺客，但是卻沒有俠女；漢魏六朝的志人小說提到才女，而沒有俠女；志怪小說有神女、仙女，依然見不到俠女；正史《列女傳》有義女、貞女、節女，還是缺少俠女。直到唐代，女俠形象才開始在傳奇小說中異軍突起，大量湧現，呈蔚爲大觀之勢。唐傳奇中的女俠以其特立獨行的品格和快意恩仇的方式，爲唐代文學畫廊增添了一組光彩照人的女性群像。

從秦漢到魏晉，中土是典型的農業社會，農業文明所形成的社會分工，很難湧現出成武藝出眾的女性，產生女俠的條件還不成熟。〔註4〕爲什麼唐代會有女俠形象的產生呢？最直接的原因是唐代婦女尙武風氣。英國學者崔瑞德認爲：「北方的文明，特別是西北的文明，仍以鮮明的特點向前發展。它具有與眾不同的尙武精神色彩，不論漢人或是『夷狄』，都崇尙武功，喜愛狩獵，喜歡良馬和獵犬獵鷹。」〔註5〕胡人的尙武精神爲唐代尙武任俠風氣的盛行起了推波助瀾的作用。唐代沿襲北朝遺風，婦女有濃厚的尙武風氣，這可從《舊唐書・輿服志》的記載中看得出來：

> 武德、貞觀之時，宮人騎馬者依齊、隋舊制，多著冪䍦……開元初，從駕宮人騎馬者，皆著胡帽，靚妝露面，無復障蔽。士庶之家，又相仿傚。帷帽之制，絕不行用。俄又露髻馳騁，或有著丈夫衣服靴衫，而尊卑內外斯一貫矣。〔註6〕

這段材料表明，從初唐到盛唐，從貴族到庶民，婦女乘馬是社會風尙，只是各個時期所穿的服裝有所不同。從婦女騎馬服裝的演變趨勢來看，她們日益呈現出男性化的傾向，這也正是婦女尙武的體現。《全唐詩》卷786收錄了無名氏所作的《詠美人騎馬》詩，其中寫道：「促來金鐙短，扶上玉人輕。帽束雲鬢亂，鞭籠翠袖明。」〔註7〕詩中女子輕鬆自如地駕馭駿馬，奔馳如飛，騎術非常高明。俠客的出現是以武藝高強者的存在爲前提，雖然武林高手不會

〔註4〕 李炳海：《從北朝騎射女傑到唐代女俠傳奇》，《中國文化研究》，1996年冬之卷，總第14期。

〔註5〕 〔英〕崔瑞德：《劍橋中國隋唐史》，北京：中國社會科學出版社，1990年，第54頁。

〔註6〕 〔後晉〕劉昫：《舊唐書》卷45，《輿服志》，北京：中華書局，1975年，第1957頁。

〔註7〕 〔清〕彭定求：《全唐詩》卷786，無名氏《詠美人騎馬》，北京：中華書局，1960年，第8865頁。

都成爲俠客，但其中必然有一部分人由於各種原因而躋身於俠客隊伍。唐代婦女尚武風氣影響之下會出現武藝高強的女子群體，其中有部分還會成長爲女俠。這是女俠出現的社會現實基礎。而尚武之風使得很多女性開始喜歡騎射並積極地投入到打獵、騎馬等運動中去。而這些精通騎射的女性使唐代文學開始關注女性的勇武美。

中唐傳奇塑造了一系列機智冷峻，性格複雜，舉動不同凡俗，富有傳奇色彩的女性俠客群體。她們身份各異，經歷有別，但是都對抗著不可知的命運，表現出了非凡的智慧和勇氣。女俠的大量湧現並非單純是由於唐代婦女地位高，而是對於當時社會兩性文化有另外的隱喻意義。因爲女俠的大量湧現是在中唐後的傳奇小說中出現的，那麼，女俠形象對社會究竟有什麼樣的影射關係呢？在女俠傳奇中，士大夫作家所塑的女俠群像大多有著蓬勃的青春朝氣、健康向上的人格風采，但是所展示的也仍然是男權文化對女性的審美理想，所祖露的也是士大夫自我觀照的心路歷程。

中唐是一個從貴族社會向「士庶社會」轉變的特殊時期，這時的士大夫正努力從舊貴族規範中掙脫出來，並且力圖建立起適合他們這個階層的新的社會秩序，他們無疑是浪漫而又熱情的一群，也是尋求自由又追求個性的一群，所以他們欣賞和喜歡的女人應該也是那些具有個性魅力的女人。中唐士大夫塑造的獨具人格魅力的女子就是傳奇中的女俠。女俠，因其颯爽英姿洋溢的獨特的美，往往令男性頓生傾慕之心，因爲她在一種動態的行爲表現中，可以充分地化「美」爲「媚」，別致地展露出那種古代未婚男性並不那麼容易見到的女性青春的活力。〔註8〕她們俠骨柔腸、智勇雙全、聰敏睿智，能爲男人排憂解難、獨當一面，成爲士大夫心中理想的紅顏知己。中唐傳奇中的女俠形象受到「人性勁悍，習於戎馬」之胡風濡染以及異域游牧文化粗獷、強悍的原始生命力的滲透是毫無疑義的。但是，她們富有才華卻又感情細膩，而且對於愛情和婚姻的追求英勇無畏、敢愛敢恨，在她們身上閃爍著當時進步的、人文主義的火花。女俠具有鮮明的時代超前性，從某種程度上折射出中唐的兩性文化，流露出士大夫的心靈軌跡和審美理想。

爲什麼女俠會成爲中唐士大夫謳歌的女性範式呢？這是值得思考的問題。安史之亂後，中央與地方割據勢力鼎立，所以思想上沒有中央政權大一

〔註8〕 王立：《偉大的同情——俠文學主題史研究》，上海：學林出版社，1999年，第202～203頁。

統的鉗制。中唐社會士大夫階層崛起，成為社會主流思潮和文化的主導力量。士大夫本身就是個性、自由的社會精英階層，左右整個社會的文化趨勢。士大夫欣賞的是才女，因為女俠本身也是才女，甚至還是才女的傑出代表。但是，女俠明顯具有時代超前性。因為在中國古代社會裏，女性地位卑賤，生理上不如男性，處於社會弱勢、附庸地位，似乎缺乏獨立的人格和自主意識。所以，纖細柔弱的女性被賦予了強大的力量，被譜寫成救世濟民的傳奇故事的主人公的話，可想而知，那將會多麼具有轟動性的效果！其實，中唐的女俠有著當時社會現實生活的影子。安史之亂爆發後，一些堂堂七尺男兒都懾服於安史叛將的淫威之下，他們有些人還卑躬屈膝地變節投降，但是一些女中豪傑卻能夠巾幗勝於鬚眉，譜寫抗敵的英勇篇章，如《新唐書・列女傳》載：「史思明之叛，衛州女子侯、滑州女子唐、青州女子王，相與歃血赴行營討賊，滑濮節度使許叔冀表其忠，皆補果毅。」〔註9〕這種血性足以令眾多男子汗顏。「從意象的共時性傳播角度看，某些意象的湧動既反應了時代的好尚，又激發強化了人們的『從眾心理』。」〔註10〕中唐以後，社會動盪不安，藩鎮割據與宦官專權成為危害中央政權穩固的禍患，但是士大夫只能在這種艱難時世下掙扎求存，但是內心卻仍然渴望建立功業。在這種矛盾心態驅使下，他們將糅合了凜凜風骨和烈烈俠氣的完美範式賦予筆下的女俠，中唐女俠形象的不斷湧現恰好就是這種矛盾心理的外化形式。中唐的黑暗、動盪、民不聊生的社會現狀，知識分子對於晦暗不明前景的無助、迷茫，使得他們對於俠義的追求和嚮往更為強烈。亂世的烽煙、政局的動盪和文化的變遷造就了一批有思想、有追求、有見識的文人，他們將自己對於俠義的追求作為對社會環境變化的應激與抒發方式。中唐社會動盪、道德節操日益喪失、廣大人民備受塗炭、精神極為迷茫的現實情境容易喚醒士大夫對於俠義的嚮往。「俠」意象成為亂世中迷茫靈魂的避風港，受傷心靈避難的家園。傳統觀念中的俠客是除惡的英雄、濟困的超人、民眾的救星，是人們種種缺憾的精神補償。被種種社會規範所拘囿和束縛中的士大夫特別嚮往不受法律制度約束，天馬行空、獨立不羈的游俠生活。他們將對現實生活中女性的幻想寄託

〔註9〕　〔宋〕歐陽修、宋祁等：《新唐書》卷205，《列女傳》，北京：中華書局，1975年，第5826頁。

〔註10〕王立：《文學意象的主題史研究》，《心靈的圖景》，上海：學林出版社，1999年，第12頁。

傾注到傳奇文本的女俠身上，塑造了這樣一類接近勇猛男性的存在方式，俠肝義膽、智勇雙全、灑脫豪邁、勇武剛健的的婦女形象──女俠。她們專門打抱不平，給人們陰暗脆弱的心靈撒下光明希望的種子；她們爲俠客自由放縱的性情所激發，借高超的武術，來無影，去無蹤，瀟灑不羈，快意人生；她們秉承了俠文化的精髓，履行著匡扶正義、濟危扶弱的職責。女俠主要不是以美豔的容貌、溫順的性情成爲士大夫愛慕、欣賞的對象。她們是作爲完全不同於平凡女子的形象進入傳奇世界的。她們的容貌缺乏其他愛情傳奇小說中爲滿足男性觀賞欲望而對女性姿容的不遺餘力的刻畫描繪。相較唐代愛情小說中對李娃、霍小玉、崔鶯鶯等人精緻細膩美的渲染鋪寫，相距如同天淵之別。女俠大多是作中性、簡潔、質樸的裝扮，而不是以豔麗的外表進入人們的視線，女俠們在中性外衣的保護下可以更加自由平等、從容淡定地展示自己的才華和技藝。她們是作爲「非常之人」進入傳奇世界的，身上更多地洋溢出一股淩雲的豪氣。她們的容貌缺乏其他傳奇小說中爲滿足觀賞欲望而對女性姿容的細膩呈現。而神奇之技、非凡之舉以及其超越女性規範的個性魅力才是小說敘事的重點。

　　袁郊的《紅線》成功地塑造了一個文武雙全、解厄救困的女俠形象。紅線是唐代潞州節度使薛嵩的私婢。「時軍中大宴，紅線謂嵩曰：『羯鼓之音調頗悲，其擊者必有事也。』嵩亦明曉音樂，曰：『知汝所言。』乃招而問之，云：『某妻昨夜亡，不敢乞假。』嵩遽遣放歸。」〔註11〕薛嵩和紅線主僕二人因爲音樂的聯結成爲超越階級、身份、地位的知音。還有主人薛嵩因爲憂慮和懼怕於來自與潞州相鄰的藩鎮大軍閥魏博節度使田承嗣的虎視眈眈，而終日長籲短歎，惶恐不安之時，紅線卻能洞察出主人的心事，心細如塵，她爲了報答主人知遇之恩而主動請纓，一天之內飛越來回七百里的路程，施展絕技潛入田承嗣的居所，盜取他床頭的金盒後全身而退。此種英勇卓絕又令人敬佩的非凡之舉徹底震懾了田承嗣，他嚇得驚恐萬狀，幾乎無法自抑，只好放棄了吞併潞州的打算。紅線的英勇舉措使得兩個藩鎮之間戰爭幾乎一觸即發的緊張氣氛立即煙消雲散，潞州轉危爲安的同時，兩個藩鎮的老百姓也得以保全，避免戰爭帶來的大量人員傷亡的生靈塗炭的慘狀。紅線在完成使命的過程中充分展現了她的智慧和戰略眼光，在那種爾虞我詐、忘恩負義的中唐社會環境中，像紅線這樣寧可「士爲知己者死」甚至甘願獻身的行爲是一

<hr>

〔註11〕〔唐〕袁郊：《甘澤謠》，北京：中華書局，1985年，第10～12頁。

種體現美好道德的可貴行為。這類能夠在亂世之中力挽狂瀾又才智絕倫的女俠正是唐代士大夫心中理想的紅顏知己。她們文武兼備、有勇有謀、知恩必報、自信灑脫，不僅是士大夫心中最聰穎的智囊，還是關鍵時刻可以挺身而出救人於危難、消災解困的及時雨、解語花，形象光彩照人，實乃俠之典範。女俠不但可以出謀劃策，而且智勇雙全，甚至可以脫離男性而獨立活躍於前臺，成為具備獨立女性意識的角色。

柳珵的《上清傳》中宰相竇參因為政敵陸贄的誣衊陷害，先是貶郴州別駕，後「流竇於驩州，沒入家資，一簪不遺身，竟未達流所，詔賜自盡。」竇參寵愛的姬妾上清果然如竇參所說的那樣，因受牽連被籍沒入掖庭為宮婢，「後數年，以善應對，能煎茶，數得在帝左右。」因而得以向德宗皇帝稟明竇參的冤屈，使其下詔昭雪平反竇參冤案，驅逐陸贄。小女子居然可以忠心護主，匡助鋤奸，勝過不少七尺男兒。〔註 12〕上清與竇參之間患難與共、肝膽相照的真摯情誼令人感念不已。

杜光庭《虯髯客傳》中的隋朝重臣司空楊素府中歌姬紅拂，她「肌膚儀狀，言詞氣性，真天人也」，但她並沒有唯唯諾諾的奴婢習氣和懦弱個性，而是勇敢又熱烈地追求幸福的愛情和生活。她不委身不諂媚權貴，而是慧眼識英雄，重英雄，對當時還是一介布衣的李靖說：「閱天下之人多矣，未有如公者。絲蘿非獨生，願託喬木，故來奔耳。」投奔了李靖後，紅拂專一癡情而又機智冷靜。當他們在靈石旅舍的時候，「忽有一人，中形，赤髯而虯，乘蹇驢而來，投革囊於爐前，取枕欹臥，看張氏（紅拂）梳頭。靖怒甚。未決，猶刷馬。張氏（紅拂）熟觀其面，一手握髮，一手映身搖示，令勿怒。」〔註13〕紅拂認為對方虯髯客也是一位英豪的時候，不但不生氣，而且還立即喚來李靖與他一起三人結拜。這樣的處理方式顯然比遇事發怒的李靖智慧和靈活得多，既消除了尷尬，又確定了兄妹之名分，避免對方產生非分之想。紅拂不但美麗專情、睿智過人，而且見識不凡、氣度恢宏，她成為唐傳奇中少有的完美型俠女形象。

裴鉶《聶隱娘》中的女主人公聶隱娘是唐貞元中魏博大將聶鋒之女。她

〔註 12〕〔宋〕李昉：《太平廣記》卷 275，《上清》，北京：中華書局，1961 年，第 2168～2169 頁。

〔註 13〕〔宋〕李昉：《太平廣記》卷 193，《虯髯客》，北京：中華書局，1961 年，第 1445～1448 頁。

是一個純粹的刺客型的女俠。她十歲之時被神尼偷走，傳授給她絕世武功。她既可飛簷走壁，還可輕取別人首級而神不知鬼不覺。元和年間，「魏帥與陳許節度使劉昌裔不協，使隱娘賊其首。」她武功之高強可以從她保護劉昌裔戰勝精精兒和妙手空空兒一事看出來。「良久，見一人自空而踏，身首異處。隱娘亦出曰：『精精兒已斃。』拽出於堂之下，以藥化為水，毛髮不存矣。隱娘曰：『後夜當使妙手空空兒繼至。空空兒之神術，人莫能窺其用，鬼莫得躡其蹤。能從空虛之入冥，善無形而滅影。隱娘之藝，故不能造其境，此即係僕射之福耳。但于闐玉周其頸，擁以衾，隱娘當化為蠛蠓，潛入僕射腸中聽伺，其餘無逃避處。』」〔註14〕後來神通廣大的妙手空空兒居然沒有傷到劉昌裔一絲一毫就羞愧地逃跑了。聶隱娘是個性最鮮明的刺客的代表，她不但具備一般刺客所具有的俠肝義膽、有勇有謀；而且有遠見卓識，深明大義地投靠了神明仁義的劉昌裔；在劉死後又不遠千里至起靈柩前，慟哭而去，體現她知恩圖報的情義；她還心懷慈悲不濫殺無辜，是一個德才兼備的女俠。這樣的女俠其實是中唐士大夫最傾慕的女性形象。獨具個性之餘，又身懷絕技，深明大義之餘，又德才雙馨。中唐士大夫不但渴求女性擁有女人的智慧，更渴望她擁有男人的膽識才幹，表現為追求女性的「雙性化」傾向，即是希望女性同時擁有男女兩性的優點。而女俠恰好就是中唐時期塑造的同時具備男性及女性優點的個性才女。中唐士大夫對於這類個性才女的欣賞溢於言表。

此外，聶隱娘還自主擇夫，未經父母之命，媒灼之言，未考慮任何門第財權，邂逅磨鏡少年後即對父母曰「此人可與我為夫」，沒有絲毫矯揉造作和忸忸怩怩，看重的是自己對磨鏡少年的直觀感受和愉悅。雖然不知道聶隱娘為何選擇磨鏡少年為夫，但是她在沒有看重門第出身的情況下，也沒有任何功利之心去思量別的條件，就勇敢果決地自主擇偶，不但具備勇氣和膽識，而且具有時代超前性。女俠與傳統文化規範下卑弱順從缺乏個性的女性相比截然不同。女俠在社會生活與兩性關係中的主導地位，可以自主決定自己的婚姻和生活，勇敢掌握婚嫁自主權，高唱愛的凱歌，瀟灑而豁達地掌握著愛的權利，和男性們站在同一地位之上，打破了男權社會對於女性束縛的種種規範，果敢超越了男性文化傳統對女性的角色。女俠敢於衝破世俗的門第觀念，主動追求自己的愛情、婚姻，具有時代的超前性。

〔註14〕〔宋〕李昉：《太平廣記》卷194，《聶隱娘》，北京：中華書局，1961年，第1456～1459頁。

女俠，因其挾有民間下位文化、習俗的江湖野氣，她衝破了士大夫文人上位文化的種種框範。不能說所有俠女都那麼自由大膽，卻至少有相當一部分俠女毫無顧忌地追求自己理想的愛情婚姻，這也是俠之自由本性在女性身上的一個獨特體現。〔註15〕俠的情結深刻地作用於這類特定身份、性格的古代女性，使她們某種程度上為俠的自由縱放情性所激發，超越傳統的綱常框範。

丁乃通先生指出：「一般人通常認為中國舊社會傳統上是以男性為中心，但若和其他國家比較，就可以知道中國稱讚女性聰明的故事特別多。……男女戀愛一度有人認為與中國人國民性不合，但是中國民眾卻顯然歌頌並十分珍惜誠摯的愛情。」〔註16〕這一論點富有挑戰性且有意義，女俠求偶母題當為其極確當的注腳。唐代女俠，不再習慣於去接受那種無法和男子擁有均等競爭機會的現實境遇，而是積極主動地去追求和爭取，不失時機地實現自身美好而合理的願望。唐代女俠敢愛敢恨、蔑視禮法的行為，可謂「英雄俠骨美人心」，這也使得她們的形象格外光彩照人。

第二節　女俠故事隱喻中唐士大夫在兩性關係中的矛盾心理

女俠以超凡武技、卓越見識、超常人格的張揚與釋放、堅毅果敢作風的樹立與展現，使倍受壓抑的中唐士大夫落寞、孤寂、彷徨的心理重新復位。在女俠俠骨柔腸、行俠仗義、打抱不平的故事背後隱喻著士大夫的心路痕迹和個性傾向。女俠以其果敢大膽、自由自主、不畏強權的奇異行為和反抗精神行俠仗義。在這些行為中，有很多是普通女性難以做到的，我們把它看做是對儒家傳統禮教一種掙脫，它包含著具有話語主動權的士大夫對女性的肯定和讚賞，暗示了唐代女性貞節意識的相對淡薄；還有一些行為裏充滿了女俠們無奈的掙扎，我們把它看做是對現實的一種屈服，它包含著女性對男權社會的一種妥協和無奈，暗示著男權社會秩序的絕對穩定。〔註17〕

女俠的言行作風以及精神氣質讓處於失落彷徨的中唐士人得到了精神依

〔註15〕王立：《偉大的同情──俠文學主題史研究》，上海：學林出版社，1999年，第192頁。

〔註16〕丁乃通：《中國民間故事類型索引》，鄭建成等譯，北京：中國民間文藝出版社，1986年，第25～26頁。

〔註17〕胡麗：《唐代小說女俠形象研究》，山東師範大學，2008年碩士論文。

歸和心靈慰藉。女俠自由而灑脫，開放而勇敢，超越了時代的規範，同時也反映出士大夫作者們對於那種自由自在生活的渴求和嚮往。這類女俠的魅力在於：她們隨心所欲地遊戲人生而不受任何限制。她們擁有自由、個性，其實這正是中唐士大夫最爲傾慕和神往的。他們生活於動蕩不安的中唐，最嚮往的就是能夠在這個世間隨心所欲、自由自在。這是個欣賞、嚮往、追求個性的時代，也是勇於進取、謳歌浪漫、崇尙放恣的時代精神的表現。士大夫作者希冀通過女俠的形象建立了一個理想女性模式，讚賞歌頌女性的智慧、獨立、俠義，使傳統的女性形象變得煥然一新。女俠以俠骨柔腸，展示了女中豪傑的本色，似乎從男權社會的規範中剝離出來，展現了自我的風采和個性，高揚了主體意識，弘揚了人格精神，同時也得到了中唐士大夫的傾慕和讚賞。

但是，女俠故事也隱喻了中唐士大夫在兩性關係中的矛盾心理。李公佐《謝小娥傳》中的謝小娥「年十四，始及笄，父與夫俱爲盜所殺，盡掠金帛。段之弟兄，謝之生姪，與童僕輩數十悉沈於江。小娥亦傷胸折足，漂流水中，爲他船所獲。經夕而活。」〔註18〕她通過父親和丈夫託夢後找人解夢，獲悉仇人是「申蘭」和「申春」，「誓將訪殺二賊，以復其冤」，然後喬裝易服爲男子，「傭保於江湖間」，千辛萬苦尋覓仇家，潛伏仇人身邊數載，終於尋覓到機會復仇：「是夕，蘭與春會，群賊畢至，酣飲。曁諸凶既去，春沉醉，臥於內室，蘭亦露寢於庭。小娥潛鎖春於內，抽佩刀，先斷蘭首，呼號鄰人並至。春擒於內，蘭死於外，獲贓收貨，數至千萬。」〔註19〕從故事的刻畫中可以得知謝小娥堅強果敢、忍辱負重、有勇有謀，絲毫不遜色於鬚眉大漢。「復父夫之仇畢，歸本里，見親屬。里中豪族爭求聘，娥誓心不嫁，遂剪髮披褐，訪道於牛頭山，師事大士尼蔣律師。娥志堅行苦，霜春雨薪，不倦筋力。十三年四月，始受具戒於泗州開元寺，竟以小娥爲法號，不忘本也。」〔註20〕在復仇完畢後，謝小娥卻寧願守節，出家爲尼，終身不嫁。這種封建意識濃厚的貞節觀是士大夫認知視界的嚴重偏離，對小娥的要求幾乎是二律悖反：一方面要求謝小娥要像男人那般堅強果敢，她必須突破女子的柔弱溫順，變

〔註18〕〔宋〕李昉：《太平廣記》卷491，《謝小娥傳》，北京：中華書局，1961年，第 4030～4032 頁。

〔註19〕〔宋〕李昉：《太平廣記》卷491，《謝小娥傳》，北京：中華書局，1961年，第 4030～4032 頁。

〔註20〕同上註。

身爲頂天立地的英雄；另一方面，復仇完畢後，她身上的剛強、堅毅又蕩然消失，變爲自動遵從封建貞節觀念的女性楷模。〔註 21〕兩者幾乎非常矛盾地統一於謝小娥身上。士大夫對貞節大力褒揚是男權社會公認的規範，更是男性自我意識膨脹後的表現。同時，這種角色特征將成爲常規心理積澱下來，演繹爲天經地義的內容，以規範後世的女子。謝小娥本來是具備自主意識和獨立意志的個性女俠，可惜最後仍然被重新規範到男權社會的主流意識中。這說明中唐士大夫一方面欣賞任情任性、無拘無束的個性女子；但是一方面又仍舊希望社會規範、價值等理性觀念對女性有所束縛，彌漫著男權的色彩。士大夫嚮往的女子具備女性所有優點和美德的同時，還具備男人般的武藝高強、俠肝義膽、智勇雙全，可以在亂世中力挽狂瀾、匡扶正義，其實也是自我滿足式的幻想和希冀。女俠敢愛敢恨、英勇無畏、謀略過人，大膽衝破社會的規範，無視禮法的拘囿，使她們的形象格外光彩照人。

正如王立在《偉大的同情》一書中說：「在中國古代現實生活中，女性的地位是卑賤的，但惟其如此，女性一旦做出了反文化反傳統的俠烈之舉，才特別具有傳奇性和新聞性。而在俠義崇拜的文化心理支配下，中國古人用一種極爲特殊而複雜的心態，注視並談論著俠女。俠的某些素質特長一旦爲女性所擁有，尤其令人感興趣且津津樂道。久而久之，不僅民俗心理中對俠女充滿著景慕好奇，連俠自身也對混迹於武俠世界中的女性刮目相看。」〔註 22〕中唐時局動蕩，身處亂世，隨時可能遭遇不測，人們渴望出現所向無敵而又富於正義感的英雄來拯物救世，扶危濟困，支撐當時傾斜的世界，以達到心靈上的慰藉。所以，士大夫嚮往的女子具備女性所有優點和美德的同時，還具備男人般的武藝高強、俠肝義膽、智勇雙全，可以在亂世中力挽狂瀾、匡扶正義，其實也是自我滿足式的幻想和希冀。女俠秉有的壯浪縱志的浪漫氣質和大膽執著、敢愛敢恨、蔑視禮法的行爲，使她們的形象格外光彩照人。

唐傳奇中，女俠的命運呈現出濃重的模式化傾向。女俠的最終歸宿幾乎全是「不知所終」或歸於佛道。賈人妻復仇後離去，「終莫知其音問也」；荊十三娘「復與趙同入浙中，不知所止」；謝小娥「誓心不嫁。遂剪髮被褐，訪道於牛頭山，師事大士尼將律師」；聶隱娘安排好丈夫生計，後漸不知所之；

〔註 21〕高翠元：《論唐人婚戀小說中的兩性關係與士人觀念》，暨南大學碩士論文 2006 年，第 32 頁。

〔註 22〕王立：《俠文學的主題史研究》，上海：學林出版社，1999 年，第 179 頁。

三鬟女子將念珠歸還王超，超第二天持金來訪，「已空室矣」；紅線「因僞醉離席，遂亡所在」……這些女性在行俠之後，不是遁入空門，就是逃亡於現實生活之外。這些女俠最後都是來無影去無蹤，神龍見首不見尾地消失了，或歸隱山林，復歸她們自由放縱的本性，傲世獨立；或皈依佛、道，追求內心的逍遙與寄託，總之幾乎全是功成身退、飄然而去，似乎只有賦予女俠以佛道修行或隱遁世外的歸宿，讓其失去平凡女子所嚮往的寧靜與幸福，才能消解女俠因擁有主體意識所帶來的影響。女俠歸宿的設計，固然有崇尚佛道出世思想的影響下中唐士大夫沮喪迷惘和逃離現實的因素，但更是將個性女子邊緣化、異化甚至遮蔽的一種敘事策略，反映出中唐士大夫鄙棄世俗，追求自由精神，容不下女俠庸碌的世俗倫理生活，只能讓其走上棄世之路。這正是士大夫矛盾心理的集中體現。與此同時，也寄託並隱喻了士大夫追求個性解放、崇尚自由的終極夢想，激發了人們美好的想像。女俠不僅僅是一種文學形象的存在，而她已經昇華爲一種體現作家心靈圖景的意象。這種意象所傳達出的是士大夫作家的理想與願望，隱喻了他們在兩性關係建構中的隱秘心理和夢想。

第七章　女仙故事對中唐社會與兩性文化的隱喻

　　在中唐筆記小說中，有許多關於人仙遇合、仙女降臨的故事，女仙的傳說也特別多，而湧現出來的白日昇天的女仙更是數量龐大，這是與以往朝代不同的現象。爲什中唐人這麼喜歡和熱衷於女仙故事的營造和建構呢？其中必定有著許多複雜的社會原因。中唐女仙故事的背後折射出中唐的眞實風貌以及兩性文化。

第一節　女仙故事與婦女自我意識以及士大夫的審美趣味

　　作爲我國土生土長最有影響力的宗教，道教初步形成於東漢，但是其淵源卻可以追溯到很古老。道教在以先秦時期的老莊道家爲母體的基礎之上，還沿襲了巫術、方仙道〔註1〕、黃老道〔註2〕的某些觀念和修持方法、儀式。在長期發展演變的過程中，道教還形成了一個非常龐大繁蕪的神仙體系，這其中就很自然地會吸收以女仙崇拜作爲表現形態的內容和方式。得道成仙是道教徒追求的終極目標。道教的神仙傳記從一開始就有女仙。

　　首先來明確什麼是女仙。嚴格的說，中國傳統觀念中的神與仙是不同的。

〔註1〕方仙道是指方士利用戰國時鄒衍關於「終始五德之運」的五行陰陽思想以解釋其方術，從而形成的學說。

〔註2〕黃老道是神仙方術與黃老之學、原始宗教儀式相結合的產物，它把黃帝和老子當作神明一樣崇拜，是「準道教」形式。

神是先天自然之神，出於天地未分之前，也稱先天神聖。按《神仙傳》的說法，屬於神異類，「非可學也」。〔註3〕按照道教的說法，神是指神祇，包括天神、地祇、物靈、地府神靈、人體之神、人鬼之神等。「仙」最初指的是長壽之人，後來逐漸發展爲對長生不死而昇天者的稱呼，所謂「老而不死曰仙。仙，遷也，遷入山也。故其製字，人旁作山也。」〔註4〕漢代許慎的《說文解字》曰：「仙，長生仙去」，〔註5〕是世俗中修煉得道之人，也稱後天得道仙眞。「神仙」連稱最早見於《史記》，漢武帝時期，「東巡海上，考神仙之屬，未有驗者。」〔註6〕道教繼承了前代神仙範疇並將其細化，專指道教信徒理想的修煉得道、超脫塵世、神通變化、長生不死之人，稱爲「神人」或「仙人」。早期道教經典《太平經》就將特別的人分爲六等：一爲神人，二爲眞人，三爲仙人，四爲道人，五爲聖人，六爲賢人。而神人和仙人分居第一、三，在聖人之上。《抱朴子》曰：「若夫仙人，以藥物養身，以術數延命，使內疾不生，外患不入，雖久視不死，而舊身不改，苟有其道，無以爲難也。」〔註7〕道教神仙劃分方法眾多，《抱朴子》按照《仙經》將神仙分爲三等：天仙、地仙、尸解仙，「上士舉形升虛，謂之天仙；中士遊於名山，謂之地仙；下士先死後蛻，謂之尸解仙。」〔註8〕唐代道教上清派根據功力之深淺，將仙分爲神仙、地仙、水仙等等。《仙術秘庫》對其加以歸納總結，將仙主要分爲五等，即天仙、神仙、地仙、人仙、鬼仙。道教經典中對於神仙的分類各有不同。這些道教神仙觀念奠定了神仙品位的基礎。在中國古代社會，女仙的稱呼很普遍，我們一般可以將女仙理解爲女性神仙。女仙一詞最早見於《眞誥》，其中有《女仙程偉妻口訣》〔註9〕。道教信仰中女性神祇在道教初創期可能已經出現。隋唐五代以前，女仙的稱呼只見於道書。本書的女仙，廣義上的定義即長生不老的女性，指天生具有超凡能力，或者指通過修煉、服食、入道而

〔註3〕〔宋〕李昉：《太平廣記》卷1，《老子》，北京：中華書局，1961年，第2頁。
〔註4〕 任繼昉：《釋名彙校》卷3，《釋長幼》，濟南：齊魯書社，2006年，第152頁。
〔註5〕〔東漢〕許慎：《說文解字》，北京：中華書局影印本，1963年，第167頁下。
〔註6〕〔西漢〕司馬遷：《史記》卷12，《孝武本紀》，北京：中華書局，1982年，第484頁。
〔註7〕 王明：《抱朴子內篇校釋》卷2，《論仙》，北京：中華書局，1985年，第14頁。
〔註8〕 同上註，第20頁。
〔註9〕〔南朝梁〕陶弘景：《眞誥》卷10，《叢書集成初編》第0571冊，北京：中華書局，1985年，第137頁。

成為長生不老者。女仙最初可能僅為道教對升仙女性的專稱，後來詞義逐漸擴展為社會上所有女性神祇的統稱。女仙是由道教逐漸推廣至世俗的稱謂。根據對女神和女仙概念的界定來看，魏晉南北朝時期，道教吸收一部分女神加入女仙的行列。例如西王母、女媧等等。隋唐以後，女仙不單單指道教女性神祇，而是逐漸成為女神、道教及民間信仰的女性神祇的統稱。在唐代，上清派為道教的主流，杜光庭的《墉城集仙錄》也反映了上清女仙的陣容。本書並不關注各教派在女仙信仰上的細枝末節的區別，而是將唐代流行於民間的女仙作為一個總體來研究。雖然女神和女仙是有區別的，由於《太平廣記》將女神與女仙統稱歸入女仙類，所以，本書就把女性神和女性仙統稱為女仙。

其次來明確一下女冠的概念。道教徒一般稱為道士，「道士」最早指戰國、秦漢時的方術之士。道教創立後，道士則專指從道修行的道教神職教徒。在唐代的官方文書，如詔令、律法、國家典制等史料中，則大多以女冠稱呼女道士。「道教為我國固有之宗教……其徒稱道士者為男，稱女冠者為女。專藉符籙、懺醮為生。」〔註10〕

在唐代，文人雅士的作品中往往以女仙代指女妓或者貌美、面容皎好的女性，譬如張鷟的《遊仙窟》中的女仙其實是妓女，仙窟其實是妓院，這些對象不包含在本書的研究範圍之內。在本書中的女仙是專指在唐代社會流傳的女性神祇或女性神仙。尤其那些本來真實生活在中唐社會的女冠，後來由於修煉得道而羽化登仙的女仙更是本書關注的焦點。因為唐前的許多女仙之所以成為女仙，並無明確的修道經歷，有些是有所神通（如莫州女），有些是有遇仙經歷（如廣陵茶姥），有些本是中國的女性始祖崇拜神（如姮娥），有些是長生不死（如毛女）。而在中唐女仙故事裏面卻是湧現出許多女冠修煉成仙的例子。

在學術界，關於唐代女仙和女冠的研究碩果累累。學術界一般將女仙和女冠進行並列的對比研究，而本書擬將女仙故事在中唐的廣泛流行以及大量湧現的現象作為切入點去研究女冠。而與此同時，透過中唐士大夫對於女仙故事的熱衷建構與營造及其繾綣深情、繪聲繪色的描寫來還原社會風貌以及兩性關係。法國史學家和批評家丹納曾經在《藝術哲學》中說：「作品的產生

〔註10〕〔清〕徐珂：《清稗類鈔・宗教類・道教》，北京：中華書局，1984 年，第 4 冊，1955 頁。

取決於時代精神和周圍的風俗……要瞭解一件藝術品，一個藝術家，一群藝術家。必須正確設想他們所屬的時代精神和風俗概貌。這是藝術品最後的解釋，也是決定一切的基本原因」，因為「自然界有它的氣候，氣候變化決定了這種那種植物的出現；精神方面也有它的氣候，它的變化決定了這種那種藝術的現……精神文明的產物和動植物界的產物一樣，都只能用各自的環境來解釋。」〔註11〕其實這些女仙故事也就是中唐社會的精神產品，透過這些故事來剖析中唐社會兩性文化無疑是可取的途徑。

「隱喻」其實是修辭學上的一個概念，意思是指暗中寄寓諷喻之意或者指言外之意。本書指女仙故事對於中唐社會的隱喻也是想發掘女仙故事在中唐廣泛流行的背後寄寓的內涵和映像。女仙故事的湧現都是具有社會基礎的，是當時中唐社會一面生動的鏡子。本書擬通過女仙故事來闡釋中唐社會和兩性文化的互動。總體上來說，女仙故事反映了中唐社會的群體意識，具有一定的大眾化的凝力。中唐筆記小說中記載女仙故事的作品不僅宏大、壯闊，而且也細膩、生動，其情調更多是活潑的、明媚的、爽朗的。它嫵媚，亦顯其嚴肅；它活潑，亦見其凝重；它詼諧，亦覺其沉著；它細膩，亦顯其宏大。研究這些眾多而複雜的女仙故事，運用傳統的思維方法來處理是很難奏效的。本書擬以多角度的思維和普遍聯繫的方法把女仙故事放到中唐社會大系統中，從各個側面和層次來考察其對於兩性文化蘊含的內涵。

漢代以來諸多書中有關於神仙的記載，其中包含一定數量的女仙，如我國現存的第一部神仙傳記《列仙傳》便記載了江妃、鉤弋夫人、毛女、女丸、弄玉等幾位女仙。另外，有女仙記載的道書還有晉代葛洪的《原始上眞眾仙記》、南朝陶弘景所著的《眞誥》、《登眞隱訣》等等。而到了唐末五代杜光庭開啓為女性神仙傳記的先河，他的《墉城集仙錄》是道教史上第一部專門的女仙傳記，其有選擇的收錄了前代道書和在唐代信仰的女仙事蹟，較多的反映了道教的女仙陣容。《墉城集仙錄》的成書年代為五代，經過隋唐300多年的發展，這正是女仙信仰的總結時期。杜光庭將隋唐時期的女仙列入仙籍，數量上壯大了道教女仙的群體規模。中唐社會一個有趣的現象，即記載中成仙的女冠與前代相比似乎驟然多了起來。因為唐代以前，羽化登仙的道士一般男性居多，如南北朝的陶弘景、葛洪等都是由男道士而羽化登仙的典型，

〔註11〕〔法〕丹納：《藝術哲學》，傅雷譯，合肥：安徽文藝出版社，1998年，第6頁。

甚至到了唐初的孫思邈、張果，也是男道士得道成仙，而女仙一般是來自於神話傳說如西王母、九天玄女，或者是高高在上的歷史人物如出身於帝王之家的鈎弋夫人、秦穆公之女弄玉等。甚少出身平民而通過修道成仙的女子。

　　《太平廣記》卷56至卷70裏面就收錄了大量流行於中唐的女仙故事。現在將其所載的女仙略作統計，列表如下：

《太平廣記》中女仙統計表〔註12〕

女　仙	出　處	來　源	女　仙	出　處	來　源
王妙想	《廣記》卷61	引自《墉錄》	盧眉娘	《廣記》卷66	引自《杜陽雜編》
紫雲觀女道士	《廣記》卷62	引自《紀聞》	崔少玄	《廣記》卷67	引自《少玄本傳》
何二娘	《廣記》卷62	引自《廣異記》	妙女	《廣記》卷67	引自《通幽記》
秦時婦人	《廣記》卷62	引自《廣異記》	吳清妻	《廣記》卷67	引自《逸史》
邊洞玄	《廣記》卷63	引自《廣異記》	女仙（佚名）	《廣記》卷68	引自《靈怪集》
玉女	《廣記》卷63	引自《集異記》	楊敬眞	《廣記》卷68	引自《續玄怪錄》
玉巵娘子	《廣記》卷63	引自《玄怪錄》	女仙（佚名）	《廣記》卷68	引自《傳奇》
黃觀福	《廣記》卷63	引自《墉錄》	玉蕊院女仙	《廣記》卷69	引自《劇談錄》
驪山姥	《廣記》卷63	引自《墉錄》	張雲容	《廣記》卷69	引自《傳記》
董上仙	《廣記》卷64	引自《墉錄》	韋蒙妻	《廣記》卷69	引自《仙傳拾遺》
楊正見	《廣記》卷64	引自《墉錄》	慈恩塔院女仙	《廣記》卷69	引自《河東記》
張連翹	《廣記》卷64	引自《廣異記》	許飛瓊	《廣記》卷70	引自《逸史》

〔註12〕此列表部分引自李昭：《唐代道教女仙群體研究》，首都師範大學碩士學位論文，2009年，第14頁。

女　仙	出　處	來　源	女　仙	出　處	來　源
張鎬妻	《廣記》卷64	引自《神仙感遇傳》	裴玄靜	《廣記》卷70	引自《續仙傳》
太陰夫人	《廣記》卷64	引自《逸史》	戚玄符	《廣記》卷70	引自《墉錄》
女仙（佚名）	《廣記》卷65	引自《神仙感遇傳》	薛玄同	《廣記》卷70	引自《墉錄》
女仙（佚名）	《廣記》卷65	引自《通幽記》	戚逍遙	《廣記》卷70	引自《續仙傳》
虞卿女子	《廣記》卷65	引自《逸史》	女仙（佚名）	《廣記》卷70	引自《北夢瑣言》
蕭氏乳母	《廣記》卷65	引自《逸史》	女仙（佚名）	《廣記》卷70	引自《稽神錄》
謝自然	《廣記》卷66	引自《墉錄》			

　　從這個列表中，可知中唐女仙群體龐大，其中不少是從本朝的女冠通過修道由民女而飛升的女仙。信手拈來即能找到這類女仙的例子來說明。如《黃觀福》：

> 黃觀福者，雅州百丈縣民之女也，幼不茹葷血，好清靜，家貧無香，以栢葉、栢子焚之。每凝然靜坐，無所營爲，經日不倦。或食栢葉，飲水自給，不嗜五穀。父母憐之，率任其意。既笄欲嫁之，忽謂父母曰：「門前水中極有異物。」女常時多與父母說奇事先兆，往往信驗。聞之，因以爲然，隨往看之。水果來洶涌，乃自投水中，良久不出。漉之，得一古木天尊像，金彩已駁，狀貌與女無異。水即澄靜。便以木像置路上，號泣而歸。其母時來視之，憶念不已。忽有綵雲仙樂，引衛甚多，與女子三人，下其庭中，謂父母曰：「女本上清仙人也，有小過，謫在人間。年限既畢，復歸天上，無至憂念也。同來三人，一是玉皇侍女，一是天帝侍辰女，一是上清侍書，此去不復來矣。今來此地，疾疫死者甚多，以金遺父母，使移家益州，以避凶歲。」即留金數餅，昇天而去。父母如其言，移家蜀郡。其歲疫毒，黎雅尤甚，十喪三四，即唐麟德年也。〔註13〕

〔註13〕〔宋〕李昉：《太平廣記》卷63，《黃觀福》，北京：中華書局，1961年，第396頁。

又如《何二娘》：

> 何二娘者，以織鞋子為業，年二十，與母居。素不修仙術，忽謂母曰：「住此悶，意欲行遊。」後一日便飛去，上羅浮山寺。山僧問其來由，答云：「願事和尚。」自爾恒留居止，初不飲食，每為寺眾採山果充齋，亦不知其所取。羅浮山北是循州，去南海四百里，循州山寺有楊梅樹，大數十圍。何氏每採其實，及齋而返。後循州山寺僧至羅浮山，說云：「某月日有仙女來採楊梅。」驗之，果是何氏所採之日也，由此遠近知其得仙。後乃不復居寺，或旬月則一來耳。唐開元中，敕令黃門使往廣州，求何氏，得之，與使俱入京。中途，黃門使悅其色，意欲挑之而未言。忽云：「中使有如此心，不可留矣。」言畢，踊身而去，不知所之。其後絕跡不至人間矣。〔註14〕

又《楊正見》：

> 楊正見者，眉州通義縣民楊寵女也。幼而聰悟仁憫，雅尚清虛。……歲餘，白日昇天，即開元二十一年壬申十一月三日也。……其升天處，即今邛州蒲江縣主簿化也，有汲水之處存焉。昔廣漢主簿王興上昇於此。〔註15〕

又《邊洞玄》：

> 唐開元末，冀州棗強縣女道士邊洞玄，學道服餌四十年，年八十四歲。忽有老人，持一器湯餅，來詣洞玄曰：「吾是三山仙人，以汝得道，故來相取。此湯餅是玉英之粉，神仙所貴，頃來得道者多服之。爾但服無疑，後七日必當羽化。」洞玄食畢，老人曰：「吾今先行，汝後來也。」言訖不見。後日，洞玄忽覺身輕，齒髮盡換，謂弟子曰：「上清見召，不久當往，顧念汝等，能不恨恨！善修吾道，無為樂人間事，為土棺散魂耳。」滿七日，弟子等晨往問訊動止，已見紫雲昏凝，遍滿庭戶；又聞空中有數人語，乃不敢入，悉止門外。須臾門開，洞玄乃乘紫雲，竦身空中立，去

〔註14〕〔宋〕李昉：《太平廣記》卷 62，《何二娘》，北京：中華書局，1961 年，第390 頁。

〔註15〕〔宋〕李昉：《太平廣記》卷 64，《楊正見》，北京：中華書局，1961 年，頁397～398。

地百餘尺，與諸弟子及法侶等辭訣。時刺史源復與官吏百姓等數萬人，皆遙瞻禮。有頃日出，紫氣化爲五色雲，洞玄冉冉而上，久之方滅。〔註16〕

又《董上仙》：

董上仙，遂州方義女也。年十七，神姿豔冶，寡於飲膳，好靜守和，不離於世。鄉里以其容德，皆謂之上仙之人，故號曰「上仙」。忽一旦紫雲垂布，並天樂下於其庭，青童子二人，引之昇天。父母素愚，號哭呼之不已。去地數十丈，復下還家，紫雲青童，旋不復見。居數月，又昇天如初，父母又號泣，良久復下。唐開元中，天子好尚神仙，聞其事，詔使徵入長安。月餘，乞還鄉里，許之。中使送還家。百餘日復昇天，父母又哭之。因蛻其皮於地，乃飛去。皮如其形，衣結不解，若蟬蛻耳。遂漆而留之，詔置上仙、唐興兩觀於其居處。今在州北十餘里，涪江之濱焉。〔註17〕

又《裴玄靜》：

裴玄靜，緱氏縣令昇之女，鄠縣尉李言妻也。幼而聰慧，母教以詩書，皆誦之不忘。及笄，以婦功容自飾，而好道，請于父母，置一靜室披戴。父母亦好道，許之。日以香火瞻禮道像，女使侍之，必逐於外。獨居，別有女伴言笑。父母看之，復不見人，詰之不言。潔思閒淡，雖骨肉常見，亦執禮，曾無慢容。及年二十，父母欲歸於李言。聞之，固不可，唯願入道，以求度世。……後三日，有五雲盤旋，仙女奏樂，白鳳載玄靜昇天，向西北而去。時大中八年八月十八日，在溫縣供道村李氏別業。〔註18〕

又《戚玄符》：

戚玄符者，冀州民妻也，三歲得疾而卒。父母號慟方甚，有道士過其門曰：「此可救也。」抱出示之曰：「此必爲神仙，適是氣蹶耳。」衣帶中解黑符以救之，良久遂活。父母致謝，道士曰：「我北

〔註16〕 〔宋〕李昉：《太平廣記》卷63，《邊洞玄》，北京：中華書局，1961年，第392頁。

〔註17〕 〔宋〕李昉：《太平廣記》卷64，《董上仙》，北京：中華書局，1961年，第398頁。

〔註18〕 〔宋〕李昉：《太平廣記》卷70，《裴玄靜》，北京：中華書局，第433～434頁。

嶽眞君也。此女可名玄符，後得昇天之道。」言訖不見，遂以爲名。及爲民妻，而舅姑嚴酷，侍奉益謹。常謂諸女曰：「我得人身，生中國，尚爲女子，此亦所關也。父母早喪，唯舅姑爲尊耳，雖被箠楚，亦無所怨。」夜有神仙降之，授以靈藥。不知其所修何道，大中十年丙子八月十日昇天。〔註19〕

又《戚逍遙》：

> 戚逍遙，冀州南宮人也。父以教授自資，逍遙十餘歲，好道清淡，不爲兒戲。父母亦好道，常行陰德。父以《女誡》授逍遙，逍遙曰：「此常人之事耳。」遂取《老子仙經》誦之。年二十餘，適同邑蒯潯。舅姑酷，責之以蠶農怠惰，而逍遙旦夕以齋潔修行爲事，殊不以生計在心，蒯潯亦屢責之。逍遙白舅姑，請返於父母。及父母家亦逼迫，終以不能爲塵俗事，願獨居小室修道，以資舅姑。蒯潯及舅姑俱疑，乃棄之於室。而逍遙但以香水爲資，絕食靜想，自歌曰：「笑看滄海欲成塵，王母花前別眾眞。千歲卻歸天上去，一心珍重世間人。」蒯氏及鄰里悉以爲妖。夜聞室內有人語聲，及曉，見逍遙獨坐，亦不驚。又三日晨起，舉家聞屋裂聲如雷，但見所服衣履在室內，仰視半天，有雲霧鸞鶴，復有仙樂香軿，彩仗羅列，逍遙與仙眾俱在雲中，歷歷聞分別言語。蒯潯馳報逍遙父母，到猶見之。郭邑之人，咸奔觀望，無不驚歎。〔註20〕

又《謝自然》，謝自然，果州南充（今屬四川）人。自幼入道，常誦讀《道德經》、《黃庭內景經》。十四歲絕粒不食。每焚修瞻禱王母、麻姑，慕南嶽魏夫人之節操。年四十，出遊青城、峨嵋、三十六靖廬、二十四治。不久離蜀，歷京洛，抵江淮，遍覽名山洞府靈跡之所在。《墉城集仙錄》說她在唐德宗貞元三年（787）三月，於果州開元觀詣絕粒道士程太虛受《五千紫文寶籙》。《續仙傳》稱謝自然聞天台山道士司馬承禎居玉霄峰，有道孤高，遂師事三年，幾經周折，終得傳承上清法。貞元六年（790）四月，刺史韓佾欲試其道法，把她關在一間屋子裏整整一個月，出而容顏不變，聲氣朗然。韓佾敬服，即讓女兒拜她爲師。貞元九年（793）謝自然告請於刺史李堅，築室於金泉山修

〔註19〕〔宋〕李昉：《太平廣記》卷70，《戚玄符》，北京：中華書局，第434～435頁。

〔註20〕〔宋〕李昉：《太平廣記》卷70，《戚逍遙》，北京：中華書局，第438頁。

煉。其神異事頗多，據稱山神曾告訴她將授東極眞人之位。貞元十年（794）
十一月十二日「白晝昇天」。〔註21〕

……

　　道教在造仙過程中，首先將上古女神和與道教相關的漢代以前的女性納
入道門並加以改造變爲女仙。先天神聖是道教中地位最高的仙眞，其在道教
中的作用以傳經授道於本教的前代先師爲主。但這部分女仙數量在整個女仙
群體中只是占很少的部分。女仙群體中數量最龐大的是從道教本教的修煉者
中脫穎而出的得道者，其構成了道教女仙的主體。這些女仙在成仙之前本是
眞實生活在民間的來自社會各階層的普通婦女，她們出身都不高，甚至還是
出身於底層的民女居多，只是通過修煉、辟穀、服食等因緣際會最後成爲白
日飛昇或者羽化的女仙，這說明道教的門第觀念並不明顯，社會身份不會成
爲成仙的障礙。這些女子修煉過程與男子基本無異，均需誠心向道，靜心修
德，苦修勤煉，方可果證元君。修道不是男子的專利，女子與男子一樣具有
得道成仙的可能，這充分體現了道教理論的男女平等觀。修道亦不是富貴人
家的專利，貧女亦可通過自己的努力而實現自我的超越。這說明即使在普通
的婦女甚至貧女之中，她們也有了通過自身的修煉來追求長生久視的意識。
修道女子的結局大多白日飛昇，在今天看來似乎荒誕不經，但正是它確立了
道教信徒的人生終極目標。得道成仙的信念無疑是上述女子崇道的直接心理
動因，因爲無論唐代社會多麼開明，女性在現實世界都要受到來自各方面的
壓力擠兌，身心疲累，久而倦怠。尤其是那些掙扎在社會下層的婦女，生活
更是艱辛。所以，她們渴望長生不死正是希冀沖決身心之種種束縛，自主自
由的生存，以達到暢遊天地並與之共生死的夢想。她們對於世俗生活的鄙棄，
對於成仙後自由自在生活的熱切嚮往通過這種夢想的追求體現得淋漓盡致。
這其實可以說就是她們自我意識覺醒的體現，而道教正提供了這個平臺。

　　女冠化身爲女仙是女仙群體壯大的突出表現。在唐代，神仙觀念與前代
出現了轉變，如司馬承禎說：「生死動靜邪眞，吾皆以神而解之，在人謂之仙
矣。在天曰天仙，在地曰地仙。」〔註22〕他還說：「人生時稟得虛氣，精明通
悟，學無滯塞，則謂之神。宅神於內，遺照於外，自然異於俗人，則謂之神

〔註21〕　〔宋〕李昉：《太平廣記》卷 66，《謝自然》，北京：中華書局，1961 年，第
　　　　　408～412 頁。
〔註22〕　〔元〕趙道一：《歷世眞仙體道通鑑後集》，《道藏》第 21 冊，北京：文物出
　　　　　版社、上海書店、天津古籍出版社，1988 年，第 700 頁。

仙。故神仙亦人也。」〔註23〕可見，神仙觀念有了重大的變化。神仙觀念在唐代成爲普通人所能接受的信仰，神仙術成爲一種平凡人可以賴以實踐的修身養性的秘方。到了中唐，數量眾多的女仙似乎不再僅僅是那些先天神聖的女神仙，也不是那些高不可攀的帝王之女般的歷史人物，而是那些眞實生活在中唐社會的民女，只是因爲因緣際會和精誠修煉而躋身仙籍。普通人通過修煉也可以位列仙班，「人人皆可得道成仙」的思想對於唐人的吸引力就大爲增加。它讓人們相信，只要努力修道，成仙就不會太遙遠。

　　爲什麼中唐會有大量女冠成仙的故事湧現，並且女仙群體還出現了這種由平民而仙化的趨勢呢？廣泛存在的女冠是「人人皆可得道成仙」的社會意識的基礎。女冠在現實生活中是眞實的，而女仙是虛幻的。從眞實的女冠到虛幻的女仙的轉化過程就是女冠的仙化。在這些女仙故事裏，不僅可以反映出唐人對於神仙世界的嚮往，還可以反映出當時社會的眞實風貌。在唐代突然會有大量的女冠成仙故事的湧現，最直接的原因就是修道的婦女數量比前代增多。女冠數量劇增，而且女冠在社會上及道教中活動頻繁，形成一定的社會影響力，這就通過女仙故事的大量湧現折射出來。

　　唐代是道教特別興盛的時代，表現出極度的繁華與強大的聲勢。主要原因有兩點：一是「御用化」。唐皇室李氏將自家的宗族體系推及老子（李耳），在政治意圖與魏晉以來推崇門閥的風氣影響下，自唐初，朝廷就一再下達「尊祖」的詔令。如：高宗乾封元年，尊太上老君爲玄元皇帝，並立祠堂，其廟置令、承各一員；〔註24〕上元元年，武后上表，請令王公以下皆習《老子》，每歲明經，以《孝經》、《論語》策試。〔註25〕玄宗時期，在開元年間設「崇元學」，招生徒，學習《道德》、《南華》、《通元》等道家經典，並在科舉考試中增設「道舉」，同時在長安廣設道觀，先後成立咸宜觀、興唐觀、九華觀、新昌觀、華封觀，形成上至帝王將相，下至庶民百姓、販夫走卒皆崇道、入道的風氣。二是「世俗化」。宗教活動深入社會各階層。道士們以消災、祛病、驅魔等來吸引百姓。官方道觀林立，成爲新的娛樂交際場所，文人士大夫與道士、女冠交往頻繁。

〔註23〕〔元〕趙道一：《歷世眞仙體道通鑑後集》，《道藏》第 21 冊，北京：文物出版社、上海書店、天津古籍出版社，1988 年，第 699 頁。

〔註24〕〔後晉〕劉昫：《舊唐書》卷 5，《高宗本紀》，北京：中華書局，1975 年，第 90 頁。

〔註25〕同上註，第 96 頁。

在唐代，女冠和女冠觀具有相當的數量。盛唐「天下觀一千六百八十七，道士七百七十六，女官九百八十八」，〔註26〕《唐六典》中記載：「凡天下觀總一千六百八十七所。一千一百三十七所道士，五百五十所女道士。」〔註27〕道士和女道士的數量皆指「正名道士」。〔註28〕王永平認爲，《新唐書》與《唐六典》所載的數字並未能完全真實地反映出唐代道觀的鼎盛情形。《新唐書》記載的這條資料來源於《唐六典》，而《唐六典》從唐玄宗開元十年（722）開始編撰，至二十七年完成，記載的是玄宗開元年間及其以前的情況。而天寶年間及中唐時期，道觀數還會有所增加。「即使以保守數字計，有唐一代的道觀數應保持在4000～5700餘所間或更多。」〔註29〕《新唐書》顯示了在1764名道士的統計數字中，道士僅占44%，女道士則占到了57%，女道士的數量明顯超過了男道士。〔註30〕這至少說明了唐代女道士的群體規模相當的龐大。受唐代社會崇道風氣的影響，信奉道教的婦女幾乎遍及社會各個階層。上至李唐皇室成員的公主妃嬪，中至各級達官貴人的家眷，下至平民百姓婦女，乃至在沒有人身自由的婢女和妓女之中，都有很多的道教信徒。如李林甫的女兒李騰空出家爲女道士；李德裕的妻劉致柔、姜徐盼及兒媳陳氏皆爲女道士；還有文士李涉，送妻入道；姚崇之女也奉道；韋皋外甥女張氏入道修行。

女冠數量龐大導致唐代道觀劇增。當時在兩京和通都大邑還建立起許多專門的女冠觀。女冠不只在道觀裏從事精修、養煉等宗教活動，往往更廣泛活躍在社會各層面，特別是在士大夫中間。她們在道教中和社會上形成一道特殊風景。

女冠成仙故事的大量湧現，唐代婦女地位的提高是其中非常重要的原因。因爲在唐代之前，除了先天神聖來自於遠古傳說的女神西王母、女媧、毛女、麻姑等等之外，許多修煉得道的往往都是男道士，而極少通過自身修

〔註26〕〔宋〕歐陽修、宋祁：《新唐書》卷48，《百官志》，北京：中華書局，1975年，第1252頁。

〔註27〕〔唐〕李林甫等：《唐六典》卷4，《尚書禮部》，陳仲夫點校，北京：中華書局，1992年，第125頁。

〔註28〕正名道士一詞源自〔清〕董誥等：《全唐文》卷839，趙明吉《請修天下宮觀奏》，上海：上海古籍出版社，1990年，第3914頁。

〔註29〕王永平：《道教與唐代社會》，北京：首都師範大學出版社，2002年，第187頁。

〔註30〕同上註，第451頁。

煉可以位列仙籍的平民女子。到了唐代，大量湧現出這類型的女仙故事，從側面反映了唐代婦女社會地位高的歷史事實。婦女地位，是指「在一定時期一定社會歷史條件下，與同時代的男子相比，婦女在家庭生活和社會事務中，有無人身自由權和相對獨立的自主權和支配權」。〔註31〕古代女子的頭等大事莫過於婚姻之事。婦女地位的相對提高，必然首先反映在婚姻家庭上。唐代湧現出許多妒婦、悍妻的故事，這是身為從屬地位的正妻，敢於向夫權社會發起的一種反抗。這就從側面體現出唐代婦女自主性較之前代更為加強，社會地位有所提高。

此外，唐代女性參政之多、影響之大在我國古代十分少見，特別是在中唐前，女主臨朝的事件屢見不鮮。高宗皇后武氏、中宗皇后韋氏、肅宗皇后張氏等都是掌握實權、炙手可熱的政治女性。反映唐代女性地位相對來說比較高。

而女仙故事的大量出現反過來又可以作為唐代社會婦女地位高的佐證。因為唐代婦女地位提高了，那麼對於婦女本身來說就需要借助一個合適而舒服的平臺來宣泄、表達自己的思想、情感。而道教就恰好非常適當地提供了這麼一個場所。在人仙遇合的故事中可以發現有許多女仙都被賦予異能或者超能力，擁有美貌、智慧、財富，還往往地位崇高，或者以救世主的面目出現，幫助遇到的凡世間的男子成就夢想的一切：功名、仕途、子嗣、榮華、富貴等。這其實正是現實生活中唐代婦女地位高的文學觀照。在世界主要的宗教中，道教女性地位最高。人們談到道教往往稱道教有男女平等的宗教觀。道教自其產生時期起，即對女性表現出相對敬重的姿態。如果對比佛教的女性觀念，道教這一特點就顯得更為清楚。造成這一現象的一個重要原因是，在作為道教淵源之一的中國古代原始信仰中，已經包含有豐富的女神信仰的內容。據考後來被道教奉為「女仙」的西王母、九天玄女等等，實際都源自遠古農耕社會的女神；而後來的道教更創造出麻姑等極富情趣的女仙形象。道教在教義上與佛教相比，女性歧視的色彩要小的多。在中國古代女性地位較低的大環境下，完全摒棄女性歧視和限制是不可能的。但是在中唐男尊女卑的社會中，有大量的女道士利用這個宗教的平臺活躍在社會中，她們與男子平等交往，展示自己多方面的才藝和風采，她們以不同於世俗社會中的形象和積極的姿態在道教和社會中皆有影響。這為唐代女性帶來了精神寄託，

〔註31〕段塔麗：《唐代婦女地位研究》，北京：人民出版社，2000年，第5頁。

也爲道教信仰帶來了女性的柔和之美。而這也是爲什麼中唐社會那麼多女冠成仙故事被構造出來的原因。

關於女仙故事體現了士大夫的審美趣味，可以這樣來理解：女仙之所以成爲女仙，就是因爲其擁有先天神聖、神通廣大、姿容絕世、長生不老等爲世人羨慕和追求的美好特質。這些東西被集中、被賦予在那麼多的女性神仙身上而爲世人所仰慕、嚮往、追求，代表了相當部分唐代人的審美趣味。而我們可以從士大夫的一些讚美女仙的文字裏面看出這種審美志趣。在士大夫的心目中，這些女仙是最富於女性魅力的形象。

女仙在沒有成爲女仙之前是女冠。而道行高深的女冠們都成爲士大夫的讚美對象。如開元年間在士大夫間相當活躍的焦煉師。按當時的規定：「道士修行有三號：其一曰法師，其二曰威儀師，其三曰律師；其德高思精謂之煉師。」〔註32〕煉師乃是最高一級的道士。中唐戴孚的《廣異記》裏記載了她請老君幫助制服狐妖的傳說，可見她名聲流傳的廣遠。而且她在當時應該是被認爲是半人半仙式的人物，才會吸引那麼多人向她學道，據《廣異記》記載她「聚徒甚眾」。〔註33〕李白的《贈嵩山焦煉師》詩序說：

> 嵩山有神人焦煉師者，不知何許婦人也。又云生於齊梁時，其年貌可稱五、六十。常胎息絕穀，居少室廬，遊行若風，倏忽萬里。世或傳其入東海，登蓬萊，竟莫能測其往也。余訪道少室，盡登三十六峰，聞風有寄，灑翰遙贈。〔註34〕

李白的字裏行間對於這位神秘的女道士表現出無比的企羨。還有王維、李頎、王昌齡等也都有贈給她的詩。李頎的《寄焦煉師》：「得道凡百歲，燒丹惟一身。悠悠孤峰頂，日見三花春。白鶴翠微裏，黃精幽澗濱。始知世上客，不及山中人。仙境若在夢，朝雲如可親。何由睹顏色，揮手謝風塵。」〔註35〕王昌齡的《謁焦煉師》：「中峰青苔壁，一點雲生時。豈意石堂裏，得逢焦煉

〔註32〕〔唐〕李林甫等：《唐六典》卷4，祠部郎中條，陳仲夫點校，北京：中華書局，1992年，第125頁。

〔註33〕〔唐〕戴孚：《廣異記》，《冥報記·廣異記》，方詩銘輯校，北京：中華書局，1992年，第204頁。

〔註34〕〔唐〕李白：《李白集校注》卷9，《贈嵩山焦煉師》，瞿蛻園、朱金城校注，上海：上海古籍出版社，1980年，第655頁。

〔註35〕〔清〕彭定求：《全唐詩》卷132，李頎《寄焦煉師》，北京：中華書局，1960年，第1339頁。

師。爐香淨琴案，松影閒瑤墀。拜受長年藥，翩翻西海期。」〔註36〕

在這些士大夫的詩歌中，這位著名女冠被描寫成天生超凡、道行超絕、高深莫測的接近於女仙式的人物。而這位煉師其實已經是老婦人，但是士大夫都描寫她容顏姣好、姿容絕世，讚賞其特殊的女性魅力。飛仙之女必定佳美，此一單純的觀念深入唐代士大夫的心中，成為集體意識。於是，即使當代女道士並非絕美，詩人也會賦予想像力，稱其仙化之後，還會返老還童，重現青春的美貌，甚而一改舊日的樸實，展現成為女仙新鮮人的鮮華顏色與絕世無雙之氣質。這說明在士大夫心中，這些女仙式的女冠是極為符合他們審美意趣的女性，代表了非常美好的女性形象。唐代文人士大夫所認可的女仙，不再是早期育化萬物的超能女神，而是更進一步的深入描繪女仙特有的陰柔氣質，無論是外顯的嬌容與內蘊的才華，都指出女仙有別於前朝的特異之處，就在於每一個女仙的殊美性，同時也反映出唐代對女仙的標準與當時對女性之美的要求。

至於那些後來位列仙籍的女冠，更是受到世人們的熱烈追捧。如女仙王奉仙「所至之處觀者雲集，奉仙唯以忠孝正直之道、清淨儉約之言、修身密行之要，以教於士女，故遠近欽仰，金玉寶貨，填委其前，所施萬計，皆委而不受。」〔註37〕

對於唐代極為著名的由女冠修道而白日飛升的女仙謝自然，唐代士大夫也是羨慕、讚賞、欽佩之情溢於言表，寫下許多詩文來表達自己非常熾熱、複雜的情感：

例如韓愈《昌黎先生集》卷1《謝自然詩》：

〔果州謝眞人上昇，在金泉山。貞元十年十一月十二日，白畫輕舉。郡守李堅以聞，有詔褒諭〕果州南充縣，寒女謝自然。童騃無所識，但聞有神仙。輕生學其術，乃在金泉山。繁華榮慕絕，父母慈愛捐。凝心感魑魅，慌惚難具言。一朝坐空室，雲霧生其間。如聆笙竽韻，來自冥冥天。白日變幽晦，蕭蕭風景寒。詹楹暫明滅，五色光屬聯。觀者徒傾駭，躑躅詎敢前？須臾自輕舉，飄若風中煙。

〔註36〕〔清〕彭定求：《全唐詩》卷142，王昌齡《謁焦煉師》，北京：中華書局，1960年，第1440頁。
〔註37〕〔元〕趙道一：《歷世眞仙體道通鑑後集》卷3，《王奉仙》，《道藏》第5冊，北京文物出版社，上海書店，天津古籍出版社，1988年，第468頁。

茫茫八紘大，影響無由緣。里胥上其事，郡守驚且歎。驅車領官吏，
盯俗爭相先。入門無所見，冠履同蛻蟬。皆云神仙事，灼灼信可傳。
余聞古夏后，象物知神奸。山林人可入，魍魎莫逢旃。逶迤不復振，
後世恣欺謾。幽明紛雜亂，人鬼更相殘。秦皇雖篤好，漢武洪其源。
自從二主來，此禍竟連連。木石生怪變，狐狸騁妖患。莫能盡性命，
安得更長延？人生處萬類，知識最為賢。奈何不自信，反欲從物遷。
往者不可悔，孤魂抱深冤。來者猶可誡，余言豈虛文？人生有常理，
男女各有倫。寒衣及饑食，在紡績耕耘。下以保子孫，上以奉君親。
苟異於此道，皆為棄其身。噫乎彼寒女，永託異物群。感傷遂成詠，
昧者宜書紳。〔註38〕

與之同屬於一個時代的施肩吾為此特賦詩一首《謝自然升仙》：「分明得道謝
自然，古來漫說尸解仙。如花年少一女子，身騎白鶴遊青天。」〔註39〕當時
另一位好道術的進士劉商也曾作詩一首《謝自然卻還舊居》：「仙侶招邀自有
期，九天升降五雲隨。不知辭罷虛皇日，更向人間住幾時。」〔註40〕范傳正
也為此作詩一首《謝真人還舊山》：

　　　麾蓋從仙府，笙歌入舊山。水流丹竈闕，雲起草堂關。白鹿行
　　為衛，青鸞舞自閒。種松鱗未立，移石蘚仍斑。望路煙霞外，回與
　　岩岫間。豈惟遼海鶴，空歎令威還。〔註41〕

更有人以此證明「道不負人」，如《悟真篇注疏》說：「謝自然以茲道之難遇，
欲求真師於蓬萊，竭其家產以備舟楫，不顧洪濤巨浪之危，直往而不少憚，
遂感神人而語之曰：『蓬萊隔弱水三萬里，一芥不為之浮，子將安往？赤城山
有司馬子微在焉。子往師之。謝回舟尋訪赤城，果遇子微授其道，修之不數
載，白日昇天。噫，人之精誠一發於中，感格應之於外，將無往而不遇矣。
苟能操心秉志如此，奚慮金丹不得耶？道不負人，人自負道耳。」〔註42〕

〔註38〕〔唐〕韓愈：《昌黎先生集》卷1《謝自然詩》，《宋蜀刻本唐人集叢刊》影印
　　　　本，上海：上海古籍出版社，1994年，第58、59頁。
〔註39〕〔清〕彭定求：《全唐詩》卷494，施肩吾《謝自然升仙》，北京：中華書局，
　　　　1960年，第5605頁。
〔註40〕〔清〕彭定求：《全唐詩》卷304，劉商《謝自然卻還舊居》，北京：中華書局，
　　　　1960年，第3461頁。
〔註41〕〔清〕彭定求：《全唐詩》卷347，范傳正《謝真人還舊山》，北京：中華書局，
　　　　1960年，第3887頁。
〔註42〕翁葆光注，戴起宗疏《悟真篇注疏》卷上。

　　因謝自然飛升受到皇帝的詔書褒獎，諸多文士更是以此爲題，詠詩作文，極力抒發自己的感歎，如夏方慶詩《謝眞人仙駕還舊山》：

> 何年成道去，綽約化童顏。天上辭仙侶，人間憶舊山。桑田今
> 已變，蘿蔓尚堪攀。雲覆瑤壇淨，苔生丹竈閒。逍遙看白石，寂寞
> 閉玄關。應是悲塵累，思將羽駕還。〔註43〕

在這些中唐士大夫的筆下，女仙形象都是那麼的美好而飄逸，靈秀而脫俗，具有超凡出塵的女性美，於朦朧縹緲中帶著不可言說的女性魅力，對於世人極富於吸引力。透過對女仙的描寫，可以解釋詩人心中的想像世界與自我期待的投射，同時也是對身體欲望某種程度的抒發。士大夫筆下的女仙或貌美如花，或青春無限，或蕙質蘭心，都反映出作者對女子之意念投射，此意念是自古以來文士對美好女子的追求，一種渴求伴侶的想望。女仙遂成爲士大夫筆下夢寐以求的佳人原型，既高貴自持，又溫柔順意，既在容顏上美豔絕倫，又在道術中有所智慧增長，既能長壽不死，又能大方識體，在容、術、壽、德四方面都能達到極高的標準，滿足凡人對可遇不可追的仙人之想像。士大夫不但認爲這些女仙富於獨特的女性美，還盼望、期待著這些女仙就是可以引領自己通往修道登仙正途的領路人。同時也是反映出，以彼之長，補己之不足的求償心態，士大夫通常會祈求女仙的垂青，彷彿女仙一旦降臨，少則爲自己增福添歲，多則與之登仙。對俗世凡人而言，這是多麼大的榮幸與不可思議，通過與女仙的相遇，來滿足自己在凡世間的一切欲望情感。由女冠修眞成仙，成仙過程或曰尸解，或曰飛仙，是人仙。唐代士大夫透過對成爲人仙的仙女想望，是最接近己身的模範，也希冀能透過先登仙者的度化，進入遙想的神仙世界中。因爲中唐社會盛衰巨變的強烈刺激，對前途和命運的擔憂與焦慮，也使得以風流狂放著稱的士大夫在盡情享受現實世界，包括肉欲和精神的一切快樂之外，又執著於延長生命、超越生命的狂熱而超現實的追求。正如葛兆光指出的那樣：「道教在唐代文人之中贏得數量眾多的信徒，更重要的原因在於它的宗旨——它所提倡的人生哲學與它所擁有的生存技巧——與文人士大夫心理的契合。」〔註44〕而這些女仙就是與文人士大夫心理契合的精神產物，而又恰恰正是這些士大夫的傾慕和追捧，才有那麼多女仙故事湧現的空間和市場。

〔註43〕〔宋〕李昉：《文苑英華》卷187，《謝眞人仙駕過舊山》，北京：中華書局，
　　　　1966年，第915頁上。
〔註44〕葛兆光：《想像力的世界》，北京：現代出版社，1990年，第35頁。

詹石窗曾指出：「與女神崇拜不同，女仙崇拜一直伴隨著一支強大的男性宣傳者，如果說女人自己也崇拜女仙，那是基於乞求保祐和追求長生的心理，那男人崇拜女仙除了同女性一樣有上述共同原因之外，還包含著滿足男性本身以生理爲基礎的心理需求，有的甚至還帶著隱蔽性情欲疏導的企圖，如一些帝王的求仙女舉動，便染上這種色彩。」〔註45〕

男性依照人的形象造神，並隨其神通不同，給予多樣且不同的面貌，有老有少，有美有醜，但是，對於女仙的塑造卻似乎落於窠臼：長生不老、氣質出眾、美豔無雙。「男作家作品中的女性的存在，總是透過男性欲望的複雜作用表現出來的。」〔註46〕這反映出文人士大夫對於年少美貌的欲求，與追回青春的渴望。「美貌和年輕成爲千古不變的男權文化傳統中男性對女性形象的千古不變的追求。」〔註47〕唐代男性爲主的編撰者，一再強調女仙的美貌，塑造出美麗無雙的女仙形象，這正是父權神話的產物，反映出一集體意識，女人被男人塑造爲「才色無雙」的美人，成爲迎合觀照主體的想望，進而成就觀照者的欲望。〔註48〕女仙的形象建立，重點不是仙人的性別，而是背後主導者有意的詮釋與無形傳導的思想，透過女仙形象的塑造，來散佈四方。

第二節　女冠仙化的過程對道教兩性關係的隱喻

道教的神仙有兩個來源，一類是修成的，一類是降生的，修成的神仙是由人而仙，降生的神仙是由神而仙。〔註49〕在女仙群體中，除了先天神聖、生爲神仙者之外，還有許多人仙——女性修道者，依靠其修爲或傳道之功，而得以位列仙班的。值得注意的是：中唐後那些得道女冠在白日飛升、羽化登仙之前，都有一個精修道術的過程，而在這些過程裏面，大多數都是遇上男道士的超度或者傳授道法。

如前文提及的著名女冠謝自然修煉道術的過程就頗費周折。沈汾的《續仙傳》卷上之謝自然條記載她的求道過程如下：

〔註45〕詹石窗：《道教與女性》，上海：上海古籍出版社，1991 年，第 20 頁。
〔註46〕宋素鳳：《多種主體策略的自我命名：女性主義文學理論研究》，濟南：山東大學出版社，2002 年，第 43 頁。
〔註47〕劉慧英：《走出男權傳統的樊籬》，北京：三聯書店，1996 年，第 18 頁。
〔註48〕關曼君：《唐詩中女仙、道家女子之研究》，臺灣東華大學，2004 年碩士論文，第 114 頁。
〔註49〕陳靜：《道教的女仙》，《宗教學研究》，2003 年第 3 期。

　　謝自然，蜀華陽女眞也。幼而入道。其師以黃老仙經示之，一
覽皆如舊讀，再覽誦之不忘。及長，神情清爽，言談迥高。好琴阮，
善筆札，能屬文。常鄙卓文君之爲人，每焚修瞻禱王母、麻姑，慕
南嶽魏夫人之節操。及年四十，出遠遊往青城、大面、峨嵋、三十
六靖廬、二十四治直犁切。尋離蜀，歷京洛，抵江淮，凡有名山洞
府靈迹之所，無不辛勤歷覽。後聞天台山道士司馬承禎居玉霄峰，
有道孤高，遂詣焉。師事承禎三年，別居山野，但日採樵，爲承禎
執爨而歸。又持香果，專切問道。承禎訝其堅苦，曰：我無道德，
何以腔此？然爾竟何所欲？自然曰：萬里之外，向師得度世之道，
故來求受上法以度耳，非他求也。承禎以女眞罕傳上法，恐泄慢大
道，但唯諾而已。復經逾歲月，自然乃歎曰：明師未錄，無乃命也。
每登玉霄峰，即見滄海蓬萊，亦應非遠，人間恐無可師者。於是告
別承禎，言去遊蓬萊。罄捨資裝，布衣絕粒，挈一席以投於海，泛
於波上。適新羅船見之，就載。及登船數日，但見海水碧色，日落
則遠浪相麚，陰火連天，船在火焰中行。逾年，船爲風飄入一色水
如墨，又一色水如粉，又一色水如朱，又一色水黃若硫黃氣。忽風
轉，船乃投易澳中，有山，日照如金色，亦有草樹、香霧，走獸與
禽皆黃色。船人俱上山，見石無大小，悉是硫黃。賈客遽棄別貨，
盡載其石。凡經四色水，每過一水，皆三虔敬，終五晝夜。風帆所
適，莫知遠近。復行月餘，又爲橫風所飄，海人惶戚，舟人恐懼。
遙見水上湧出大山，上列紅旗千餘面。海師言是鯨魚揚鬐。又晴天
忽見氣直上，高百餘里，傍若暴風雨。此魚腦有井，噓吸則氣出如
此。復見海人怪獸鬼神，千態萬狀。自然乃焚香想蓬萊，禱祝須臾，
俄到一山，見林木花鳥，煙嵐若春。海師登山，望有屋舍人家甚眾。
自然謂曰：豈非仙山也？而海師言：船人可登山歇泊，以候風便。
俄而人皆登山散遊，而自然獨遊一處，有道士數人，侍者皆青衣。
有樹，風動如金石聲。花草香薰人徹骨。彩鸞、霜鶴、碧雞、五色
犬遊於庭際。中有一人，花冠霞被，狀貌端美。青衣引自然入，虔
懇禮謁。道士問：欲何往？自然曰：蓬萊尋師，求度世去。道士笑
曰：蓬萊隔弱水，此去三十萬里，非舟檝智可行，非飛仙莫到。天
台山司馬承禎名在丹臺，身居赤城，此乃良師也，可以回去。俄頃

風起，聞海師促人登船，言風已便。及揚帆，又爲橫風飄三日，卻
到台州岸。自然欣然復往天台，具言其實，以告承禎，並謝前過。
承禎曰：俟擇日升壇以度。於是傳授上清法。後卻歸蜀，至貞元年
中，白日上昇而去。節度使韋皋奏之。〔註50〕

又張君房的《雲笈七籤》卷113同樣記載了此事：

蜀女眞謝自然泛海，將詣蓬萊求師，船爲風飄到一山。見道士
指言天台山司馬承貞名，在丹臺，身居赤城，此眞良師也。蓬萊隔
弱水三十萬里，非舟楫可行，非飛仙無以到。自然乃回，求承貞受
度，後白日上昇而去。〔註51〕

但是，與此相矛盾的是，《續仙傳》卷下之司馬承禎條記載的向司馬承禎學道
而升仙的女冠卻從謝自然變成了焦靜眞：

司馬承禎，字子微。博學能文，攻篆，迥爲一體，號曰金剪刀
書。隱於天台山玉霄峰，自號白雲子，有服餌之術。……時女眞焦
靜眞泛海詣蓬萊求師，至一山，見道者，指言曰：天台山司馬承禎
名在丹臺，身居赤城，眞良師也。靜眞既還，詣承禎求度，未幾昇
天。〔註52〕

元代趙道一的《歷世眞仙體道通鑑》記載：

自然欣然復往天台，具言其實，以告承禎，並謝前過。承禎曰：
俟擇日升壇以度。於是傳授上清法。後卻歸蜀，于果州南充縣金泉
山修道功成。唐德宗貞元十年甲戌十月十六日，老君命召之，白日
飛升。節度使韋皋奏聞於朝。一云自然臨昇天時，書於堂之東壁云：
寄語諸眷屬，莫生悲苦，可勤修功德，修立福田，清齋念道。百劫
之後，冀有善緣，早會清源之鄉，即得相見。其書迹存焉。上昇後
三日，再自天降，謂刺史李堅曰：天上有玉堂最高，老君居焉，白
玉爲壁。上皆金題神仙之名，時有朱書注其下云：降世爲帝王，或
爲宰輔。凡神仙謁見老君，皆四拜焉。予恐世人不信有神仙之事，

〔註50〕〔五代〕沈汾：《續仙傳》卷上，文淵閣《四庫全書》本，第18頁上、下，
19頁上、下。

〔註51〕〔宋〕張君房：《雲笈七籤》卷113下，《紀傳部・司馬承貞》，上海涵芬樓本
《道藏》第22冊，第785頁。

〔註52〕〔五代〕沈汾：《續仙傳》卷下，文淵閣《四庫全書》本，第2頁下。

> 故暫來語君。語訖，遂即昇天。堅以表聞，有詔褒美。白紫清云：
>
> 謝自然，今爲東極眞人。〔註53〕

文中提及謝自然上昇後三日，再自天降，恐世人不信有神仙之事，特意來與刺史李堅對話，對話完畢後遂即昇天。這很明顯就是道教徒虛構的美麗謊言。如果眞的白日升仙，還怎麼可能三日後復還，然後又再次白日上昇，這極不符合常理。但是，李堅卻稟報朝廷，並且得到皇帝的有詔褒美。

據康熙《順慶府志》載，在謝自然上昇的金泉山上有三通有關「飛升」的唐代碑：其一爲太和五年（831），果州刺史韋粛撰寫的《金泉山仙述居》；其二是唐德宗《敕果州刺史手書》，其三是唐德宗《敕果州女道士謝自然白日飛升書》。三碑俱毀，後兩通碑文尚存於地方志中。

《敕果州刺史手書》云：

> 李堅，正亮守官，公誠奉國，典茲郡邑，政洽人心，所部之中，靈仙表異，元風益振，治道彌彰。斯蓋聖祖垂光，教傳不朽，歸美於朕，良所兢懷，省覽上陳，載深喜歡。冬寒，卿平安好。遣書指不多及。貞元十年。〔註54〕

《敕果州女道士謝自然白日飛升書》曰：

> 手詔宣示中外。敕果州僧道耆老將士人等：卿等咸蘊正純，並資忠義，稟溫良之性，欽道德之風，志尚純和，俗登清淨。女道士超然高舉，抗迹煙霞。斯實聖祖光昭，垂宣至教，表茲靈異，流慶邦家。欽仰之懷，無忘鑒寐。卿等義均鄉黨，喜慰當深，特爲宣慰，想悉朕懷。卿等各平安好，州縣官吏並存問之，遣書指不多及。〔註55〕

皇權褒獎女冠的白日飛升說明這是符合當時社會道德規範的典型，以爲世範。

筆者在下文中有關於女冠謝自然傳奇的個案之考證，在此不再重複贅述。不過，無論向司馬承禎學道的究竟是謝自然還是焦靜眞，都不重要，重要的是向我們揭示了唐代女冠要修道飛仙的過程中往往有與男道士接觸、求度的經歷。

〔註53〕〔元〕趙道一：《歷世眞仙體道通鑑後集》卷5，《謝自然》，《道藏》（第5冊），北京文物出版社，上海書店，天津古籍出版社，1988年，第1254頁。

〔註54〕陳尚君：《全唐文補編》下冊卷4，北京：中華書局，2005年，第2286頁。

〔註55〕同上註。

而《墉城集仙錄》卷 7 關於謝良弼妻子王氏修道成仙的記載，也有遇到男道士吳筠超度的經歷：

> 王氏者，中書舍人謝良弼之妻也，東晉右軍逸少之後，會稽人也。良弼進士擢第，爲浙東從事而婚焉。歲餘，良弼應詔入長安，歷尚書郎、中書舍人。王氏幼而好道，常誦黃庭經。時方臥疾，竟不果行。疾且彌甚，時吳筠天師，遊四明、天台、蘭亭、禹穴，駐策山陰。王氏之族諂而求救，爲禁水吞符，信宿即愈。王氏感道力救護，乃詣天師受籙精修，焚香寂念，獨處靜室，志希晨飛，因絕粒咽氣，神和體輕。時有奇香異雲臨映居第，彷彿真降密接靈仙，而人不知也，忽謂其女曰：「吾昔之所疾將僅十年，賴天師救之而續已盡之命。悟道既晚，修奉未精，宿考過往，懺之未盡。吾平生以俗態之疾，頗懷妒忌，今猶心閉藏黑，未通於道，當須陰景煉形，洗心易藏，二十年後方得蟬蛻耳。吾死，勿用棺器，可作柏木帳，致屍於野中，時委人檢校也。」是夕而卒，家人所殯如其言，凡事儉約，置其園林間，偃然如寐，亦無變改。二十年，有盜發殯，棄其形於地，隆冬之月，帳側忽聞雷震之聲，舉家驚異馳行看之，及舉其屍，則身輕如空殼，肌膚爪髮無不具備，右脅上有坼痕長尺餘，即再收瘞焉。南嶽夫人嘗言：得道者上品，白日昇天，形骨俱飛，上補真官。次者蛻如蛇蟬，亦形骨騰舉，肉質登天，皆爲仙人，而居靈山矣。良弼亦執弟子之禮，躬侍天師，仍與天師立傳，詳載其事迹矣。

而前文敘及男道士司馬承禎向謝自然或者焦靜真傳授上清法。《太平廣記》卷六六也記載：「(謝自然) 貞元三年三月，於開元觀詣絕粒道士程太虛受《五千文紫靈寶籙》。」〔註56〕這個程太虛也是一位著名的男道士，他也曾向謝自然講道。那麼吳筠、司馬承禎、程太虛等男道士們傳授的道法，究竟是什麼樣的呢？

首先來瞭解一下唐代道教極爲流行的上清派的情況。上清派是以女性——魏華存爲宗師的道教派別。魏晉時期的上清派主張男女合氣之術，又被稱爲房中術派，上清派的修煉雖然主張個人修行，但也贊成雙修，也多供奉女仙。所以在上清派的神仙信仰上，女仙的崇拜較爲興盛。唐代是上清派發展的鼎盛時期。這時期的上清派的修道之法中就包括男女合氣之術——黃赤之

〔註56〕〔宋〕李昉：《太平廣記》卷 66，《謝自然》，北京：中華書局，1961 年，第408 頁。

術。其「男女同修，夫婦俱仙」的雙修法也是盛極一時，這是當時道教的重
要修道之法。從道教經書中的眞神設置來看，經常是道君及其夫人一同設立
的。譬如葛洪與鮑姑、劉綱與樊夫人、張道陵與孫夫人都是道教中同時尊奉
的神仙。所以，上清派是較爲推崇男女雙修合氣之術的。而司馬承禎傳授給
謝自然或者是焦靜眞的上清法也很可能就是男女雙修的合氣之術。這種「陰
陽交接」的修行方法，可能就是男女修道者之間的性亂。唐人釋明槩曾在《決
對傅奕廢佛法僧事》中生動描摹男女雙修時候的香豔情狀：

> 情意相親，男女交接，使四目二鼻，上下相當；兩舌兩口，彼
> 此相對，陰陽既接，精氣遂通。此則夫婦禮成，男女道合，以斯修
> 道，道不可修。以此出家，家寧可出。顚倒迷惑，何其甚哉？〔註57〕

但是，經過這種男女雙修的上清法修煉後，女仙故事中的主角最後得到的美
好結局都是白日飛升，這其實是道教徒自我設計的宗教式的浪漫結局，但卻
是道教徒最爲憧憬的理想境界。這些所謂白日飛升的女仙故事很可能是一種
欺騙世人的騙局，通過設計美好而飄逸的白日升仙來掩蓋自己在道教中與男
道士之間性關係的寬鬆和混亂，背後很可能是爲了遮掩某些女冠們放浪形骸
的性生活及其混亂、複雜的兩性關係。

如宋代周密《癸辛雜識》前卷《鄭仙姑》記載的就是一個設計的成仙騙局：

> 瑞州高安縣旌義鄉鄭千里者，有女定二娘。己酉秋，千里抱疾
> 危甚，女刲股和藥，疾遂瘳。至次年，女出汲井之次，忽雲湧於地，
> 不覺乘空而去，人有見若紫雲接引而升者。於是，鄉保轉聞之縣，
> 縣聞之州，乞奏於朝，立廟旌表，以勸孝焉。久之，未報，然鄉里
> 爲立仙姑祠，禱祈輒應，遠近翕然趨之，作會幾數千人。明年，苦
> 旱，里士復申前請。時洪起畏義立爲宰，頗疑其有他，因閱故牒，
> 密遣縣胥廉其事。適新建縣有闕氏者，雇一婢，來歷不明，且又旌
> 義人，因呼牙儈，訊即所謂鄭仙姑也。蓋此女初已定姻，而與人有
> 姦而孕，其父醜之，遂宛轉售之傍邑，乃設爲仙事以掩之，利其施
> 享之入，以爲此耳。昌黎（韓愈）《謝自然》、《華山女》詩，蓋亦可
> 見。然則世俗所謂仙姑者，豈皆此類也耶？〔註58〕

〔註57〕〔唐〕釋道宣：《廣弘明集》卷12，文淵閣《四庫全書》本，第17頁下。
〔註58〕〔宋〕周密：《癸辛雜識》卷前，《鄭仙姑》，《唐宋史料筆記叢刊》，吳企明點
　　　　校本，北京：中華書局，1988年，第30頁。

這是周密的書中向世人揭露的鄭仙姑所謂孝心感天，仙人接引昇天的騙局。其實是她早已定親，卻與別人奸通有孕，其父不得不以她的白日飛升來掩飾她與別人的姦情，其實是在向世人宣告她成仙飛升之後，讓此女換了另外的身份魚目混珠繼續生活。這顯然是對於營造和建構女仙故事者的極大諷刺。

雖然不能就此揣測謝自然等得道女仙也可能是由於與男道士性關係混亂而通過白日飛升來掩蓋姦情。那樣就太主觀臆斷了。千載的光陰如白駒過隙，真實情況如何，無從追尋，不得而知。不過，可以肯定的是，這些女仙故事的背後肯定有許多我們無從得知的瞞騙世人的內幕。當時道教中，男女道士的兩性關係寬鬆、混亂，男道士度女道士成為很常見的現象。杜光庭的《墉城集仙錄》成書於五代，其中記載了中唐至五代的道教中男道士度女道士的現象普遍。據此可以猜測：自中唐後，男女授受不親的戒律不為道教中男女道士們遵循。而道教中的男女關係的寬鬆成為道教內部司空見慣的現象。

在唐代，道院和道士出家制度已經相當規範化。但是在相對自由的社會環境下，男、女道士的交往還沒形成更嚴格的限制。士大夫甚至還寫了些以男、女道士交往為題材的作品，在文學史上別具一格、非常特殊。這些作品裏面最為著名的是駱賓王的長篇歌行《代女道士王靈妃贈道士李榮》：

> 玄都五府風塵絕，碧海三山波浪深。
> 桃實千年非易待，桑田一變已難尋。
> 別有仙居對三市，金闕銀宮相向起。
> 臺前鏡影伴仙娥，樓上簫聲隨鳳史。
> 鳳樓迢遞絕塵埃，鶯時物色正裝回。
> 靈芝紫檢參差長，仙桂丹花重疊開。
> 雙童綽約時遊陟，三鳥聯翩報消息。
> 盡言真侶出遨遊，傳道風光無限極。
> 輕花委砌惹裙香，殘月窺窗覘幌色。
> 箇時無數併妖妍，箇裏無窮總可憐。
> 別有眾中稱黜帝，天上人間少流例。
> 洛濱仙駕啟遙源，淮浦靈津符遠筮。
> 自言少小慕幽玄，只言容易得神仙。
> 珮中邀勒經時序，簫裏尋思復幾年。
> 尋思許事真情變，二人容華識少選。

漫道燒丹止七飛，空傳化石曾三轉。
寄語天上弄機人，寄語河邊值查客，
乍可忽忽共百年，誰使遙遙期七夕。
想知人意自相尋，果得深心共一心。
一心一意無窮已，投漆投膠非足擬。
只將羞澀當風流，持此相憐保終始。
相憐相念倍相親，一生一代一雙人。
不把丹心比玄石，惟將濁水況清塵。
只言柱下留期信，好欲將心學松薜。
不能京兆畫蛾眉，翻向成都騁驪引。
青牛紫氣度靈關，盡素艷鱗去不還。
連苔上砌無窮綠，修竹臨壇幾處斑。
此時空牀難獨守，此日別離那可久。
梅花如雪柳如絲，年去年來不自持。
初言別在寒偏在，何悟春來春更思。
春時物色無端緒，雙枕孤眠誰分許。
分念嬌鶯一種啼，生憎燕子千般語。
朝雲旭日照青樓，遏暉麗色滿皇州。
落花泛泛浮靈沼，垂柳長長拂御溝。
御溝大道多奇賞，俠客妖容遞來往。
寶騎連花鐵作錢，香輪鶩水珠爲網。
香輪寶騎競繁華，可憐今夜宿倡家。
鸚鵡杯中浮竹葉，鳳凰琴裏落梅花。
許輦多情偏送款，爲問春花幾時滿。
千回鳥信說眾諸，百過鶯啼說長短。
長短眾諸判不尋，千回百過浪關心。
何曾舉意西鄰玉，未肯留情南陌金。
南陌西鄰咸自保，還彎歸期須及早。
爲想三春狹斜路，莫辭九折邛關道。
假令白里似長安，須使青牛學劍端。
蘋風入馭來應易，竹杖成龍去不難。

> 龍飆去去無消息，鸞鏡朝朝減容色。
>
> 君心不記下山人，妾欲空期上林翼。
>
> 上林三月鴻欲稀，華表千年鶴未歸。
>
> 不分淹留桑路待，只應直取桂輪飛。〔註59〕

詩歌所指的李榮是唐初著名道士、有影響的道教學者。高宗朝被召入京，住東明觀，曾屢次代表道教方面參與朝廷舉行的佛、道論爭，道宣編著的《古今佛道論衡》裏面有相關記載。而王靈妃也是當時的一位實有其人的女道士。這首駱賓王的長歌行鋪排比興，一氣呵成，極盡鋪張描摹之能事，雖有炫耀才情的意味，但是這其中所描寫的男女道士的愛情卻非常熾熱真摯、難分難捨，刻畫的情狀惟妙惟肖、入木三分，而且稱呼對方為「君」，自稱為「妾」，和世間墜入情網的凡夫俗子無異，而其中所表達的修煉道術與追求戀情之間的矛盾也是極具典型性及代表性，相信是當時很多具有情人關係的戀愛中的男、女道士的心態寫照。這說明在當時的社會中，男、女道士之間存在戀情、兩性關係等均被視為正常的現象，正是由於其普遍存在，而又為大眾所接受，所以文士們也才會樂於為其戀情作詩文來傳記。

而根據資料記載顯示男、女道士不但相互之間關係混亂，與道外之人的關係也可能很曖昧、複雜。

韓愈《華山女》中記載了華山女道士聚眾講經的情況：

> 街東街西講佛經，撞鐘吹螺鬧宮庭。廣張罪福資誘脅，聽眾狎恰排浮萍。黃衣道士亦講說，座下寥落如明星。華山女兒家奉道，欲驅異教歸仙靈。洗妝拭面著冠帔，白咽紅頰長眉青。遂來升座演真訣，觀門不許人開扃。不知誰人暗相報，訇然振動如雷霆。掃除眾寺人迹絕，驊騮塞路連輜軿。觀中人滿坐觀外，後至無地無由聽。抽釵脫釧解環佩，堆金疊玉光青熒。天門貴人傳詔召，六宮願識師顏形。玉皇頷首許歸去，乘龍駕鶴來青冥。豪家少年豈知道，來繞百匝腳不停。雲窗霧閣事慌惚，重重翠幔深金屏。仙梯難攀俗緣重，浪憑青鳥通丁寧。〔註60〕

〔註59〕〔清〕彭定求：《全唐詩》卷 77，駱賓王《代女道士王靈妃贈道士李榮》，北京：中華書局，1960 年，第 838～839 頁。

〔註60〕〔唐〕韓愈：《韓昌黎詩繫年集釋》卷 11，《華山女》，錢仲聯集釋，上海：上海古籍出版社，1984 年，第 1093 頁。

這其中披露了男道士講經沒有吸引聽眾的力量，而女道士講經利用色相吸引聽眾則座無虛席，極受歡迎。女道士們清新的面容、獨特的裝扮、脫俗的氣質對於普羅大眾極具吸引力，同時也引起了韓愈這類文人士大夫的注意，才會在自己的詩作中進行活色生香、生動細緻的描寫。這篇作品以諷刺的筆法展現唐代長安市的一幅風俗畫。其中描寫的女道士招搖過市，以姿色吸引群眾，形同倡優，而結尾處揭露豪家少年與女道士的俗緣，暗示他們之間很可能存在曖昧之事，則正反映了當時某些道觀風氣敗壞的實情。

與此相參照的有《唐語林》記載長安東明觀的故事：

> 玄宗所幸美人，忽於夜夢見人招去，縱酒密會，極歡盡意，醉厭而歸。覺來流汗倦怠，忽忽不樂，因言於上。上曰：「此術人所爲也。汝若復往，但隨時以物記之，必驗。」其夕熟寐，飄然又往。美人半醉，見石硯在前席，密以手之印於麴房屏風上，悟而具啓。上乃潛令人詣宮觀求之。果於東名觀中得其屏風，手文尚在，所居道流已潛遁矣。〔註61〕

東明觀是當時長安城內著名道觀。而故事中所記載的雖然不能作爲信史，但是筆者相信空穴來風，未必無因，肯定是當時社會的一些眞實寫照，說明當時道觀內的道士們常有一些曖昧、放蕩、淫穢、隱秘之事，不足爲奇。

而關於唐代女道士，龔自珍在《上清眞人碑書後》曾經有評論：

> 余平生不喜道書……獨於六朝諸道家，若郭景純、葛稚川、陶隱居一流，及北朝之鄭道昭，則又心喜之，以其有飄遙放曠之樂，遠師莊周、列禦寇，近亦不失王輔嗣一輩遺意也，豈得與五門米弟子並論而並輕之耶？至唐而又一變：唐之道家，最近劉向所錄房中家。唐世武曌、楊玉環皆爲女道士，而玉眞公主奉張眞人爲尊師。一代妃主，凡爲女道士，可考於傳記者四十餘人；其無考者，雜見於詩人諷刺之作，魚玄機、李冶輩應之於下。韓愈所謂「雲窗霧閣事窈窱」，李商隱又有「絳節飄搖空國來」一首，尤爲妖冶，皆有唐一代道家支流之不可問者也。〔註62〕

〔註61〕　〔宋〕王讜：《唐語林校正》卷1，《政事上》，周勛初校證，北京：中華書局，1987年，第55頁。

〔註62〕　〔清〕龔自珍：《上清眞人碑書後》，《龔自珍全集》，上海：上海人民出版社，1975年，第297～298頁。

龔自珍在這段話中將道家稱為房中家雖然存在片面之嫌，但是其中指出了唐代眾多女道士的活躍及其所造成的妖冶、穢豔、曖昧、放蕩之風，確是當時道教發展中十分引人注目的現象。從士大夫的詩歌中可以捕捉到蛛絲馬迹。

如元稹的詩歌《劉阮妻二首》借用劉晨、阮肇天台遇仙的著名典故來影射女道士們的隱秘情事：

> 仙洞千年一度開，等閒偷入又偷回。
>
> 桃花飛盡東風起，何處消沉去不來。
>
> 芙蓉脂肉綠雲鬟，罨畫樓臺青黛山。
>
> 千樹桃花萬年藥，不知何事憶人間。〔註63〕

這實際上描寫的是道觀裏女道士與人偷情的情事，用詞極為曖昧、隱晦。由於環境、地位、身份的阻隔，她希望與情人雙宿雙棲的願望始終不能實現，而詩人對此寄予深切同情。

李商隱的《月夜重寄宋華陽姊妹》：「偷桃竊藥事難兼，十二城中鎖彩蟾。應共三英同夜賞，玉樓仍是水晶簾。」這位宋華陽就是宋真人，著名的女道士。詩歌中的豔麗描寫和親昵語氣表明了李商隱與女道士之間的情人關係。據周振甫解釋，「三英夜賞，可能指姊妹外還有男道士」。〔註64〕這說明宋氏姐妹也是非常妖豔風流的女道士，與道內外之人均關係曖昧。

由於女冠在道教中有著自由的地位，也由於不需要為生計發愁，在看似清幽靜謐的道觀背後，與文人士大夫自由往來交際中，隱藏著專屬於女冠個人的情欲空間。如李冶《感興》：

> 朝雲暮雨鎮相隨，去雁來人有返期。
>
> 玉枕只知長下淚，銀燈空照不眠時。
>
> 仰看明月翻含意，俯眄流波欲寄詞。
>
> 卻憶初聞鳳樓曲，教人寂寞復相思。〔註65〕

時光在流逝，魂牽夢縈的人卻沒能隨著歸期回來，相思苦淚把枕頭都打濕了，夜不能寐，想要起來寫信，又思及初次聽到那弄玉蕭史相伴而去的鳳樓曲，叫人實在寂寞難耐，相思復相思。雖然無從得知李冶思念對象是誰，卻能從

〔註63〕〔唐〕元稹：《元稹集·外集》卷7，冀勤點校，北京：中華書局，1982年，第685～686頁。

〔註64〕周振甫選注：《李商隱選集·前言》，上海：上海古籍出版社，1986年，第29頁。

〔註65〕〔清〕彭定求等：《全唐詩》，卷805，北京：中華書局，1960年。

詩句中解讀其難以排遣的寂寞與相思之情，這種正視自身情欲的態度，正是女冠的最佳寫照。在士大夫諸多歌詠女冠的詩作，有許多是暗喻著女冠的多情與風流，其中如施肩吾《贈道士鄭玉華二首》：

> 玄髮新簪碧藕花，欲添肌雪餌紅砂。
> 世間風景那堪戀，長笑劉郎漫憶家。
>
> 明鏡湖中休採蓮，卻師阿母學神仙。
> 朱絲誤落青囊裏，猶是箜篌第幾弦。〔註66〕

女道士玉華清麗的容顏和浪漫的柔情令人迷醉。透過詩人筆下，一位深情的女道士栩栩如生，也說明了道觀實爲情欲流動空間的可能。

第三節　女仙與落魄文士遇合的意義以及才子佳人故事的內涵

早在先秦時期的文獻中，就有關於凡男與神女的婚戀故事記載。如屈原在《離騷》中，就抒發了男主人公對於神女的追求和傾慕之情；宋玉的《高唐賦》、《神女賦》就有關於楚襄王與巫山神女的戀情……這些文獻是關於「人神之戀」記載的早期文本，開啓後世「仙凡婚戀」的先聲。所謂「仙凡婚戀」實質上是指仙女在人世間尋求與凡男的戀愛、婚姻的現象，這其實是一種複雜的文化現象，蘊含著豐富的社會涵義。仙女與凡男之間是一種特殊的兩性關係，通過對這種虛幻存在的兩性關係的構建，可以洞察到兩性文化的時代變遷。

在《太平廣記》裏面有許多關於人仙遇合的故事，許多落魄文士似乎都能夠無條件地獲得女仙的青睞，並且可以從女仙那裡獲取功名、富貴、長生等等唐代人最爲豔羨和追求的東西。如果說在六朝小說裏，男主人公或是需要歷經艱難跋涉才能邂逅仙女，獲得豔遇，如《黃原》、《劉晨阮肇》；或是需要男主人公擁有高尚情操、美德潔行，進而感動了天帝，從而獲得女仙們的青睞，如《董永》裏董永的眞純至孝，《白水素女》裏謝瑞的恭愼自守……那麼在唐代人仙遇合的故事中，男主角幾乎是不需要付出任何努力、甚至不費吹灰之力，只需要守株待兔就能獲得仙女們的款款深情、濃濃厚意。

譬如《通幽記》中的趙旭嘗獨葺幽居，夜半時分忽聞窗外切切的笑聲，

〔註66〕〔清〕彭定求等：《全唐詩》，卷428，北京：中華書局，1960年，第4713頁。

女仙自薦：「吾上界仙女也，聞君累德清素，幸因痼瘵，願託清風」；而《靈怪集》中的郭翰乘月臥庭，忽見空中有人冉冉而下，原來是那位「久無主對，佳期阻曠」的織女來人間尋覓佳偶，她仰慕郭翰，所以「願托神契」；而《廣異記》的「汝陰人」寫汝陰男子，某日於一棵大樹底下獨自乘涼時獲取神仙少年代妹妹求婚，「小妹粗家，竊慕盛德，欲託良緣於君子」……

　　中唐士大夫依據現實生活在人們意識中的虛幻的、歪曲的反映創造了這些女仙形象，又以形象的感受創作了這些女仙故事。通過對女仙故事的創造和觀照，他們也在創造和觀照著自身。唐人慕仙不是爲了靈魂的拯救，而是嚮往人世間的逍遙；不是一種精神性的嚮往，而是物質欲望膨脹放大的表現。在這些人仙遇合故事中，我們不難感受到，美妙的仙境、富貴的居室、豐盛的飲食、奢華的享受、絕倫的色藝，似乎構成了故事的全部。在中唐以後的社會中，尤其是那些文人士大夫之中，慕仙者不絕，而這求仙的背後，似乎隱含著文士們精神上的匱乏和思想上的焦慮。在現實生活中，人們往往無法實現自己的追求，願望、目標之無法得到，進而產生深切的、沉重的挫敗感、失落感、毀滅感，是人類普遍而又永恒的歡恨，而在這些人仙遇合類型的女仙故事的審美創造和審美體驗中，在對於虛幻的幸福生活的希冀、憧憬以及幻想中，這種歡恨被無形地、變相地消解了。就如李澤厚先生所言，隋唐的藝術：「是對有血有肉的人間現實的肯定和感受，憧憬和執著。……如果說北魏的壁畫是用對悲慘的現實和苦痛犧牲的描述來求得心靈的喘息和神的恩寵，那麼，在隋唐則剛好相反，是以對歡樂和幸福的幻想來取得心靈的滿足和精神的慰安。」〔註67〕

　　首先從《太平廣記》里選取一些人仙愛情故事的篇章，對其中男、女主角的身份以及男主角從愛情或者婚姻裏面獲取的世俗利益做一個考察：

小說篇目	女主角身份	男主角身份	男主角婚姻中已獲得或將獲得的世俗利益
靈怪集・郭翰	織女	書生	長生
傳奇・封陟	上元夫人	書生	長生
神仙感遇傳・姚氏三子	織女、婺女、須女	書生	功名、富貴、長生
通幽記・趙旭	天上青童	書生	富貴、長生

〔註67〕李澤厚：《李澤厚十年集》卷3，合肥：安徽文藝出版社，1996年，第125頁。

小說篇目	女主角身份	男主角身份	男主角婚姻中已獲得或將獲得的世俗利益
逸史・太陰夫人	太陰夫人	書生	功名、長生
傳奇・裴航	仙女雲英	書生	富貴、長生
神仙感遇傳・張鎬妻	女仙	書生	長生
河東記・盧佩	京兆地氏	書生	功名、長生
廣異記・華嶽神女	華嶽神第三女	書生	富貴
異聞錄・柳毅	龍女	書生	富貴、長生
異聞錄・韋安道	后土夫人	書生	功名、富貴、長生
玄怪錄・崔書生	玉厄娘子	書生	長生

　　這些小說的男主角身份都是書生，即是還沒有取得功名的讀書人，有些是準備參加科舉考試，有些是久試不第、名落孫山，也可以統稱為落魄文士。但是這些落魄文士又都是具備一些才幹、才能的讀書人，都屬於知書能文者，所以也可以統稱為才子，小說的女主角都是女仙，她們中的大部分身份、地位、門第都很高，有些類似人間的皇親貴族、達官顯貴之類，另有些女仙自己本身就身份特殊、權勢顯赫，而且還都是風姿綽約、沉魚落雁、姿容絕世的美人，也就是都可以統稱為佳人。所以這些人仙遇合的戀愛故事其實也是中唐士大夫構建的才子佳人故事的模式，只不過是女主人公的身份是女仙，與世間女子有所不同而已。這些女仙都是奔放、熱烈、深沉、執著地去追求愛情。在仙女與凡男相愛的文本中，仙女們顯得較為主動，她們敢於大膽向世間男子直白情愛，並任情曠達，執著癡迷。這些女仙在對待這些男主人公時候非常溫柔體貼、關懷備至、謙卑柔順，簡直可以說是人間賢惠妻子的翻版，但她們幾乎都有超人的神性，她們有超越時空限制的自由，又具超凡脫俗的風姿儀態，這些都是唐人最心羨的，甚至還能給予與她們相戀的男性們以許多現實的好處和世俗的利益。這些利益與好處以功名、富貴、長生為代表。文人士大夫把功名、富貴、長生等唐人豔羨追求的幾大生活目標，帶進了他們的婚姻愛情觀中，從而形成唐人仙愛情小說特有的理想戀愛模式：遇仙女，成婚姻，獲功名，攀門第，致富貴，得長生。

　　《韋安道》中的后土夫人，一位光彩奪目、至高無上的女神，具有光豔照人的出眾容貌。出行時候，她的儀仗、車馬、服飾，金碧輝煌、威嚴氣派，

完全是令人震懾的帝王排場：「中衢有兵仗，如帝者之衛。前有甲騎數十隊，次有官者，持大仗，衣畫辛誇本如，夾道前驅，亦數十輩，又見黃屋左纛，有月旗而無日旗，又有近侍、才人、官監之屬，亦有數百人。……又有後騎，皆婦人官，持錐，負弓矢，乘馬從，亦千餘人。」她在天宮中地位顯赫，不僅掌管「四海之內，嶽瀆河海之神」、「諸山林樹木之神」、「天下諸國之王」，連當時女皇武后也只是她轄下「最後一人」，對她跪拜禮數周到，非常恭謹。但就是這樣一位后土夫人，卻下嫁給久不中第，地位、才能均極平庸的韋安道。

《趙旭》中的「天水趙旭，少孤介好學，有姿貌，善清言，習黃老之道，家於廣陵，嘗獨葺幽居」，其實說到底就是一個窮酸秀才，不務正業，家貧無靠，但是卻能獲得天上青童青睞：「忽有清香滿室，有一女，年可十四五，容範曠代，衣六銖霧綃之衣，躡五色連文之履，開簾而入。旭載拜，女笑曰：『吾天上青童，久居清禁。幽懷阻曠，位居末品，時有世念，帝罰我人間隨所感配。以君氣質虛爽，體洞玄默，幸託清音，願諧神韻。』旭曰：『蜉蝣之質，假息刻漏，不意高真俯垂濟度，豈敢妄興俗懷？』女乃笑曰：『君宿世有道，骨法應仙，然已名在金格，相當與吹洞簫於紅樓之上，撫雲璈於碧落之中。』……夜鼓，乃令施寢具。」而趙旭竟然「貧無可施」，還是青童「乃命備寢內，須臾霧暗，食頃方收，其室中施設珍奇，非所知也。遂攜手於內，其瑰姿發越，希世罕傳。」「為旭致行廚珍膳，皆不可識，甘美殊常。每一食，經旬不饑，但覺體氣沖爽。旭因求長生久視之道，密受《隱訣》，其大抵如《抱朴子‧內篇》修行，旭亦精誠感通。又為旭致天樂……又為旭致珍寶奇麗之物……遂留《仙樞龍席隱訣》五篇，內多隱語，亦指驗於旭，旭洞曉之。」〔註68〕不但為趙旭打點準備好豐盛的物質享受，而且還指點趙旭修煉仙術。趙旭可謂是輕而易舉獲得夢想的一切。

《崔書生》中的崔書生也是一介布衣草民，只是「於東州邏谷口居，好植名花」，卻能獲得西王母第三女，「有殊色」的玉卮娘子的屈尊下嫁。只是由於崔母的懷疑而無故被休棄，但還是贈給崔書生價值百萬的玉盒子，而若得在崔書生家住得一年，書生舉家可以長生不死……

這些人仙遇合故事從某種意義上來說都是中唐士大夫構建的才子佳人故事的模式。為什麼這些故事的女主角都是佳人？仔細分析不難發現，人們之

〔註68〕〔宋〕李昉：《太平廣記》卷65，《趙旭》，北京：中華書局，第404～406頁。

所以對女仙容貌傾注如此多的心血，大抵出於以下幾方面的原因：一方面就文學而言。中國古典小說注意外形和性格的統一，這和中國傳統的美學思想有關，所謂「君子比德」，香草喻美人，一定的思想、情操總有相應的外貌，故作者的情感因素往往超越對象的特徵。六朝小說寫人物的外在形態美，開中國古代小說人物外形描述之先河，爲女仙容貌的描寫奠定了堅實的基礎。另一方面就道教而言。土生土長的民族宗教，要在民眾心中紮根，就要極力迎合大眾的審美心理，極力對女仙容貌作誇飾性的描繪以滿足大眾的審美期待。其結果是，「貌若天仙」、「仙質殊容」等已成爲形容美女的專用名詞，並在長期的歷史發展中逐漸形成了一種民族心理積澱。〔註69〕此外，因爲女性的美能引起或勾起男人愛的情欲、性欲，所以有人就認爲性和美就是一回事，如勞倫斯就這樣說過，「其實，性和美是一回事，就像火焰和火是一回事一樣。如果你憎恨性，你就是憎恨美。如果你愛上了有生命的美，你就是在敬重性。」〔註70〕美女的形象，如容貌、軀體等，能直接愉悅人的視覺感官，也是具有感性化、情欲化的特點，極力渲染女性的姿容之美，可以給人以浮想聯翩的美感享受。譬如《傳奇》中的《裴航》裏的仙女雲英「露裛瓊英，春融雪彩，臉欺膩玉，鬢若濃雲，嬌而掩面蔽身，雖紅蘭之隱幽谷，不足比其芳麗也」；樊夫人「玉瑩光寒，花明麗景，去低鬢鬢，月淡修眉」；《靈怪集》中的《郭翰》的神女「柔肌膩體，深情密態，妍豔無匹」；《廣異記》中的《汝陰人》的仙女「豐肌弱骨，柔滑如飴」等等，不僅從男性感觀角度對女性的容貌、體態、神態、舉止、衣著、妝飾等刻意描繪，而且還常常用「豔」、「妖」、「媚」等詞加以修飾，顯示出這種美是一種天生麗質並且巧於妝飾的女性化的奇美，並且這種女色美能在男性心理上產生強烈的震撼：他們或停駐徘徊，或神氣俱喪，或廢食忘寐……表現出對女色的極端迷戀和渴望，顯露出較濃的情愛色彩。美麗女性的容貌和軀體，能引起男人的性幻想，具有性的誘惑美，尤其是輕柔嬌媚、妖冶豔麗的女性容貌，具有極大的誘惑力。

　　爲什麼這些故事的男主角都是才子？

　　這是因爲這些人仙遇合故事的作者們本身就是屬於文士才子的階層，其實在創作和觀照作品本身的時候也是在創作和觀照他們自己。中唐文人是浪

〔註69〕申載春：《論女仙形象及其文化意義》，《淮陰師專學報》，1997 年第 3 期。
〔註70〕〔英〕勞倫斯：《性與可愛》，姚暨榮譯，廣州：花城出版社，1988 年，第 4頁。

漫溫柔而狂熱的一群，他們創作的女仙故事具有濃烈的感情色彩，並且雜糅著現實與欲望的雙重觀感。這種看似浪漫的幻想從根本上說是中唐文人思想的折射，帶有極大的現實性。褪下浪漫的外衣，我們可以把這些文字「去魅」成極其實際的內容。故事中落魄文士的形象儼然就是中唐文士的翻版，而這些男主人公與女子的邂逅，更是他們娛人娛己的幻想。與女仙們的纏綿是嚮往愛情、追逐享樂的反映，與神女的邂逅則是對結媛鼎族、不老成仙的渴望，所有的豔遇與糾葛，實質上就是中唐文士爲了滿足自我所產生的文學效應。

這些才子佳人故事的男主角往往是落魄文士，而且可以無條件地從仙女們那裡獲得許多利益和好處，那是因爲中唐後，文士才子往往都是落魄的，才子們經常被失意、失落、灰暗、絕望肆虐著內心。爲什麼這樣說呢？當時文士一般有三個人生理想目標：進士登第，娶五姓女，不老成仙。中唐士大夫熱衷於名利追逐，最突出的是極其熱衷於科舉及第。一般士大夫的出路唯有科舉，科舉是否得中，往往就決定了個人的終生命運。「得仕者如升仙，不仕者如沈泉，歡娛憂苦，若天地之相遠也。」〔註71〕白居易的《與元九書》曾經描述爲了科舉考試拼盡全力的情狀：「十五六，始知有進士，苦節讀書。二十已來，晝課賦，夜課書，間又課詩，不遑寢息矣。以至于口舌成瘡，手肘成胝，既壯而膚革不豐盈，未老而齒髮早衰白，瞥瞥然如飛蠅垂珠在眸子中也，動以萬數。蓋以苦學力文所致，又自悲矣！」〔註72〕然而，那麼多文人才子皓首窮經，孜孜以求，耗盡畢生心血也鮮有「朝爲田舍郎，暮登天子堂」的美夢成眞，更多的人是失意科場、名落孫山、鎩羽而歸。譬如《柳毅傳》中的柳毅和《韋安道》中的韋安道均爲久試不第的失意文人。而中唐以後，文士們即使眞的科舉及第，政治出路也很窄，即使可以入朝爲官，眞的登了天子堂，政治前景也堪憂，人生境遇大多比較坎坷，張籍是「沉滯下僚，十年不調」，王建則「白髮初爲吏」，元稹和白居易的仕途幾經波折，劉禹錫更是在遭遇多次貶謫之後客死他鄉。許多人沉淪下僚、宦海沉浮，或是到藩鎮入幕成爲下等僚吏，或是郁郁不得志終老一生。在安史之亂爆發後隨之產生的重重社會矛盾和危機面前，士大夫的政治欲望從建功立業的雲端被拋到

〔註71〕〔唐〕杜佑：《通典》卷18，《選舉六·雜議論下》，王永興等點校，北京：中華書局，1988年，第442頁。

〔註72〕〔唐〕白居易：《白居易集》卷45，《與元九書》，北京：中華書局，1979年，第962頁。

憂患社會與殘酷現實的谷底。他們所期待的革除時弊的中興時期又極其短暫，「永貞革新」失敗，「甘露之變」、牛李黨爭、宦官專權，一切的努力都難以為繼。如果說盛唐創造了一種激越昂揚的時代進取精神，那麼中唐則表現為一種失意傷感的普遍心態。那個文士難有作為的時代在不斷地炮製著失意，失意也就像夢魘一樣持續地縈繞在他們的頭頂上，使他們每天都呼吸著失意與悲涼。面對這種種失意，中唐人已無力也無心做出盛唐文人才有的耀眼抗爭，他們既緣於這失意而無奈傷感，也在對這失意的體味飲恨中獲得一種詩意的悲慨和悲感，既以此自娛，亦以此娛人。前途的黯淡、名利的躁動，使他們欲進不能，欲罷不甘。他們建功立業的政治欲望十分強烈，而與此相對的卻是中唐社會狀況與政治欲望強度的失衡。中唐文士的心態在這種長期失衡的狀況下也漸漸趨向異變和扭曲。

　　尚永亮先生曾經解讀韓愈、柳宗元、元稹、白居易、劉禹錫等中唐名人士大夫的心態，認為「他們的生命由沉淪、磨難而一步步被貶值、被拋棄、被拘囚，甚至於荒廢，他們的心理也由惶恐、焦慮而一步步發展為孤獨、苦悶、憂鬱，直至產生性格的變異。正是被貶謫，打破了他們生活的寧靜和心理的平衡，顛倒了他們的人生信仰和價值觀念。……長期地甚至永久地陷入了人類那原始的痛苦之中」。〔註73〕

　　對於中唐士大夫來說，內心深處永遠無法擺脫人格理想與現實政治的尖銳矛盾與痛苦，他們無不在當時的政治鬥爭中心力交瘁。「作為世俗地主階級知識分子，這些衛道者們提倡儒學，企望『天王聖明』、皇權鞏固。同時自己也做官得志，『兼濟天下』。但是事實上，現實總不是那麼理想，生活經常是事與願違。皇帝並不那麼英明、仕途也並不那麼順利，天下也並不那麼太平。他們所熱心追求的理想和信念，他們所生活和奔走的前途，不過是官場、利祿、宦海浮沉、上下傾軋。」〔註74〕所以，人仙遇合故事中的男主人公都是落魄文士，正是因為這時期的文士們、才子們往往都是落魄的，他們就是在描摹和刻畫自己本身。正是因為他們在現實中承受了太多的失意與悲涼，所以才在故事中放縱著自己的想像，意淫自己夢想和追尋獲得的一切。到了中唐，士大夫對社會人生都不再那麼抱有期望，他們的心靈需要在現實以外的

〔註73〕尚永亮：《元和五大詩人與貶謫文學考論》，臺灣：文津出版社，中華民國八十三年，第157頁。
〔註74〕李澤厚：《美的歷程》，桂林：廣西師範大學出版社，2001年，第205頁。

世界中求寄託。而女仙故事正是提供了一種虛構的世界，可以讓人們在其中幻想人生、解釋人生，表達人生的種種願望。

娶高門女也是唐代人狂熱追求的白日美夢，但是結果往往難遂人願。《隋唐嘉話》中有記載：「高宗朝，以太原王、范陽盧、滎陽鄭、清河博陵二崔、隴西趙郡二李等七姓，恃其族望，恥與他姓爲婚，乃禁其自姻娶。」〔註75〕高門豪族之間通過相互之間的聯姻關係，以保持其傳統的族望和門第，有利於維持其較高的社會地位。他們恃其望族，恥於與他姓爲婚，甚至連聯姻皇親都不屑一顧，怎麼可能紆尊降貴低就於普通文士呢？所以即使文士們望眼欲穿，眞正能夠高攀五姓女的只是極少數的幸運兒。絕大部分都是被高門豪族拒之於千里之外。所以，女仙們個個美貌風情，富貴高雅，還才藝雙絕，其實就是中唐士大夫幻想中的賢妻。

羽化飛仙更是凡夫俗子們的夢想，但是猶如鏡中月、水中花，可望而不可及。《李清》中的男主人公「清少學道」，家有百萬不絕此志，妄意求道六十年，卻沒有一點效果。後來自終南山遇仙，但是須臾之間便難以抑制思歸之心，結果回到塵世，功虧一簣。〔註76〕《郗鑒》中的段生「少好清虛，慕道」，十六歲便遍尋名山，拜訪異人。雖然有幸遇到了神仙，但是經歷了種種艱難困苦的修煉後還是沒能如願成仙。修煉之苦，是一般人難以忍受的。普天之下，眞正可以得償所願，不老成仙的得道之人能有幾個？而那些宣稱得道飛仙的又孰眞孰假？修道成仙是道教的主旨，在佛教傳入並佔據主導地位以前，曾風行幾個世紀，影響極大，上至帝王將相，下至平民百姓，無一不想長命百歲、永生不死。不過成仙的方法雖多，簡便容易的很少：吃長生不死藥最是便捷，但金丹不易煉治，仙草千金難求；修身養性雖然簡單，但要拋卻七情六欲，長年苦修，實在不易堅持到底；而兵解、火解、尸解說起來容易，但要經受死亡的考驗，常人輕易不敢嘗試。許多想成仙卻缺少勇氣和毅力的人就企盼另尋一種捷徑來達到目的，既然天帝曾經派仙女下凡幫助世人渡過難關，爲什麼不能再派仙女來超度凡人得道昇天呢？在這樣一種心理狀態下，一群美貌的女仙就飄然而下了。〔註77〕

〔註75〕〔唐〕劉餗：《隋唐嘉話》，程毅中點校，北京：中華書局，1979年，第33頁。

〔註76〕〔宋〕李昉：《太平廣記》卷36，《李清》，北京：中華書局，第230頁。

〔註77〕焦傑、戴綠紅、雷巧玲：《從〈太平廣記〉中的仙女下凡故事看唐代的道教觀念》，《唐史論叢》（第九輯），2006年，第341～342頁。

　　唐代文士在對人生種種失意的吟賞裏，完成了對苦痛的超越，在美好的女仙故事虛幻的解脫中，爲中唐文士們原本蒼涼的人生添上了一種生存的意趣。佳人加才子就是中唐文士集體認同的情感模式。人仙故事中，男主角在受著生活的壓抑和心靈孤寂的煎熬的時候，正當他們孤寂、窮愁、落魄的時候，美麗高貴、風情萬種、溫柔體貼、神通廣大的仙女們出現了，她們沒有世俗偏見，沒有嫌貧愛富，絲毫不以文士的低微潦倒爲懷，不嫌棄他們的窮苦落魄，她們不是慕德就是羨才，不但奉獻美好的愛情，還給予文士充分的尊重，甚至慷慨無私地給這些文士們以許許多多的利益和好處。而這些即使在現實中甚爲失意的男人們到了女仙眼中也是魅力非凡、出類拔萃，成爲他們仰慕和付出的對象。這讓中唐大部分掙扎在生活邊緣上的文士們的自尊心、虛榮心、名利心得到極大滿足。心靈的解脫還有對自我肯定的尋求。這其實就是這些文士們作爲男人自我認可的方式和途徑。而這些與仙女結緣的男主人公最後都會得到美豔、財富、功名、子嗣、仙術等現實世界中可望不可即的東西，如《趙旭》中喜好黃老之術的趙旭所獲頗豐，不僅物質獲得滿足：青童爲之「致行廚珍膳」、「致天樂」、「致珍寶奇麗之物」，道術上還得到青童的悉心指點，離成仙僅有一步之遙；〔註78〕又如《郭翰》中的織女贈與郭翰七寶碗；〔註79〕《韋安道》中后土夫人「並遺（韋安道）以珠寶，盈載而去」；〔註80〕……凡此種種，其實也是中唐文士們功利心、欲望心的自然宣泄和流露。「在古代文學中，神仙仙境並不完全象徵令人心迷神醉的地方，它向凡人顯示著欲望的滿足與誘惑，並啓悟他認識歡樂的短暫性和『風月繁華』的『虛幻』。」〔註81〕歷經坎坷的中唐文士最是明瞭及時行樂的重要性，才一味地架構一個又一個美妙的情境，求得自我的滿足。

〔註78〕　〔宋〕李昉：《太平廣記》卷65，《趙旭》，北京：中華書局，1961年，第404頁。

〔註79〕　〔宋〕李昉：《太平廣記》卷68，《郭翰》，北京：中華書局，1961年，第420頁。

〔註80〕　〔宋〕李昉：《太平廣記》卷299，《韋安道》，北京：中華書局，1961年，第2375～2379頁。

〔註81〕　康正果：《風騷與豔情》，上海：上海文藝出版社，2001年，第219頁。

第四節　唐代女仙謝自然傳奇個案考證 〔註82〕

　　前文提及了很多白日飛升、羽化登仙的得道女冠搖身一變成爲道教在唐代備受尊奉的女性神仙，邊洞玄、黃觀福、楊正見、董上仙、張連翹、裴玄靜、戚玄符、薛玄同、戚逍遙……一系列光輝燦爛的女仙群像展現在人們面前，而在這些後來飛升成仙的得道女冠之中，籍貫「果州南充縣」的謝自然，可謂是唐以來最爲聞名遐邇的。

一、關於《太平廣記》等記載中的謝自然

　　韓愈《昌黎先生集》卷 1《謝自然詩》：「〔果州謝眞人上昇，在金泉山。貞元十年十一月十二日，白晝輕舉。郡守李堅以聞，有詔褒諭〕。果州南充縣，寒女謝自然。童騃無所識，但聞有神仙。輕生學其術，乃在金泉山。繁華榮慕絕，父母慈愛捐。凝心感魑魅，慌惚難具言。一朝坐空室，雲霧生其間。如聆笙竽韻，來自冥冥天。白日變幽晦，蕭蕭風景寒。簷楹暫明滅，五色光屬聯。觀者徒傾駭，躑躅詎敢前？須臾自輕舉，飄若風中煙。茫茫入紘大，影響無由緣。里胥上其事，郡守驚且歎。驅車領官吏，眝俗爭相先。入門無所見，冠履同蛻蟬。皆云神仙事，灼灼信可傳。余聞古夏后，象物知神奸。山林人可入，魑魅莫逢旃。逶迤不復振，後世恣欺謾。幽明紛雜亂，人鬼更相殘。秦皇雖篤好，漢武洪其源。自從二主來，此禍竟連連。木石生怪變，狐狸騁妖患。莫能盡性命，安得更長延？人生處萬類，知識最爲賢。奈何不自信，反欲從物遷。往者不可悔，孤魂抱深寃。來者猶可誡，余言豈虛文？人生有常理，男女各有倫。寒衣及饑食，在紡績耕耘。下以保子孫，上以奉君親。苟異於此道，皆爲棄其身。噫乎彼寒女，永託異物群。感傷遂成詠，昧者宜書紳。」〔註83〕

　　謝自然自幼入道，到了 14 歲時，就已斷絕飲食。李昉《太平御覽》卷 662：「謝自然，女道士也，果州人。詞氣高異，其家在大方山下，頂有古像，老君其形。自然因拜禮不願下山，母從之，乃遷居山頂。自此常誦道德經、黃庭內篇於開元觀，受紫虛寶經於金泉山。居之山，有石壇、煙籮、修竹，一

〔註82〕 女仙謝自然傳奇和吳彩鸞傳奇的個案考證部分均在王頲老師的指導下完成，在此特別致謝。文中若有錯誤，皆由本人負責。

〔註83〕 〔唐〕韓愈：《昌黎先生集》卷 1，《謝自然詩》，上海：上海古籍出版社，《宋蜀刻本唐人集叢刊》影印本，1994 年，第 58～59 頁。

十三年，晝夜不寐，兩膝上忽有印，似小於人間官印，四壖若朱，有古篆六字，粲如白玉。忽於金泉道場有云氣遮匝，一川散漫，彌久仙去。其金泉碑略曰：天上有白玉堂，壁上列高仙、眞仙之名，如人間壁記。時有朱書注其字下曰：降世爲某官職。又，自然於所居堂東壁上書數字，皆道德之意，眞迹存焉。」〔註84〕《太平廣記》卷 66 記載：「自然性穎異，不食葷血。年七歲，母令隨尼越惠，經年，以疾歸，又令隨尼日朗。十月，求還，常所言多道家事，詞氣高異。其家在大方山下，頂有古像老君，自然因拜禮，不願卻下，母從之，乃徙居山頂，自此常誦《道德經》、《黃庭內篇》。年十四，其年九月，因食新稻米飯，云盡是蛆蟲，自此絕粒。數取皂莢，煎湯服之，即吐痢，困劇，腹中諸蟲悉出，體輕目明。其蟲大小赤白，狀類頗多。自此猶食栢葉，日進一枝。七年之後，栢亦不食。九年之外，仍不飲水。貞元三年三月，於開元觀詣絕粒道士程太虛受五千文《紫靈寶籙》。」〔註85〕

此後六年，這位「謝眞人」行爲怪異，不但引起地方長吏的懷疑，甚至連父親謝寰都視爲怪異。但是她的能力更是靈奇，似乎不得不使人信服。「謝自然者，其先，兗州人。父寰，居果州南充，舉孝廉，鄉里器重。建中初，刺史李端以試秘書省校書表爲從事。母胥氏，亦邑中右族」。「貞元六年四月，刺史韓佾至郡，疑其妄，延入州北堂東閣，閉之累月，方率長幼開鑰出之，膚體宛然，聲氣朗暢，佾即使女自明師事焉。先是，父寰旋遊多年，及歸，見自然修道不食，以爲妖妄，曰：我家世儒風，五常之外，非先王之法，何得有此妖惑？因鎖閉堂中四十餘日，益加爽秀，寰方驚駭焉。七年九月，韓佾舉於大方山置壇，請程太虛具三洞籙；十一月，徙自然居於州郭。貞元九年，刺史李堅至，自然告云：居城郭非便，願依泉石。堅即築室於金泉山，移自然居之。山有石嵌竇，水灌其口中，可澡飾形神，揮斥氛澤。」〔註86〕謝自然之父「謝寰」一名，又見於地方存碑。王象之《輿地碑記目》卷 4：「謝寰《山靈泉碑》，謝眞人父諱寰，所居名謝寰山。山有院，名靈泉，有一唐碑，字多訛缺。」〔註87〕而「韓佾」，也確曾任「果州刺史」。林寶《元和姓纂》

〔註84〕〔宋〕李昉：《太平御覽》卷 662，《道部四·天仙》，北京：中華書局影重印涵芬樓影印宋刊本，1960 年，第 2958 頁。

〔註85〕〔宋〕李昉：《太平廣記》卷 66，《謝自然》，北京：中華書局，1961 年，第 408 頁。

〔註86〕同上註，第 408～409 頁。

〔註87〕〔宋〕王象之：《輿地碑記目》，文淵閣《四庫全書》本，卷 4《山靈泉碑》，第 15 頁上。

卷4：「〔韓〕質，京兆少尹、中書舍人。生翃，拾遺。翃生倫，佾。佾，果州刺史。並云昌黎人延之族弟恬後焉。」〔註88〕

第二年，即貞元十年，正是謝自然被認爲白日飛升的時間。對此《太平廣記》卷66中有生動的記載：「貞元十年三月三日，移入金泉道場。其日，雲物明媚，異於常景。自然云：此日天眞群仙皆會。金泉林中長有鹿，未嘗避人，士女雖眾，亦馴擾」。「是年九月，霖雨甚，自然自金泉往南山省程君，凌晨到山，衣履不濕，詰之，云：且離金泉耳；程君甚異之。十一月九日，詣州，與李堅別，云：中旬的去矣，亦不更入靜室。二十日辰時，於金泉道場白日昇天，士女數千人，咸共瞻仰。祖母周氏，母胥氏，妹自柔，弟子李生，聞其訣別之語曰：勤修至道。須臾，五色雲遮亙一川，天樂異香，散漫彌久，所著衣冠簪帔一十事，脫留小繩床上，結繫如舊。刺史李堅表聞，詔褒美之。李堅述《金泉道場碑》，立本末爲傳云：天上有白玉堂，老君居之，殿壁上高，列眞仙之名，如人間壁記。時有朱書，注其下云：降世爲帝王，或爲宰輔者。又自然當昇天時，有堂內東壁上書記五十二字，云：寄語主人及諸眷屬，但當全身，莫生悲苦。自可勤修功德，並諸善心，修立福田，清齋念道，百劫之後，冀有善緣。早會清原之鄉，即與相見。其書迹存焉。」〔註89〕此外，《輿地碑記目》卷4也論及：「唐《金泉山仙居述》，唐大和五年，果州刺史韋公肅文，在山上。」〔註90〕

二、關於謝自然師事司馬承禎的考證

別一神仙傳記——五代沈汾的《續仙傳》，則將茲南充「女冠」謝自然與天台「道士」司馬承禎聯繫起來。《續仙傳》卷上《謝自然》有述：「後聞天台山道士司馬承禎居玉霄峰，有道孤高，遂詣焉，師事承禎。三年，別居山野，但日採樵，爲承禎執爨而歸，又持香果專切問道」。「承禎以女眞罕傳上法，恐泄慢大道，但唯諾而已。復經逾歲月，自然乃歎曰：明師未錄，無乃命也？每登玉霄峰，即見滄海蓬萊，亦應非遠人間，恐無可師者。於是，告別承禎，言去遊蓬萊，罄捨資裝，布衣絕粒，挈一席以投於海，泛於波上。適新羅船見之，就載」。「自然乃焚香想蓬萊禱祝，須臾俄到一山，見林木花

〔註88〕〔唐〕林寶：《元和姓纂》卷4，《韓》，文淵閣《四庫全書》本，第24頁下。
〔註89〕〔宋〕李昉：《太平廣記》卷66，《謝自然》，北京：中華書局，1961年，第409～413頁。
〔註90〕〔宋〕王象之：《輿地碑記目》卷4，《金泉山仙居述》，文淵閣《四庫全書》本，第14頁下。

鳥，煙嵐若春，海師登山望，有屋舍人家甚眾」。「俄而人皆登山散遊，而自
然獨遊一處，有道士數人，侍者皆青衣，有樹，風動如金石聲，花草香薰人
徹骨，彩鸞、霜鶴、碧雞、五色犬遊於庭際。中有一人，花冠霞帔，狀貌端
美，青衣引自然入，虔懇禮謁，道士問：欲何往？自然曰：蓬萊尋師，求度
世去。道士笑曰：蓬萊隔弱水，此去三十萬里，非舟楫可行，非飛仙莫到。
天台山司馬承禎，名在丹臺，身居赤城，此乃良師也，可以回去」。「及揚帆，
又為橫風飄三日，卻到台州岸。自然欣然復往天台，具言其實，以告承禎，
並謝前過。承禎曰：俟擇日升壇以度。於是，傳授上清法。」〔註91〕

　　謝自然拜司馬承禎為師學道，究竟是不是確有其事？勿論真假，我們可
以發現後世文士著述中經常引述這一說法。如《悟真篇》卷上：「翁葆光注：
昔謝自然以茲道之難遇，欲求真師於蓬萊，竭其家產，以備舟楫，不顧洪濤
巨浪之危，直往而不少憚。遂感神人，而語之曰：蓬萊隔弱水三萬里，一芥
不為之浮，子將安往？赤城山有司馬子微在焉，子往師之。謝回舟尋訪，赤
城果遇子微，授其道修之。不數載，白日昇天。噫！人之精誠，一發於中，
感格應之於外，將無往而不遇矣。」〔註92〕而鄧牧《洞霄圖志》卷5《司馬天
師》：「司馬承禎居天台山，事師正潘先生，傳辟穀導引術，無不通。後與陳
子昂、盧藏用、宋之問、王維、孟浩然、王適、畢構、李白、賀知章為方外
十友」。「女真謝自然，沈海欲詣蓬萊求師，至一山，見道士謂曰：天台司馬
承禎，名在丹臺，身居赤城，真良師也。自然遂還，求之得度。沖舉一旦，
謂弟子曰：吾於玉霄峰東望蓬萊，常有真仙降駕。今為青童君所召，須往矣。
俄頃蛻去，詔贈銀青光祿大夫，謚貞一先生。帝親為製碑，韋渠牟作傳，文
集行於世。」〔註93〕而更奇怪的是由司馬承禎與李白盤桓，竟至於云李白與
謝自然盤桓，這是不是以訛傳訛呢？江少虞《宋朝事實類苑》卷 40《太白傳
神》：「李太白歷見司馬子微、謝自然、賀知章，或以為可與神遊八極之表，
或以為謫仙人。其風神超邁，英爽可知。」〔註94〕

〔註91〕〔五代〕沈汾：《續仙傳》卷上，《謝自然》，文淵閣《四庫全書》本，第 18
　　　　頁上、下，第 19 頁上、下。

〔註92〕〔宋〕張伯端撰，翁葆光注，〔元〕戴起宗疏：《悟真篇注疏》卷上，《七言四
　　　　韻》，文淵閣《四庫全書》本，第 4 頁上、下。

〔註93〕〔元〕鄧牧：《洞霄圖志》卷 5，《司馬天師》，文淵閣《四庫全書》本，第 7
　　　　頁下，第 8 頁上、下，第 9 頁上。

〔註94〕〔宋〕江少虞：《宋朝事實類苑》卷 40，《太白傳神》，上海：上海古籍出版社，
　　　　1981 年，第 509 頁。

我們先來考證一下，天台「道士」之司馬承禎，在唐代不但實有其人，而且還是極為著名的道教中人。《舊唐書》卷 192《隱逸傳》中有其傳：「道士司馬承禎，字子微，河內溫人。周晉州刺史、琅邪公裔玄孫。少好學，薄於為吏，遂為道士。事潘師正，傳其符籙及辟穀導引服餌之術。師正特賞異之，謂曰：『我自陶隱居傳正一之法，至汝四葉矣。』承禎嘗遍遊名山，乃止於天台山。則天聞其名，召至都，降手敕以讚美之。及將還，敕麟臺監李嶠餞之於洛橋之東。景雲二年，睿宗令其兄承禕就天台山追之至京，引入宮中，問以陰陽術數之事」。「開元九年，玄宗又遣使迎入京，親受法籙，前後賞賜甚厚。十年，駕還西都，承禎又請還天台山，玄宗賦詩以遣之。十五年，又召至都，玄宗令承禎於王屋山自選形勝，置壇室以居焉」。「承禎頗善篆隸書，玄宗令以三體寫《老子》經，因刊正文句，定著五千三百八十言為真本以奏上之。以承禎王屋所居為陽臺觀，上自題額，遣使送之。賜絹三百匹，以充藥餌之用。俄又令玉真公主及光祿卿韋縚至其所居修金籙齋，復加以錫賚。是歲，卒於王屋山，時年八十九。」〔註95〕而劉肅的《大唐新語》卷 10《隱逸》：「睿宗深加賞異。無何，〔司馬承禎〕苦辭歸，乃賜寶琴、花帔以遣之。工部侍郎李適之賦詩以贈焉。當時文士，無不屬和。散騎常侍徐彥伯撮其美者三十一首，為製序，名曰《白雲記》，見傳於代。」〔註96〕

司馬承禎卒於唐玄宗開元十五年（727），享年 89 歲。而《太平廣記》卷 66 記載謝自然：「年十四……自此絕粒。……自然絕粒，凡一十三年。」〔註97〕即唐德宗貞元十年（794）謝自然飛升之時為 27 歲，考其生年，當出生於唐代宗大曆二年（767）。也就是說司馬承禎死後三十多年，謝自然才出生，兩者可謂風馬牛不相及。對此宋人邵博也發現了這個問題，他做過相似的推算，只不過將後者之誕年又往後晚了五年。邵博《聞見後錄》卷 16：「又序：謝自然欲過海求師，或謂蓬萊隔弱水三萬里，不可到，天台有司馬子微（承禎），身居赤城，名在絳闕，可往從之。自然可，還，授道於子微，白日仙去。按子微以開元十五年死於王屋山，自然生於大曆五年，至貞元十年仙去。是

〔註95〕〔後晉〕劉昫：《舊唐書》卷 192，《隱逸傳》，北京：中華書局，1975 年，第 5127～5128 頁。

〔註96〕〔唐〕劉肅：《大唐新語》卷 10，《隱逸》，許德楠、李鼎霞點校，北京：中華書局，《唐宋史料筆記叢刊》，1984 年，第 158 頁。

〔註97〕〔宋〕李昉：《太平廣記》卷 66，《謝自然》，北京：中華書局，1961 年，第 409～413 頁。

子微死四十三年，自然始生，乃云自然授道於子微，亦誤也。」〔註98〕這很明顯地指出，謝自然師事司馬承禎之事乃是謬誤。也有以「謝自然」作「焦靜眞」者。《續仙傳》卷下《司馬承禎》：「時女眞焦靜眞泛海詣蓬萊求師，至一山，見道者指言曰：天台山司馬承禎，名在丹臺，身居赤城，眞良師也。靜眞既還，詣承禎求度，未幾，昇天。嘗降謂薛季昌曰：先生得道，高於陶都水之任，當爲東華上清眞人。」〔註99〕張君房《雲笈七籤》卷5《王屋山貞一司馬先生》：「先生（司馬承禎）門徒甚眾，唯李含光、焦靜眞得其道焉。靜眞雖稟女質，靈識自然，因精思間，有人導至方丈山，遇二仙女，謂曰：子欲爲眞官，可謁東華青童道君，受三皇法。請名氏，則貞一也。乃歸而詣先生，亦欣然授之。」〔註100〕

三、關於韓愈《謝自然詩》涵義的考證

關於韓愈所作《謝自然》詩的涵義，早在宋代就已經評價不一，眞所謂仁者見仁、智者見智。許顗《彥周詩話》：「退之（韓愈）見神仙，亦不伏，云：我能屈曲自世間，安能從汝巢神山？賦《謝自然》詩曰：童騃無所識。作《誰氏子》詩曰：不從而誅未晚耳。唯《華山女》詩，頗假借，不知何以得此？」〔註101〕釋契嵩《鐔津集》卷一九《非韓第二十九》：「韓子（愈）前作《謝自然》詩，而譏斥神仙異端者，語句尤屬。今方降爲郡，乃自衰變動，尤惑兄事仙翁異人，帖帖然，願欲伏爲其門人，掃灑廳宇以候之，憑其言而望脫去遷謫，以酬其待用之志也。」〔註102〕黃震《黃氏日抄》卷59《讀文集韓文》：「《謝自然詩》，〔韓愈〕指其輕舉之事爲幽明雜亂、人鬼相殘，不知人生常理，而棄其身。卓哉！正大之見乎！」〔註103〕董逌《廣川書跋》

〔註98〕　〔宋〕邵博：《聞見後錄》卷16，上海：上海書店，《宋人小說》影印涵芬樓刊本，1990年，第4頁上、下。
〔註99〕　〔五代〕沈汾：《續仙傳》卷下，《司馬承禎》，文淵閣《四庫全書》本，第2頁下。
〔註100〕　〔宋〕張君房：《雲笈七籤》卷5，《王屋山貞一司馬先生》，上海涵芬樓本《道藏》第22冊，第110頁。
〔註101〕　〔宋〕許顗：《彥周詩話》，文淵閣《四庫全書》本，第2頁下。
〔註102〕　〔宋〕釋契嵩：《鐔津集》卷19《非韓第二十九》，北京：線裝書局，《宋集珍本叢刊》影印元刊本，2004年，第471頁下。
〔註103〕　〔宋〕黃震：《黃氏日抄》卷59，《讀文集韓文》，文淵閣《四庫全書》本，第3頁上。

卷9《跋羅池廟碑文》：「夫鬼神茫昧幽眇，不可致詰，聖人闕而不言，惟知道者，深觀其隱，自理得之，然不以示人，恐學者惑也。昔殷人尚祭祀，事死以生，其敝小人以鬼，則立教御俗，可不慎耶？嘗觀文公（韓愈）守儒道甚嚴，以世教爲己任，其論武陵、謝自然事，勇決果斷，不惑於世，可謂能守道者。至羅池神，則究極細瑣，惟恐不盡，豈亦蔽於好奇而不能自己耶？」〔註104〕

宋人呂午認爲韓愈詩中有「告戒、感傷」之意，而元人劉將孫則做了非常清晰的解釋。《古今事文類聚》前卷35《慈竺院記》：「士大夫平日於親故交際，繆相愛敬，一旦利害相及，名位相軋，反眼若不相識，而彎弓下石者有之，苟可以求富貴利達，不背公死黨，則左右詭隨，雖行不顧言，壞名敗義，不恤也。聞〔祖〕證之風，寧不少愧？昔韓吏部於《謝自然》深致其告戒、感傷之意，至詠《華山女》，頗獨假借，得非以霧閣雲窗，追攀不可，其持守甚嚴，有以自拔於流俗者歟？彼有證之一，猶見取於吏部。吏部而遇證，當如何其稱予也？予故因〔汪〕翔甫之請，極陳其事，以警世之爲尼者，且以警吾黨之士，而亦以自警云。」〔註105〕《養吾齋集》卷17《汴梁路棲雲觀記》：「若李之母（王守志）、子（李妙元）奮於孤子，喘息相倚，不苟附託，周旋澹泊，經營節縮，以有棟宇，傳之後來。迹其事師服勤之初心，豈希覬於度世成仙者哉？母子至情也，孝節一理也，即其不忍於棄捐，天下念之矣。東坡（蘇軾）謂無仙則已，有則非斯人，誰宜爲仙？未易言也。予獨本其初、諒其志，而棲雲爲可傳矣。韓昌黎（愈）賦《謝自然》詩，爲吾徒者喜誦之，然昌黎正惜其棄父母、絕影響，而離世之所託，倘非所謂仙，則不得其所歸。」〔註106〕

宋時佚名作者所著《南窗記談》云：「秦、漢以來，方士言神仙，莫不白日上昇。後世小說所載，往往而是。然人未嘗有目見之者，難以必其有無。惟韓文公（愈）詩敘謝自然事曰：一朝坐空室，雲霧生其間。如聆笙簫韻，來自冥冥天。白日變幽晦，蕭蕭風景寒。簷楹氣明滅，五色光屬聯。觀者徒

〔註104〕　〔宋〕董逌：《廣川書跋》卷9，《跋羅池廟碑文》，文淵閣《四庫全書》本，第7頁上。

〔註105〕　〔宋〕祝穆：《古今事文類聚前集》卷35，《慈竺院記》，文淵閣《四庫全書》本，第36頁下、37頁上。

〔註106〕　〔元〕劉將孫：《養吾齋集》卷17，《汴梁路棲雲觀記》，文淵閣《四庫全書》本，第21頁上、下。

傾駭，躑躅詎敢前？須臾自輕舉，飄若風中煙。據此等語，則其自幼學仙而致輕舉，眾所共見者，昭然不誣。」〔註107〕范晞文列舉韓愈詩作，也有類似的看法，《對床夜語》卷 4：「退之（韓愈）《紀夢》云：我能屈曲自世間，安能從汝巢神仙？《遊青龍》云：忽驚顏色變韶稚，卻信靈仙非怪誕。又《謝自然》云：簧楹氣明滅，五色光屬聯。須臾自輕舉，飄若風中煙。信且見矣。《華山女》云：豪家少年豈知道？來繞百匝腳不停。雲窗霧閣事恍惚，重重翠幔深金屏。仙梯難攀俗緣重，浪憑青鳥通丁寧。又《誰氏子》云：或云欲學吹鳳笙？所慕靈妃媲蕭史。非不信，且見故從而斥之也。」〔註108〕後世甚至有人，因為讀了此詩的緣故而真的信世有「神仙」。呂希哲《呂氏雜記》卷下：「榮陽公嘗曰：吾嘗夜而計過，然自閒居來，嘗自省，已頗無過事。又曰：吾讀荀子《非相篇》，然後知有相術也。吾讀韓氏（愈）《謝自然》詩，然後知有神仙也。」〔註109〕

「飛升」既然虛妄，眼前所見超乎「自然」的現象，或者是奸巧道士的障眼法（類似今日的魔術），或者只是韓愈的個人想像。宋代葛立方《韻語陽秋》卷 12：「白日昇天之說，上古無有也。老子為道家之祖，未嘗言飛升。後之學道者，稍知清虛寡欲，則好事者，必以白日上昇歸之。見於仙記者，抑何多耶？如淮南王安，漢史以為自殺，而《神仙傳》以為白日昇天，有鹿鳴天上、犬吠雲中之語，其妄乃爾。韓退之（愈）集載《謝自然》詩曰：須臾自輕舉，飄若風中煙。人多以為上昇，而不知自然為魅所著也。故其末云：噫乎彼寒女！永託異物群。」〔註110〕明代楊慎《升菴集》卷 73《謝自然》：「韓文公（愈）不信神仙，而《謝自然》一詩，亦信以為有。蓋當時有人的見，而公亦的聞也。」「以此觀之，謝為道士所惑，染其妖術，飛升之事，如今時術人騎草龍上天之類耳。是昌黎，亦為所欺也。世又有病風顛者，即能乘危升高，疾愈即不能矣，謝自然寧非此流耶？」「噫！以古準今，謝自然得非妖道士挑之以奔乎？是以聖人不語怪，而士君子深惡而痛絕之，亦以避禍而遠

〔註107〕〔宋〕佚名：《南窗記談》，石家莊：河北教育出版社，《歷代筆記小說》影印本，1995 年，第 433 頁下。

〔註108〕〔宋〕范晞文：《對床夜語》卷 4，石家莊：河北教育出版社，《歷代筆記小說》影印本，1995 年，第 155 頁上。

〔註109〕〔宋〕葛立方：《韻語陽秋》卷 12，石家莊：河北教育出版社，《歷代筆記小說》影印本，1995 年，第 538 頁。

〔註110〕〔宋〕葛立方：《韻語陽秋》卷 12，石家莊：河北教育出版社，《歷代筆記小說》影印本，1995 年，第 538 頁。

辱也。」〔註111〕這裡猜測謝自然被道士「挑之以奔」，真的很有意思。「挑之以奔」是很有可能的，以致道士用編造的昇天謊言掩蓋真相，騙取信徒的信任和皇帝的嘉獎。清李光地《榕村集》卷7《天地篇》：「韓子（愈）其知鬼神者乎？謂鬼神無顯，然而與人交之理。其或與人交者，物也。然則古今之惑於鬼神之說者，其亦召致物怪而已。故其作《謝自然》等詩云云。」〔註112〕

四、謝自然升仙故事在後世的流傳

除了韓愈，還有施肩吾，也以「謝真人」之「升仙」為題進行創作。《萬首唐人絕句》卷34《謝自然升仙》：「分明得道謝自然，古來漫說尸解仙。如花年少一女子，身騎白鶴遊青天。」〔註113〕此外，中晚唐士大夫范傳正、夏方慶、劉商等以其「過舊山」、「還舊居」為主題的吟詠。《文苑英華》卷187《謝真人仙駕過舊山》：「麾蓋從仙府，笙歌入舊山。水流丹竈缺，風起草堂關。白鹿行為衛，青鸞舞自閒。種松鱗未老，移石蘚仍斑。望路煙霄外，回輿嶺岫間。豈惟遼海鶴？空歎令威還」。「何年成道去？綽約化童顏。天上辭真侶，人間憶舊山。桑田今已變，蘿蔓尚堪攀。雲覆瑤壇淨，苔生丹竈閑。逍遙看白石，寂寞閉玄關。應是悲塵累，思將羽駕還。」〔註114〕而《萬首唐人絕句》卷42《謝自然卻還舊居》：「仙侶招邀自有期，九天升降五雲隨。不知辭罷虛皇日，更向人間住幾時？」〔註115〕字裏行間的意識似乎寫的是「升仙」以後的歸返。楊慎《詩話補遺》卷2《謝自然升仙》：「謝自然女仙，白日飛升，當時，盛傳其事。至長安，韓昌黎（愈）作《謝自然》詩，紀其迹甚著，蓋亦得於傳聞也」。「蓋謝氏為妖道士所惑，以幻術貿遷他所而淫之，久而厭之，又反舊居。觀〔劉〕商詩中所云，仙侶招邀，意在言外，惜乎昌黎

〔註111〕〔明〕楊慎：《升菴集》卷73，《謝自然》，文淵閣《四庫全書》本，第3頁上、下、4頁上。

〔註112〕〔清〕李光地：《榕村集》卷7，《天地篇》，文淵閣《四庫全書》本，第34頁下。

〔註113〕〔宋〕洪邁：《萬首唐人絕句》卷34，《謝自然升仙》，文淵閣《四庫全書》本，第3頁下。

〔註114〕〔宋〕李昉：《文苑英華》卷187，《謝真人仙駕過舊山》，北京：中華書局，1966年，第915頁上。

〔註115〕〔宋〕洪邁：《萬首唐人絕句》卷42，《謝自然卻還舊居》，文淵閣《四庫全書》本，第5頁上。

又不聞也。然則世之所謂女仙者，皆此類耳。」〔註116〕這裡認爲的謝自然可能爲妖道士迷惑而淫奔，其實是假借升仙遮人耳目而遷居別處，後來被厭棄而返舊居。雖然似乎是漫無邊際、無法證實的猜測，但是也代表了後世相當一部分人對於謝自然的懷疑。

世上既無御風駕雲的神仙，凡自稱親耳聞、親目睹者，可能存在欺騙世人的內情。周密《癸辛雜識》前卷《鄭仙姑》就是這樣一個騙局：「瑞州高安縣旌義鄉鄭千里者，有女定二娘。己酉秋，千里抱疾危甚，女割股和藥，疾遂瘳。至次年，女出汲井之次，忽雲湧於地，不覺乘空而去，人有見若紫雲接引而升者。於是，鄉保轉聞之縣，縣聞之州，乞奏於朝，立廟旌表，以勸孝焉。久之，未報，然鄉里爲立仙姑祠，禱祈輒應，遠近翕然趨之，作會幾數千人。明年，苦旱，里士復申前請。時洪起畏義立爲宰，頗疑其有他，因閱故牒，密遣縣胥廉其事。適新建縣有關氏者，雇一婢，來歷不明，且又旌義人，因呼牙儈，訊即所謂鄭仙姑也。蓋此女初已定姻，而與人有姦而孕，其父醜之，遂宛轉售之傍邑，乃設爲仙事以掩之，利其施享之入，以爲此耳。昌黎（韓愈）《謝自然》、《華山女》詩，蓋亦可見。然則世俗所謂仙姑者，豈皆此類也耶？」〔註117〕儘管沒有任何明顯「詐騙」的證據，然而，對於「真相」的揭示，明人曾有的猜測未必沒有道理。謝自然可能也是類似於鄭仙姑似的騙局。

不過，隨著時光的流逝，仍是美好的願望成爲主導。就是後世的宋、元，人們仍然清晰地記得「女真人」謝自然「升仙」的所在「金泉山」。宋沈遼《雲巢編》卷 2《和毅公賦謝仙》：「常愛金泉謝自然，題詩多在蕊珠篇。玄洲靈草自有種，西郭故人還作仙。飛馭飄搖誰可想？斷雲流散世空憐。錦江何處無由到？乞與齊諧異日傳。」〔註118〕樂史《太平寰宇記》卷 86：「謝真人祠，唐書：貞元十年，謝真人名自然，於縣界金泉紫極宮白日上昇，郡郭是夕有紅霓雲氣之狀，真身輕舉，萬目之所睹焉。」〔註119〕祝穆《方輿勝

〔註116〕〔明〕楊慎：《詩話補遺》卷2，《謝自然升仙》，文淵閣《四庫全書》本，第3頁下、4頁上。
〔註117〕〔宋〕周密：《癸辛雜識》前集，鄭仙姑條，《唐宋史料筆記叢刊》本，吳企明點校，北京：中華書局，1988年，第30頁。
〔註118〕〔宋〕沈遼：《雲巢編》卷2，《和毅公賦謝仙》，北京：線裝書局，《宋集珍本叢刊》影印清鈔本，2004年，第474頁下。
〔註119〕〔宋〕樂史：《太平寰宇記》卷86，《劍南東道五》，光緒金陵書局刊本，第4頁上。

覽》卷 63：「金泉山，在〔順慶府〕城西果山之足。唐謝自然於此上昇，有青霞觀。」〔註120〕陸游《劍南稿》卷 16《送紫霄女道士四明謝君》：「一別南充十四年，時時清夢到金泉。山陰道上秋風早，卻見神仙小自然。果州金泉山，謝自然飛升之地。」〔註121〕吳泳《鶴林集》卷 3《和制垣金泉山》：「昔日南充縣，卑棲枳棘鸞。道根隨境悟，屐齒過橋寒。夢覺松花白，重來鶴頂〔丹〕。仙翁梨棗熟，亦欲傳修翰。」〔註122〕李曾伯《可齋雜稿》卷 26《登果州金泉山和韻》：「故迹存〔樓〕〔棲〕鶴，高風掃鏡鸞。煙霞扃〔他〕〔地〕邃，冰雪照人寒。妙句揮濃墨，仙顏煥渥丹。雖云歸棹晚，猶及附飛翰。」〔註123〕《蜀中廣記》卷 27 錄宋鄭芳庭《登〔金泉山〕步虛臺》詩、李宏《遊金泉〔山青霞〕觀》詩：「平生酷好退之詩，謝女仙蹤頗自疑。不到步虛臺下看，瓊笙玉佩有誰知」？「昔時謝女昇天處，此日遺蹤尚宛然。蟬蛻舊衣留石室，龍飛勝地湧金泉。碑書故事封蒼蘚，殿寫真容鎖翠煙。薄暮松巔聽鶴唳，猶疑彷彿下神仙。」〔註124〕

　　謝自然的故事，還在相當程度上豐富了道教的「神仙」之說。《太平廣記》卷 22《僕僕先生》、卷 66《謝自然》：「其後，果州女子謝自然白日上昇。當自然學道時，神仙頻降，有姓崔者，亦云名崔；有姓杜者，亦云名杜；其諸姓亦爾，則與僕僕先生姓名相類矣。無乃神仙降於人間，不欲以姓名行於時俗乎？」「須臾，金母降於庭，〔謝〕自然拜禮，母曰：別汝兩劫矣。自將几案陳設，珍奇溢目，命自然坐」。「是日，金母乘鸞，侍者悉乘龍及鶴，五色雲霧，浮泛其下。金母云：便向州中過。群仙後去，望之，皆在雲中。其日，州中馬坊廚戟門皆報云：長虹入州。翌日，李堅問於自然，方驗之，紫極宮亦報虹入，遠近共見。八月九日十日十一日，群仙日來傳金母敕，速令披髮。」〔註125〕李紳《尚

〔註120〕〔宋〕祝穆：《方輿勝覽》卷 63，《順慶府》，施和金點校，北京：中華書局，《中國古代地理總志叢刊》本，2003 年，第 1103 頁。

〔註121〕〔宋〕陸游：《劍南稿》卷 16，《送紫霄女道士四明謝君》，文淵閣《四庫全書》本，第 22 頁下。

〔註122〕〔宋〕吳泳：《鶴林集》卷 3，《和制垣金泉山》，北京：線裝書局，《宋集珍本叢刊》影印乾隆鈔本，2004 年，第 295 頁上。

〔註123〕〔宋〕李曾伯：《可齋雜稿》卷 26，《登果州金泉山和韻》，北京：線裝書局《宋集珍本叢刊》影印清鈔本，2004 年，第 412 頁上。

〔註124〕〔明〕曹學佺：《蜀中廣記》卷 27，《登金泉山步虛臺》，文淵閣《四庫全書》本，第 5 頁下、第 6 頁上。

〔註125〕〔宋〕李昉：《太平廣記》卷 22，《僕僕先生》，第 150～151 頁。《太平廣記》卷 66《謝自然》，第 410 頁，北京：中華書局，1961 年。

書故實》：「〔果〕州謝眞人上昇前，玉帝錫以鞍馬爲信，意者使其安心也。刺史李堅遺之玉念珠，後問：念珠在否？云：已在紫皇之前矣。一日，眞人於紫極宮置齋，金母下降，郡郭處處有虹霓雲氣之狀。至白晝輕舉，萬目覩焉。」〔註126〕《雲笈七籤》卷114《西王母傳》：「太眞金母，師匠萬品，校領群眞，聖位尊高，總綠幽顯。至若邊洞玄躬朝而受道，謝自然景侍而登仙，故洞玄及自然傳謂金母師即王母也。《玄經》所證事迹蓋多，此未備錄矣。」〔註127〕

　　縱觀「女仙」謝自然的「傳奇」文字，大致分屬於二個「體系」。一是《太平廣記》所引《集仙錄》，一是沈汾《續仙傳》。前者的原始文字，極可能出自貞元十年在任果州刺史李堅之作。《新唐書》卷 59《藝文志》：「李堅《東極眞人傳》一卷，果州謝自然。」〔註128〕《宋史》卷205《藝文志》：「李堅《東極謝眞人傳》一卷。」〔註129〕後者則在內容上，與前者大相徑庭。除添入其與司馬承禎的「師徒」情節外，其裏望、喜好、閱歷、年齡以及「上昇」時果州刺史任職者都不相同。《續仙傳》卷上《謝自然》：「謝自然，蜀華陽女眞也。幼而入道，其師以黃、老仙經示之，一覽皆如舊讀，再覽誦之不忘。及長，神情清爽，言談迥高，好琴阮，善筆箚，能屬文。常鄙卓文君之爲人，每焚修瞻禱王母、麻姑，慕南嶽魏夫人之節操」。「及年四十，出遠遊，往青城、大面、峨嵋、三十六精廬、二十四治（直犁切）；尋離蜀，歷京、洛，抵江、淮，凡有名山、洞府、靈迹之所，無不辛勤歷覽」。「後卻歸蜀，至貞元年中，白日上昇而去，節度使韋皋奏之。」〔註130〕據此，誤將其弟子「焦靜眞」之傳雜入「謝自然」之傳的可能性很大。宋潘自牧《記纂淵海》卷 86：「《三洞珠囊》：謝自然，女道士，入洞庭山，無疾而化，有云鶴之瑞，仙去。」〔註131〕

〔註126〕〔唐〕李綽：《尚書故實》，文淵閣《四庫全書》本，第 13 頁上。

〔註127〕〔宋〕張君房：《雲笈七籤》卷 114，《西王母傳》，上海涵芬樓本《道藏》第 22 冊，第 790 頁。

〔註128〕〔宋〕歐陽修等：《新唐書》卷 59，《藝文志》，北京：中華書局，1975 年，第 1524 頁。

〔註129〕〔元〕脫脫等：《宋史》卷 205，《藝文志》，北京：中華書局，1977 年，第 5190 頁。

〔註130〕〔五代〕沈汾：《續仙傳》卷上，《謝自然》，文淵閣《四庫全書》本，第 1 頁 7 上、下，第 20 頁上。

〔註131〕〔宋〕潘自牧：《記纂淵海》卷 86，《三洞珠囊》，文淵閣《四庫全書》本，第 3 頁上。

　　細細品味韓愈所作《謝自然》一詩，其中所包含的情感很複雜，作者力圖表達的思想又很模糊。即是否親眼目睹一項，也是含渾而不可信。唐人皇甫湜《皇甫持正集》卷6《韓文公神道碑》根本沒有提到貞元十年事，只是說：「先生諱愈，字退之。乳抱而孤，熊熊然角，嫂鄭氏異而恩鞠之。七歲，屬文意語天出，長悅古學，業孔子、孟軻，而侈其文，秀人偉生，多從之遊，俗遂化服，炳炳烈烈，爲唐之章。貞元十四年，用進士從軍宰相董晉，平汴州之亂。」〔註132〕宋人呂南公《灌園集》卷16《重修韓退之傳》，行文簡略但是評語卻格外褒獎，甚至以相關詩爲「人倫之藥石」：「韓愈，字退之，鄧州南陽人。三歲而孤，養於從兄嫂，自知讀書，日記數千言。二十五，登進士第，再試博學宏詞，不中。三上宰相書，激昂無所合，鄭餘慶頗稱之，稍漸有聞。董晉鎮汴州，辟爲推官。」「今之論者乃曰：〔韓〕愈不知道德，然則必若柳宗元、劉禹錫，涉略元幻，乃爲知道德歟？愈文既多，固無不工者，其間有補典訓，如《豐陵行》、《謝自然詩》、《季千墓誌》、《諱辯》、《師說》、《喪服議》等書，皆人倫之藥石也。」〔註133〕不管怎樣，謝自然之受到後世連續而充分的關注，多半得歸功於韓愈。

　　非常有意思的是，宋、元以降，直至明、清，相關謝自然的「勝迹」，幾乎遍佈於「果州」亦「順慶府」治「南充縣」的許多山陵。《明一統志》卷68：「金泉山，在〔順慶〕府城西。唐仙女謝自然，於此白日飛升。上有石像」。「棲樂山，在〔順慶〕府城西一十里。相傳謝自然升仙之日，仙樂響振峰頂，因名，上有馭風亭」。「大方山，在〔順慶〕府城西三十里。謝自然嘗棲眞於此。又有小方山，與此山相峙，千峰百嶺，周回繚繞，疑若洞天。」〔註134〕《雍正四川通志》卷24：「鶴鳴山，在〔南充〕縣東十里。相傳謝自然升仙之日，有鶴飛鳴於上。旁有紫雲亭，相近有淩雲山」。「朱鳳山，在〔南充〕縣南十里。周回二十里，高一百七十二丈。相傳尒朱仙及李淳風修煉之地，丹井尚存。蘇子瞻（軾）偕黃魯直（庭堅）居此歲餘，魯直書準提咒，刻石今尚在。昔有鳳凰集此，因置鳳山觀」。「金泉山，在縣西二里。唐貞元十年，

〔註132〕〔唐〕皇甫湜：《皇甫持正集》卷6，《韓文公神道碑》，上海古籍出版社《宋蜀刻本唐人集叢刊》影印本，1994年，第91頁。

〔註133〕〔宋〕呂南公：《灌園集》卷16，《重修韓退之傳》，文淵閣《四庫全書》本，第1頁上、第5頁下、第6頁上。

〔註134〕〔明〕李賢等：《明一統志》卷68，《順慶府》，文淵閣《四庫全書》本，第24頁下、第25頁上。

仙女謝自然於此白日飛升，上有石像。山有青霞觀、步虛臺，下有金泉。」〔註135〕「朱鳳山」上之「鳳山觀」，也與這位相傳「飛升」的「仙女」有關。元代耶律鑄《雙溪醉隱集》卷5《遊果州鳳山觀》：「誰是浮游獨醉仙？鳳還來上鳳山巔。定應人不知名字，只問南充謝自然。」〔註136〕

　　勿論當年韓愈的創作態度如何，勿論後世儒生的議論傾向如何，百姓們卻更願意將謝自然視作真正的神靈，而將地方的祭祀、供奉維持長久。如《草堂雅集》卷 3 鄭元祐《題謝自然像》：「老韓佶屈在世間，好以險語鎪神奸。上仙空飛上丹闕，政自與世不相關。奚爲造言極詆詆？何妨月照千江水？龍伯珠宮深處明，鶴髮蒿歸醒時喜。扶植世教須老韓，天風不礙鏘鳴鸞。君不見果州南充縣，香火至今盟未寒。」〔註137〕清代吳雯《蓮洋詩鈔》卷 8《送大凱之官宕渠》：「使君鎮西近梁益，我欲因之慰疇昔。巴馬騎過陳壽祠，棧雲引到譙周宅。更訪仙人謝自然，遺蹤靈水湧金泉。馭風亭上還須到，下看齊州九點煙。」〔註138〕究其原因，「綠髮童顏」畢竟是十分美好的形象。宋代何夢桂《潛齋集》卷 3《和何逢原壽母詩》：「春風霞袂玉堂前，綠髮童顏謝自然。令子重孫拜家慶，阿奶迎笑擲金錢。」〔註139〕就是不真實的誇張，只要造意特別，似乎也能成爲膾炙人口的掌故。孫奕《示兒編》卷 13《敕書弱水》：「《〔神〕〔續〕仙傳》：謝自然泛海求蓬萊，一道士曰：蓬萊，隔弱水三十萬里，非飛仙不可到。《東坡〔集〕卷一五《金山妙高臺》》詩則曰：蓬萊不可到，弱水三萬里。信如蘇〔軾〕之說，無乃太近乎」？〔註140〕

第五節　唐代女仙吳彩鸞傳奇個案考證

　　前文對於謝自然的考證猶如晨曦中的露珠只能折射出中唐兩性文化的一

〔註135〕《雍正四川通志》卷24，文淵閣《四庫全書》本，第 1 頁。

〔註136〕〔元〕耶律鑄：《雙溪醉隱集》卷5，《遊果州鳳山觀》，文淵閣《四庫全書》本，第 14 頁下。

〔註137〕〔元〕顧瑛輯：《草堂雅集》卷3，《題謝自然像》，文淵閣《四庫全書》本，第 54 頁下。

〔註138〕〔清〕吳雯：《蓮洋詩鈔》卷8，《送大凱之官宕渠》，文淵閣《四庫全書》本，第 4 頁上。

〔註139〕〔宋〕何夢桂：《潛齋集》卷 3，《和何逢原壽母詩》，北京：線裝書局，《宋集珍本叢刊》影印清鈔本，2004 年，第 727 頁下、第 728 頁上。

〔註140〕〔宋〕蘇軾：《東坡全集》卷 15，《金山妙高臺》，文淵閣《四庫全書》本，第 8 頁下。

些斑斑駁駁的碎片。這些女冠在成為女仙之前只是中唐民間的普通女子，正是因為其從真實的人上昇到虛幻的仙，所以更加可以從其仙化的過程和後人繪聲繪色的傳說中折射出當時社會的風貌。緊接著再來考證另一位著名女仙吳彩鸞及其墨寶、勝迹。從她相關傳奇在中晚唐社會，直至宋、元、明、清的流傳來關注唐代女仙故事在後世的影響深遠。

一、吳彩鸞「傳奇」的歷久不衰

兩宋士大夫間竟相傳播女仙「吳彩鸞」與書生「文簫」或「文蕭」遇合的傳奇。其敘述詳細的如曾慥《類說》卷 32《文簫》：「文簫抵鍾陵西山，有許真君上昇第。每歲中秋，士女櫛比，多召名姝，夜與丈夫間立，握臂連踏而唱。文生睹一姝，歌曰：若能相伴陟仙壇，應得文簫駕彩鸞。自有繡襦並甲帳，瓊臺不怕雪霜寒。歌罷，秉燭，穿大松，陟山捫石。生亦潛躡其蹤，姝顧曰：非文簫耶？引至絕頂，侍衛甚嚴，有二仙娥持簿書請詳斷，多江湖沒溺之事。某曰：風波誤殺孩稚。姝怒曰：豈容易而誤耶？仙娥執書去。忽天地黯晦，風雷震怒，有仙童持天判云：吳彩鸞以私欲泄天機，謫為民妻一紀。姝與生攜手下山，因詰夫人之先。姝曰：我父吳先君，字猛，豫章人也。吾為仙，主陰籍六百年矣。睹色界興心遭責，子亦因吾可出世矣。生不能自贍，夫人日寫孫愐《唐韻》一部，每鬻五緡。僅十載，會昌初，與生奔越王山，作詩曰：一班與兩班，引入越王山。世數今逃盡，煙蘿得再還。是夜，風雨，及明，樵者見二人各跨一虎，陟峰巒而去。」〔註 141〕其敘述簡略的如朱勝非《紺珠集》卷 11《鬻唐韻》：「文蕭遇吳彩鸞，遂妻之。文甚貧，吳寫孫愐《唐韻》一部，運筆如飛，日鬻五緡。」〔註 142〕

這些「傳奇」的原始出處，正是唐代裴鉶所著《傳奇》一書。《錦繡萬花谷》卷後 17《婚姻文蕭駕彩鸞》：「文蕭抵鍾陵西山，山有許真君上昇第。每歲中秋，士女櫛比，文生睹一姝，歌曰：若能相伴陟仙壇，應與文蕭駕彩鸞。自有繡襦並甲帳，瓊臺不怕雪霜寒。歌罷，秉燭陟山捫石，生亦潛躡其蹤。姝顧曰：非文蕭耶？引至絕頂，侍衛甚嚴。後有天判云：吳彩鸞以私欲泄天

〔註 141〕〔宋〕曾慥：《類說》卷 32，《文簫》，文淵閣《四庫全書》本，第 5 頁下、第 6 頁上、下。

〔註 142〕〔宋〕朱勝非：《紺珠集》卷 11，《鬻唐韻》，文淵閣《四庫全書》本，第 14 頁上。

機，謫爲民妻一紀。後入越王山。出《傳奇》。」〔註143〕又據張邦基《墨莊漫錄》卷 3：「裴鉶《傳奇》載：成都古仙人吳彩鸞，善書小字，嘗書《唐韻》鬻之。」〔註144〕其書及作者，晁公武《郡齋讀書志》卷 3 論及：「《傳奇》3卷，右唐裴鉶撰。鉶，高駢客，故其書所記，皆神仙怪譎事。駢之惑呂用之，未必非鉶輩導諛所致。」〔註145〕而陳振孫《直齋書錄解題》卷 11 曰：「《傳奇》6 卷，唐裴鉶撰，高駢從事也」。計有功《唐詩紀事》卷 67《裴鉶》：「乾符五年，鉶以御史大夫爲成都節度副使，《題石室》詩曰：『文翁石室有儀形，庠序千秋播德馨。古柏尚留今日翠，高岷猶藹舊時青。人心未肯拋壇蟻，弟子依前學聚螢。更歎沱江無限水，爭流祇願到滄溟。』時高駢爲使，時亂矣，故鉶詩有願到滄溟之句，有微旨也。」〔註146〕

　　此傳奇故事歷久不衰，即使是宋、元之交，也屢有時人提出相關的典故，只是細節略有不同而已。劉辰翁《須溪集》卷 4《紫極宮寫韻軒記》：「按仙籍：吳彩鸞者，以女子游許仙之會，行歌之次，文簫過之，感其詞，亦知有己，迹其縹緲，與俱陟焉。坐頃幾何，而文書狎至，問而知其主，舟楫覆溺也。又頃，帝怒，謫向人間，則言語漏泄是罪。緣是，下至紫極棲焉。文本書生，不自業，賴鸞書《唐韻》，每得數千錢，且書且罄，後各仙去。是軒，其寫韻處也。韻者，人間書也；鸞也，捨其仙都，而降從於人士，其塵勞濁辱，可勝道哉？今人知吳仙之遊之爲謫，而未有知文簫之生，亦謫也。」〔註147〕《六藝之一錄》卷續 14 錄林坤《誠齋雜記》：「鍾陵西山，有遊帷觀。每至中秋，車馬喧闐十里，若闤闠。豪傑多召名姝善謳者，夜與丈夫間立，握臂連踏而唱，惟對答敏捷者勝。太和末，有書生文簫往觀，覩一姝甚妙，其詞曰：若能相伴陟仙壇，應得文簫駕彩鸞。自有繡襦並甲帳，瓊臺不怕雪霜寒。生意其神仙，植足不去，姝亦相盼。歌罷，獨秉燭，穿大松徑將盡，陟山扣石，冒險而升。生躡其蹤，姝曰：莫是文簫耶？相引至絕頂坦然之地。後忽風雨

〔註143〕《錦繡萬花谷後集》卷 17，《婚姻文簫駕彩鸞》，北京：書目文獻出版社，《北京圖書館古籍珍本叢刊》影印宋刊本，第 641 頁下。

〔註144〕〔宋〕張邦基：《墨莊漫錄》卷 3，孔凡禮點校，北京：中華書局，《唐宋筆記小說叢刊》，2002 年，第 98 頁。

〔註145〕〔宋〕晁公武：《郡齋讀書志》卷 3，文淵閣《四庫全書》本，第 9 頁上、下。

〔註146〕〔宋〕計有功：《唐詩紀事》卷 67，《裴鉶》，臺北：鼎文書局，《歷代史詩長編》第五種刊本，第 1062～1063 頁。

〔註147〕〔宋〕劉辰翁：《須溪集》卷 4，《紫極宮寫韻軒記》，文淵閣《四庫全書》本，第 11 頁上、下。

裂帷覆機，俄有仙童持天判曰：吳彩鸞以私欲泄天機，謫爲民妻一紀。姝乃
與生下山歸鍾陵，爲夫婦。」〔註148〕

　　相關的「故事」，連明代的士大夫都津津樂道，接連轉述。《石渠寶笈》
卷 28 收錄的項元汴《吳彩鸞書唐韻跋》云：「女仙吳彩鸞，自言西山吳眞君
之女。太和中，進士文蕭客寓鍾陵。中秋夜，見於踏歌場中。伺歌罷，躡蹤
其後，至西山，彩鸞見蕭，偕往山椒，有宅焉。至其處，席未暇暖，彩鸞據
案治事，蕭詢之再四，乃曰：我仙子也，所領水府事。言未既，忽震雷晦冥，
彩鸞執手版伏地，作聽罪狀，如聞謫辭云：以汝泄機密事，罰爲民妻一紀。
彩鸞泣謝，謂蕭曰：與汝自有冥契，今當往人世矣。蕭拙於爲生，彩鸞爲以
小楷書《唐韻》一部，市五千錢爲餬口計。然不出一日間，能了十數萬字，
非人力可爲也。錢囊羞澀，復一日書之，且所市不過前日之數。由是，彩鸞
遂各乘一虎仙去。」〔註149〕彭大翼《山堂肆考》卷 150《跨虎》：「吳彩鸞，
濮陽吳猛女也。唐太和末，有書生文簫，寓鍾陵紫極宮。一日，遊西山，覩
一姝，歌曰：若能相伴陟仙壇，贏得文簫嫁彩鸞。自有繡襦並甲帳，瓊臺不
怕雪霜寒。歌罷，秉燭，陟山捫石，生亦潛躡其蹤，姝顧曰：非文簫耶？遂
與生攜手下山，歸鍾陵爲夫婦。蕭貧，不能自給，彩鸞寫孫愐《唐韻》，運筆
如飛，日得一部鬻之，獲金五緡，盡則複寫。如是者僅十載，稍爲人知，遂
潛往越王山，二人各跨一虎，陟峰巒而去。」〔註150〕

二、關於吳彩鸞「傳奇」的信與不信

　　女仙「彩鸞」之父，據說是「豫章人」或「濮陽人」之「吳猛」。據《晉
書》卷 95《藝術・吳猛傳》：「吳猛，豫章人也。少有孝行，夏日，常手不驅
蚊，懼其去己而噬親也。年四十，邑人丁義始授其神方，因還豫章。江波甚
急，猛不假舟楫，以白羽扇畫水而渡，觀者異之。庾亮爲江州刺史，嘗遇疾，
聞猛神異，乃迎之，問己疾何如？猛辭以算盡，請具棺服，旬日而死，形狀

〔註148〕〔清〕倪濤：《六藝之一錄》卷續 14，《誠齋雜記》，文淵閣《四庫全書》本，
　　　　　第 5 頁下、第 6 頁上、下。
〔註149〕《石渠寶笈》卷 28，《吳彩鸞書唐韻跋》，文淵閣《四庫全書》本，第 4 頁下、
　　　　　第 5 頁上。
〔註150〕〔明〕彭大翼：《山堂肆考》卷 150，《跨虎》，《景印文淵閣四庫全書》第 974
　　　　　冊，臺北：臺灣商務印書館，1983 年，第 44 頁下、第 45 頁上。

如生。未及大斂，遂失其屍。識者以爲亮不祥之征，亮疾果不起。」〔註151〕干寶《搜神記》卷1：「吳猛，濮陽人。仕吳，爲西安令，因家分寧。性至孝，遇至人丁義，授以神方，又得秘法神符，道術大行。嘗見大風，書符擲屋上，有青鳥銜去，風即止。或問其故，曰：南湖有舟，遇此風，道士求救。驗之果然。西安令干慶死已三日，猛曰：數未盡，當訴之於天。遂臥屍傍，數日，與令俱起。後將弟子回豫章，江水大急，人不得渡。猛乃以手中白羽扇畫江水，橫流遂成陸路，徐行而過。過訖，水復，觀者駭異。嘗守潯陽，參軍周家有狂風暴起，猛即書符擲屋上，須臾風靜」〔註152〕。上文兩位「吳猛」都是由丁義授「神方」得道，除籍貫外，所任官職、生活年代都有不同。又《太平御覽》卷 413 引《搜神記》：「吳猛，蜀郡人。小兒時在父母傍臥，時夏月多蚊，而終不搖扇，懼蚊虻之去我及父母也。」〔註153〕

　　「吳彩鸞」與「文蕭」相遇之「鍾陵」，即是「洪州」的附郭縣「南昌」。歐陽忞《輿地廣記》卷25：「望，南昌縣。秦爲九江郡南部。漢高帝六年，置豫章郡，其城即灌嬰所築。東漢以後因之，後改南昌曰豫章縣。隋置洪州。唐武德五年，析置南昌、鍾陵縣，以南昌置孫州。八年，州廢，省南昌、鍾陵。寶應元年，避代宗諱，改豫章曰鍾陵。｛正｝〔貞〕元中，又改曰南昌。」〔註154〕兩人相遇的「西山」和兩人離世的「越王山」亦「藥王山」，皆在治今南昌市的唐「洪州」轄內。辛文房《唐才子傳》卷 8：「施肩吾，字希聖，睦州人。元和十五年，盧儲榜進士登第。」「以洪州西山十二眞君羽化之地，慕其眞風，高蹈於此，題詩曰：重重道氣結成神，玉闕金堂逐日新。若數西山得道者，兼餘即是十三人。」〔註155〕《太平廣記》卷 398《隕石》：「唐天復十年庚午夏，洪州隕石於越王山下昭仙觀前，有聲如雷，光彩五色，闊十丈。」

〔註151〕〔唐〕房玄齡等：《晉書》卷95，《吳猛傳》，北京：中華書局，1974年，第2482頁。

〔註152〕〔東晉〕干寶：《搜神記》卷 1，汪紹楹校注，北京：中華書局，《中國古典文學基本叢書》本，1980年，第 13 頁。

〔註153〕〔宋〕李昉：《太平御覽》卷413，《人事部五十四‧孝中》，北京：中華書局，影重印涵芬樓影印宋刊本，1960年，第 1908 頁。

〔註154〕〔宋〕歐陽忞：《輿地廣記》卷 25，《江南西路》，李勇先、王曉紅校注，成都：四川大學出版社，《宋元地理志叢刊》本，2003年，第 716 頁。

〔註155〕〔元〕辛文房：《唐才子傳》卷8，王大安校訂，哈爾濱：黑龍江人民出版社，1985年，第 160 頁。

〔註156〕《說郛》卷67上收錄雷次宗的《豫章古今記》：「藥王山，在新吳縣西北五十里，晉吳猛騎虎入山處。」〔註157〕《明一統志》卷49：「藥王山，在奉新縣南五十里。峭拔屏列，其巔夷曠。唐文簫、吳彩鸞仙去，留藥一粒，與其主人鄒舉。詩：簫聲凝露濕，鶴背伴雲閒。一粒仙人藥，服之能駐顏。」〔註158〕

　　畢竟是神仙傳聞，似乎疑惑重重，宋、元以降多有學者評論這個故事。虞集《道園類稿》卷29《寫韻軒記》：「而世人塵俗之想，沉溺於胸中，意謂高仙幽棲者，不異於己，而書其遇合之事，殊不經也。蓋唐之才人，於經藝道學有見者少，徒知好為文辭，間暇無所用心，輒想像幽怪遇合、才情恍惚之事，作為詩章答問之意，傅會以為說。盍簪之次，各出行卷以相娛玩，非必真有是事。謂之傳奇，元稹、白居易猶或為之，而況他乎！遂相傳信。雖為其道者，若文、吳之事，亦久而莫之察，良可悲夫。蓋所謂仙者，形質化泯，神明昭融，豈復有分毫世俗之念，而有可以受謫者乎？」〔註159〕也許是故事本身實在有趣，還有士大夫為之詮釋。《須溪集》卷4《紫極宮寫韻軒記》：「彩鸞，本晉將軍吳猛女。父、女俱登仙籍，距唐踏歌遇文簫時，乃四百餘年。其為並謫，無疑在仙籍，吳、文應其故偶也。或曰：何四百年之久，而猶美少故態耶？曰：天上一晝夜，動經人間幾歲月，未久也。或曰：仙矣，如淫何？曰：未離欲界，故應爾爾。或曰：天上自有文字，何必故作人間書？曰：人間那識天上書？書之，亦不售。且晉人多善書法，其精楷宛麗，亦其餘習故然。其不寫他書，而寫《唐韻》，亦故留此韻事、韻話，以作人間一段風流話頭耳。此神仙遊戲狡獪處也，非韻本存世，鮮不以為子虛矣。」〔註160〕

　　不過，對於「吳彩鸞」的故事，多數人持「寧可信其有」的情感。樓鑰《攻媿集》卷5《次韻章樞密賦吳彩鸞玉篇》：「文簫躡彩鸞，夜半恐不逮。山

〔註156〕〔宋〕李昉：《太平廣記》卷398，《隕石》，北京：中華書局，1961年，第3191頁。

〔註157〕〔元〕陶宗儀：《說郛》卷67上，《豫章古今記》，文淵閣《四庫全書》本，第6頁下。

〔註158〕〔明〕李賢等：《明一統志》卷49，《江西布政司》，文淵閣《四庫全書》本，第5頁下。

〔註159〕〔元〕虞集：《道園類稿》卷29，《寫韻軒記》，臺北：新文豐出版社，《元人文集珍本叢刊》影印明初翻印至正刊本，第73頁下。

〔註160〕〔宋〕劉辰翁：《須溪集》卷4，《紫極宮寫韻軒記》，文淵閣《四庫全書》本，第13頁上、下。

深忽呼名，驚喜不得退。仙謫無所逃，士貧何可耐？乃以三生緣，遂爲二姓配。至人與凡夫，伉儷豈其輩？鬻書以自給，細字如玉碎。一一存楷法，明珠蔑瑕纇。初出鶼比翼，久若魚同隊。終日了韻編，心畫無罣礙。」〔註161〕馬臻《霞外集》卷7《題吳彩鸞書韻圖》：「仙人固多門，積行如累級。高卑位既陳，所入蓋不一。彩鸞遇文蕭，夙運契冥適。居然西山下，鬻字給朝夕。混俗隱玄秀，偶被山靈識。蕭爽致福地，期延沖化術。萬試既已除，天網疏不失。豈擬囂塵徒，紛亂喪明質？正如楊安君，舉手凌白日。上道誠不邪，匪日繫黃赤。所以跨猛虎，示此出世迹。歸來乎山中，棲神返空碧。」〔註162〕

更有人幻想獲取同樣的「遇仙」豔遇，如程端禮《畏齋集》卷1《病起，有懷吳德堅，時教授鄰鄉，不歸，二詩寄之》：「日日倚高樓，遙望西溪山。山深草樹長，煙云何綿蠻！中有千歲松，修柯出雲間。鳳凰翔其巔，好鳥鳴口官口官。仙人紫霞裙，招我碧玉環。浩歌激林谷，玉貌安且閒。問之不我言，無乃吳彩鸞？褰裳欲從之，山險道路艱。默坐自歎息，歲晏雕朱顏。」〔註163〕

三、關於吳彩鸞所書的韻書

據王惲《秋澗集》卷94《玉堂嘉話》曰：「吳彩鸞龍鱗楷《〔廣〕韻》，後柳誠懸題云：吳彩鸞，世傳謫仙也。一夕，書《廣韻》一部，即鬻於市，人不測其意。稔聞此說，罕見其書，數載勤求，方獲斯本。觀其神全氣古，筆力遒勁，出於自然，非古今學人可及也。時泰和九年九月十五日題。其冊共五十四葉，鱗次相積，皆留紙縫，天寶八載製。」〔註164〕「誠懸」，是唐代書法名家柳公權的字。朱長文《墨池編》卷3：「柳公權，字誠懸，京兆華原人，兵部尚書起之（公綽）之弟也。元和初，擢進士第。穆宗時，以夏州書記入奏，帝曰：朕嘗於佛廟見卿筆迹，思之久矣。即拜右拾遺、侍書學士。帝問公權用筆法，對曰：心正則筆正，乃可爲法。帝改容，悟其以筆諫也。起之

〔註161〕〔宋〕樓鑰：《攻媿集》卷5，《次韻章樞密賦吳彩鸞玉篇》，《四部叢刊初編》影印《武英殿聚珍》本，第19頁上、下。

〔註162〕〔元〕馬臻：《霞外集》卷7，《題吳彩鸞書韻圖》，文淵閣《四庫全書》本，第4頁上、下。

〔註163〕〔元〕程端禮：《畏齋集》卷1，《病起，有懷吳德堅，時教授鄰鄉，不歸，二詩寄之》，文淵閣《四庫全書》本，第4頁下、5頁上。

〔註164〕〔宋〕王惲：《秋澗集》卷94，《玉堂嘉話》，《四部叢刊初編》景印弘治翻元刊本，第14頁上。

嘗寓書宰相曰：家弟本志儒學，先朝以侍書見用，頗類工祝，願徙散秩。乃改右司郎中、弘文館學士。文宗復召侍書，遷中書舍人、翰林書詔學士。帝有求治之意，而不能倚忠聖讒。嘗便殿舉袂曰：此三澣矣。對曰：人主當進賢退不肖，納諫諍、明賞罰，服澣濯之衣，此小節耳。其切直多類此。累封河東郡公。咸通初，以太子太保致仕，卒，壽齡八十八。」〔註165〕「泰和」，當作「太和」，唐文宗年號。

吳彩鸞所書韻書，或作《唐韻》，據黃庭堅《山谷集》卷別11《跋張持義所藏吳彩鸞唐韻》：「右仙人吳彩鸞書孫愐《唐韻》，凡三十七葉，此唐人所謂葉子者也。按：彩鸞隱居在鍾陵西山下，所書《唐韻》，民間多有。余所見，凡六本，此一本二十九葉。彩鸞書其八葉，後人所補，氣韻肥濁，不相入也。」〔註166〕而歐陽修《歸田錄》卷2（下）：「唐人藏書，皆作卷軸，其後有葉子，其制似今策子。凡文字有備檢用者，卷軸難數卷舒，故以葉子寫之，如吳彩鸞《唐韻》、李郃《彩選》之類是也。骰子格，本備檢用，故亦以葉子寫之，因以為名爾。唐世士大夫宴聚，盛行葉子格。五代、國初猶然，後漸廢不傳。今其格世或有之，而無人知者。」〔註167〕又魏了翁《鶴山集》卷56《吳彩鸞唐韻後序》：「余得此本於巴州使君王清父，相傳以為吳彩鸞所書。雖無明據，然結字茂美，編裘用葉子樣，此為唐人所書無疑。其音韻雖與《易》、《書》、《詩》、《左氏傳》及二漢以前不盡合，然世俗承用既久，姑就其間而詳其是否焉。若夫孫愐叔文較之今本，亦有增加書字處，要皆以此本為正。」〔註168〕而《式古堂書畫彙考》卷8柯九思《跋吳彩鸞書唐韻真迹》：「右女仙吳彩鸞書《唐韻》真迹。彩鸞之事，備載書史，小字能寬綽，此仙之妙於書也。況得五聲俱全，尤為可寶。」〔註169〕

或作《切韻》，《攻媿集》卷5《題汪季路家藏吳彩鸞唐韻後》、卷78《跋

〔註165〕〔宋〕朱長文：《墨池編》卷3，《妙品十六人》，文淵閣《四庫全書》本，第97頁上、下。

〔註166〕〔宋〕黃庭堅：《山谷集》卷別11，《跋張持義所藏吳彩鸞唐韻》，文淵閣《四庫全書》本，第15頁下、第16頁上。

〔註167〕〔宋〕歐陽修：《歸田錄》卷下，李偉國點校，北京：中華書局《唐宋筆記小說叢刊》本，1997年，第31頁。

〔註168〕〔宋〕魏了翁：《鶴山集》卷56，《吳彩鸞唐韻後序》，《四部叢刊初編》景印宋刊本，第3頁上。

〔註169〕〔清〕卞永譽：《式古堂書畫彙考》卷8，《跋吳彩鸞書唐韻真迹》，文淵閣《四庫全書》本，第80頁下。

宇文廷臣所藏吳彩鸞玉篇鈔》：「彩鸞所書，既名曰《切韻》，又首書法言之序，則其爲法言之《切韻》明矣。傳記已誤曰孫愐《唐韻》，今亦多以三書爲一，或至謂《廣韻》爲《唐韻》，而彩鸞能書之，是皆非也。且五篇，其四皆於其首書凡若干韻，而於上聲獨闕。序中辛得源偶言旁有闕文，後人遽以東字足之，爲諫議非也，蓋諮議云」。「始余讀《文簫傳》，言吳彩鸞書《唐韻》事，疑其不然。近於汪季路尙書家見之，雖不敢必其一日可辦，然亦奇矣。爲之賦詩，且辨其爲陸法言《切韻》。茲見樞密宇文公所藏《玉篇》鈔，則又過之，是尤可寶也。既謂之鈔，竊謂如北堂書鈔之類，蓋節文耳。以今玉篇驗之，果然，不知舊有此鈔而書之耶？抑彩鸞以意取之耶？有可用之字而略之，有非日用之字而反取之，部居如今本，皆以朱字別之，而三字五字，止以墨書字之，次序亦不與今合，皆不可致詰。輒書前歲所與汪氏詩跋於左，庶來者得以覽觀。」〔註170〕周密《雲煙過眼錄》卷1：「吳彩鸞書《切韻》一本。其書一先爲廿三先、廿四仙，不可曉，字畫尤古。」〔註171〕《珊瑚網》卷22《鮮于伯機樞所藏》：「吳彩鸞書《切韻》一本，其書一先爲廿三先、廿四仙，不可曉，字畫尤古。」〔註172〕

　　而關於「吳彩鸞」的眞迹，還有相關佛經、書的抄錄。如《墨莊漫錄》卷3：「今蜀中導江迎祥院經藏，世稱藏中佛本行經六十卷，乃彩鸞所書，亦異物也。今世間所傳《唐韻》，猶有□旋風葉，字畫清勁，人家往往有之。」〔註173〕又陸游《老學庵筆記》卷5：「永康軍導江縣迎祥寺，有唐女眞吳彩鸞書《佛本行經》六十卷。予嘗取觀之，字亦不甚工，然多闕唐諱，或謂眞本爲好事者易去，此特唐經生書耳。」〔註174〕而王士禎《居易錄》卷6也論及：「唐女仙吳彩鸞於洪州紫極宮寫《唐韻》，今有寫韻軒，人盡知之。又於安福福聖院寫《法

〔註170〕〔宋〕樓鑰：《攻媿集》卷5，《，題汪季路家藏吳彩鸞唐韻後》、卷78《跋宇文廷臣所藏吳彩鸞玉篇鈔》，《四部叢刊初編》影印《武英殿聚珍》本，第13頁下、第14頁上、第7頁上、下。

〔註171〕〔宋〕周密：《雲煙過眼錄》卷1，北京圖書館出版社《國家圖書館藏古籍藝術類編》影印光緒刊本，2004年，第30頁、第31頁。

〔註172〕〔明〕汪珂玉：《珊瑚網》卷22，《鮮于伯機樞所藏》，文淵閣《四庫全書》本，第45頁下。

〔註173〕〔宋〕張邦基：《墨莊漫錄》卷3，孔凡禮點校，北京：中華書局，《唐宋筆記小說叢刊》，2002年，第98頁。

〔註174〕〔宋〕陸游：《老學庵筆記》卷5，李劍雄、劉德權點校，北京：中華書局，《唐宋筆記小說叢刊》，1997年，第67頁。

苑珠林》百二十軸，人罕知者。予既筆諸《皇華紀聞》第二卷中，又蜀導江縣
迎祥寺有彩鸞寫《佛本行經》六十卷，多闕唐諱，陸放翁猶及見之。」〔註175〕
而以上原件，不少爲元、明之好文物者所欣賞。據陸友仁《研北雜誌》卷下：
「宇文廷臣文孫家，有吳彩鸞《玉篇》鈔。今世所見者，《唐韻》耳。其書一
先爲廿三先爲廿四仙，不可曉。又，導江迎祥寺有彩鸞書佛本行經六十卷，或
者以爲特唐經生書也。」〔註176〕後世也有人懷疑部分原件乃爲「贋品」。毛奇
齡《古今通韻》卷4：「《禮部韻》改桓部爲歡部，避宋欽宗諱也。及理宗朝，
則已祧不諱，故仍改桓字，元《中原音韻》稱桓歡韻本此。近有僞《唐韻》稱
吳彩鸞手書者，並刪桓韻，豈預避宋宗諱耶？」〔註177〕

四、關於吳彩鸞傳奇所涉的名勝

所涉吳彩鸞的名勝，首推傳爲其書寫韻書的所在紫極宮之「寫韻軒」。〔註
178〕《須溪集》卷4《紫極宮寫韻軒記》：「余舊過洪，遊紫極宮，徘徊寫韻軒
上。雖江山明麗，而棟宇凋殘，加以俗書滿壁類鮮，不媿文、吳二才子者。
後十六年，當閏辛巳之正月，余自廬山還，滯留過之，則殿角如飛，高出廊
右，前欄俯月，澄景內徹，中分爲三官之祀。謂吳氏，故司江湖水官附爲，
亦安知水官之久不復爲天官耶？皆未可知也。於是，祀三官猶二仙。」〔註179〕
《道園類稿》卷29《寫韻軒記》：「龍興（隆興）紫極宮寫韻軒，高據城表，
面西山之勝，俯瞰長江，間乎民居、官舍之中，特爲夐絕。眺望如此者，亦
或有之，至於秋高氣清，望見上游諸郡之山，若臨江之玉笥、撫之華蓋，寸
碧天際，森列戶牖，此則他處之所莫及也。西山神仙窟宅，得道往來城府，
致其憫世拯俗之意，而遊覽燕息於此，蓋必有之。郡又相傳唐文簫、吳彩鸞
二仙，豈其人歟？世傳吳仙嘗寫韻於此軒，以之得名。予昔在圖書之府，及
好事之家，往往有其所寫《唐韻》。凡見三四本，皆硬黃書之，紙素芳潔，界

〔註175〕〔明〕王士禛：《居易錄》卷6，文淵閣《四庫全書》本，第17頁下。

〔註176〕〔元〕陸友仁：《研北雜誌》卷下，文淵閣《四庫全書》本，第29頁下。

〔註177〕〔清〕毛奇齡：《古今通韻》卷4，文淵閣《四庫全書》本，第33頁上、下。

〔註178〕又作「寫韻堂」；〔明〕彭大翼：《山堂肆考》卷173，《景印文淵閣四庫全書》，
第974冊，臺北：臺灣商務印書館，1983年：「寫韻堂，在南昌府城南紫極
宮。唐太和末，仙女吳彩鸞寫孫愐《唐韻》於此，故名。」

〔註179〕〔宋〕劉辰翁：《須溪集》卷4，《紫極宮寫韻軒記》，文淵閣《四庫全書》本，
第10頁下、第11頁上。

畫精整，結字遒麗，神氣清明，豈凡俗之所可能者哉？要皆人間之奇玩也。登斯軒而思其風采，亦足以寄遐思也乎！」〔註180〕

「寫韻軒」的吟詠，令人目不暇接。陳義高《秋岩集》卷下《題吳彩鸞寫韻軒詩》：「衣染紅塵幾歲除？琪花瑤樹憶清都。光寒秋月歌明鏡，香暖春風曳繡襦。仙態自來天上別，韻書應怪世間無。彩雲夢散簫聲遠，日落江山空畫圖。」〔註181〕何中《知非堂稿》卷2《鍾陵紫極宮寫韻軒晚立》：「擇勝委清矚，空軒橫晚晴。遙屏散脈縷，毫髮分昏明。沙鳥雙復隻，林煙濁還清。蒼旻貯止水，白雲載舟行。接要居郡最，甄奇盡天成。當時寫韻人，此寄千古情。招之不可得，暮磬長廊聲。」〔註182〕《道園類稿》卷10《題吳彩鸞所書唐韻》：「豫章城頭寫韻軒，繡簾窣地月娟娟。尋常鶴唳霜如水，書到人間第幾篇？」〔註183〕《天下同文集》卷50詹玉《桂枝香，題寫韻軒》：「紫薇花露，飄灑作涼雲，點宮勾羽。字字飛仙下筆，一簾風雨。江亭月，觀今如許，有飄零，墨香千古。夕陽芳草，落花流水，依然南浦。〇甚兩兩淩風駕虎，憑天孫標致，月娥眉嫵。一笑生春，不比世間兒女。筆床硯滴，曾窺處，有西山青眼如故。翠箋寄與，玉簫吹徹，鳳吟鸞舞。」〔註184〕龔敩《鵝湖集》卷3《題洪都寫韻軒，贈道士傅梅岩》：「瑤館玲瓏結綺□，星姝曾此遇仙郎。紅塵失腳煙霞遠，青簡留心歲月長。墨漬春雲池水黑，朱凝秋繭露華香。金華不遠人間路，說與休文恐斷腸。」〔註185〕

有的韻文，雖不是專題論及，但卻幾乎是直接的切入。如《草堂雅集》卷5張雨《題吳彩鸞圖》：「小點紅鸞寫四聲，於菟何事載娉婷？不如相伴騰空子，來往匡山九折屏。」〔註186〕張雨《句曲外史集》卷上《東坡書蔡君謨

〔註180〕〔元〕虞集：《道園類稿》卷29，《寫韻軒記》，臺北：新文豐出版社，《元人文集珍本叢刊》影印明初翻印至正刊本，第73頁上、下。

〔註181〕〔元〕陳義高：《秋岩集》卷下，《題吳彩鸞寫韻軒詩》，文淵閣《四庫全書》本，第10頁上。

〔註182〕〔元〕何中：《知非堂稿》卷2，《鍾陵紫極宮寫韻軒晚立》，北京：書目文獻出版社《北京圖書館古籍珍本叢刊》影印清鈔本，第451頁上。

〔註183〕〔元〕虞集：《道園類稿》卷10，《題吳彩鸞所書唐韻》，臺北：新文豐出版社，《元人文集珍本叢刊》影印明初翻印至正刊本，第382頁下。

〔註184〕〔元〕周南端：《天下同文集》卷50，詹玉《桂枝香，題寫韻軒》，文淵閣《四庫全書》，第2頁下、第3頁上。

〔註185〕〔明〕龔敩：《鵝湖集》卷3，《題洪都寫韻軒，贈道士傅梅岩》，文淵閣《四庫全書》本，第5頁上。

〔註186〕〔元〕顧瑛輯：《草堂雅集》卷5，張雨《題吳彩鸞圖》，文淵閣《四庫全書》本，第8頁下。

夢中絕句二、放營妓絕句三，虞伯生題四絕於後。眞迹藏義興王子明家，要予次韻》：「寫韻軒中塵不驚，與誰同躡鳳凰翎？彩鸞可惜情緣重，只合清齋寫道經。」〔註187〕倪瓚《清閟閣稿》卷8《題吳採鸞像》：「誰見文簫逐採鸞？碧山蘿月五更寒。猶遣寫韻軒中迹，留得風流後世看。」〔註188〕洪芻《老圃集》卷下《次韻閱道見貽》：「地偏袖舞長沙窄，心遠胸通夢澤寬。遽失比鄰秋屋靜，稍親燈火夜窗寒。乘雲妙在思黃鶴，寫韻遙知有彩鸞。四海弟兄傾意氣，鴻妻萊婦有餘歡。」〔註189〕虞集《道園學古錄》卷3《再和吳宗師》：「慣見天眞按筆書，七言婉麗出閒居。誰云太璞無存者？藏在丹房已久如。寫韻臺虛人跨虎，換鵝池暖水生魚。玄霜比似金丹秘，祇得刀圭便有餘。」〔註190〕又汪元量《湖山類稿》卷4《豫章驛》：「豫章門外盡青原，高閣臨江喜尙存。鷪舌瀾翻嘲鶴靜，鷗心恬淡厭蛙喧。綠波淼淼投書渚，翠竹森森寫韻軒。約客不來人已遠，滿天風雨又黃昏。」〔註191〕洪朋《洪龜父集》卷上《寫韻亭》：「紫極宮下春江橫，紫極宮中百尺亭。水入方洲界玉局，雲映連山羅翠屛。小楷四聲餘翰墨，主人一粒盡仙靈。文簫採鸞不復返，至今神界花冥冥。」〔註192〕

更有誦揚全篇「故事」者，《石倉歷代詩選》卷348朱夢炎《寫韻軒》：「華籍仙班誤泄機，何年謫降學書癡？晴窗瀉露花堆案，午夜揮毫月滿帷。縮得春風留鳳帶，畫殘秋水照蛾眉。從今了卻人間事，一曲鸞簫跨虎吹。」〔註193〕胡儼《頤庵文選》卷下《文簫彩鸞詩》：「遊帷觀前風日清，衣冠雜沓仙凡並？踏歌不作春陽聲，步虛縹緲隨鸞笙。就中有女飄長瓔，翠娥嬋娟顏玉赬。藻

〔註187〕〔元〕張雨：《句曲外史集》卷上，《東坡書蔡君謨夢中絕句二、放營妓絕句三，虞伯生題四絕於後。眞迹藏義興王子明家，要予次韻》，《四部叢刊初編》景印元刊本，第19頁上。

〔註188〕〔元〕倪瓚：《清閟閣稿》卷8，《題吳採鸞像》，北京：書目文獻出版社，《北京圖書館古籍珍本叢刊》影印萬曆刊本，第667頁上。

〔註189〕〔宋〕洪芻：《老圃集》卷下，《次韻閱道見貽》，文淵閣《四庫全書》本，第14頁下。

〔註190〕〔元〕虞集：《道園學古錄》卷3，《再和吳宗師》，《四部叢刊初編》景印景泰翻元刊本，第19頁上。

〔註191〕〔宋〕汪元量：《湖山類稿》卷4，《豫章驛》，孔凡禮輯校，北京：中華書局，1984年，第117頁。

〔註192〕〔宋〕洪朋：《洪龜父集》卷上，《寫韻亭》，文淵閣《四庫全書》本，第25頁上。

〔註193〕〔明〕曹學佺：《石倉歷代詩選》卷348，朱夢炎《寫韻軒》，文淵閣《四庫全書》本，第14頁下。

翹金雀鏘璜珩，天香兩袖羅衣輕。素袍公子冰玉英，偶來一見親目成。松陰滿林空翠生，步入煙蘿誰使令？山頭宮殿開崢嶸，雲屏玉桉簾水晶。夜寒桂冷風盈盈，白鶴下瞰玄猿驚。驀然雷電驅六丁，繡襦零亂收霞帲。洞中羣仙不敢偵，獨與公子相隨行。隨行復踏蘿逡巡，金光時見芝草莖。忽聞人間長短更，天雞嘲哳扶桑晴。紫極宮前江水平，欲渡不渡心屏營。宮中道士棲乾名，欣然一笑來相迎。綺窗虛敞華軒橫，墨池波暖凝光精。八龍雲篆隱不呈，硬黃錯落華星明。城中車馬聲軯輷，倚闌閣筆吟蕉枡。藥王山空啼曉鶯，開卻芝田春不耕。揭來山下披榛荊，脩竹交花當戶楹。藥爐實對非卿卿，豈有人間兒女情？一朝雲外來霓旌，於莵高舉超搶攘。手把芙蓉朝玉京，下視野馬喧蚊蝱。桃花亂落紅雨傾，村童野叟走庚庚。黃斑化作山石硜，殷勤寄謝豫章城，老鶴千年還一鳴。」〔註194〕

五、關於吳彩鸞「傳奇」的眞與偽

在「吳彩鸞」故事的眞、偽方面，筆者傾向於元末明初陶宗儀的主張：留有眾多小楷墨寶的神界「謫仙」，很可能只是個同名的唐代民間女子。陶宗儀《書史會要》卷5：「彩鸞不知何許人？作楷字，小者至蠅頭許，位置寬綽，有大字法，書《唐韻》極有功，近類神仙。吳彩鸞，慕彩鸞，故名焉。」〔註195〕《傳奇》的作者裴鉶，曾經見過該女子的書法作品，可能是讚歎之餘而創作了那個令人陶醉的「傳奇」，並將部分眞迹，由「宦遊」帶到了「劍南」；這就是「洪州」亦「隆興府」、「益州」亦「成都府」同時流傳類似掌故的張本。而仔細品味「謫仙」尚未貶下人間的「執掌」，可以發現，幾乎與數百年前其「父」吳猛未登仙籍時的所行法術有關。《太平寰宇記》卷111：「《潯陽記》：術士吳猛過此，遇天神，曰：此江神不守其官，覆溺生人，吾奉帝命按之；言終而失。」〔註196〕陳舜俞《廬山記》卷3：「《尋陽記》：吳猛乘舟，龍負而行，猛戒舟人閉目，舟人聞曳觸林木之聲，懼而竊視，龍遂

〔註194〕〔明〕胡儼：《頤庵文選》卷下，《文簫彩鸞詩》，文淵閣《四庫全書》本，第75頁上、下、第76頁上。
〔註195〕〔明〕陶宗儀：《書史會要》卷5，北京：北京圖書館出版社，《國家圖書館藏古籍藝術類編》影印崇禎刊本，2004年，第178頁。
〔註196〕〔宋〕樂史：《太平寰宇記》卷111，《潯陽記》，光緒金陵書局刊本，第16頁下。

委其船山頂。舊傳故老眞見山頂，猶有敗艑。」〔註197〕而《宣和書譜》卷 5
《小字三教經》所云：「南方風俗，中秋夜，婦人相持踏歌，婆娑月影中，
最爲盛集，」〔註198〕直至明初還是如此。凌雲翰《柘軒集》卷 3《包山玩月，
次瞿宗吉韻》：「丹房火泠碧窗虛，夜半秋聲撼林木。踏歌連臂下仙壇，目斷
西山吳彩鸞。」〔註199〕

　　無論宋、元、明，都對「吳彩鸞」所作字書給予極高的評價。朱熹《晦
庵集》卷續 3《答蔡伯靜書》：「浙中字樣，宅上書籍中須多有之，如古本《廣
韻》寫得最好，相傳是唐時仙女吳彩鸞日寫十本者，雖未必然，要可法也。」
〔註200〕張丑《清河書畫舫》卷 5 上：「後惟松雪翁（趙孟頫）筆法純熟，伸紙
疾書，一日僅能楷行三萬字，雖停勻而柔媚，有愧〔吳〕彩鸞多矣。」〔註201〕
每有同類的作品，免不了以「仙迹」參照。〔註202〕凡後代擅長書法的女子，
都會與之聯想。袁說友《東塘集》卷 19《跋惠齋草書千字文》：「唐仙女吳彩
鸞工小楷，一日夜書《廣韻》一部，得之者售金可一兩，亦以罕得爲寶爾。
惠齋未笄，已落筆數百紙，散在人間，今又存二十年矣，《草書千文》特其一
也。眞衛夫人之亞，吳彩鸞，其惠齋之細也耶？」〔註203〕袁桷《清容集》卷
6《張氏女，七歲能大書》：「家貧畫地當縑楮，能使平陸生雲煙。老蛟翻波注
甘澍，渴驥齧櫪追寒泉。躍如斫陣勢揮突，快若舞劍光迴旋。青燈阿翁夜授
詩，誦聲出屋清且圓。天然異質世外寶，寸穎入手直如椽。流紅題詩愧飄蕩，
織錦作字空纏綿。遶床不憂翠袖薄，玉雪晃耀辭花鈿。君不聞祝融之峰魏氏

〔註197〕〔宋〕陳舜俞：《廬山記》卷 3，文淵閣《四庫全書》本，第 3 頁下。
〔註198〕《宣和書譜》卷 5《小字三教經》，文淵閣《四庫全書》本，第 4 頁上。
〔註199〕〔元〕凌雲翰：《柘軒集》卷 3，《包山玩月，次瞿宗吉韻》，文淵閣《四庫全書》本，第 30 頁上、下。
〔註200〕〔宋〕朱熹：《晦庵集》卷續 3，《答蔡伯靜書》，《四部叢刊初編》景印嘉靖刊本，第 10 頁上。
〔註201〕〔明〕張丑：《清河書畫舫》卷 5，文淵閣《四庫全書》本，第 26 頁上。
〔註202〕《讀書後》卷 4《書改並五音篇後》：「《改並五音篇》者，金老儒韓孝彥允中病古集字之未精，因改《玉篇》歸於五音，逐三十六母之中取字，而次子道昭，復與其子德恩、猶子德惠、婿王德珪增訂之加詳焉。書成於金章宗之泰和八年，而孝彥之猶子道升，序之者也。其書未辨出道昭或德恩、德惠手，小楷法種種精妙，吾不知於吳彩鸞仙迹何如？南渡以後，斷無有儷之者」〔明〕王世貞：《讀書後》卷 4，《書改並五音篇後》，第 9 頁下。
〔註203〕〔宋〕袁說友：《東塘集》卷 19，《跋惠齋草書千字文》，文淵閣《四庫全書》本，第 25 頁下。

女，空中落筆垂瓊篇。閉門養姑吳彩鸞，一謫人世知何年？道合變化難具言，宿習妙解寧非仙？」〔註204〕

　　如同唐代女子「吳彩鸞」仰慕女仙一樣，後世也有不少女性仰慕唐代女子「吳彩鸞」。《宣和書譜》卷4《送功言光詩》：「詹鸞，不知何許人也，作楷字，小者至蠅頭許，位置寬綽，有大字法書。唐韻極有功，近類神仙。吳彩鸞慕彩鸞，故名焉。昔李赤之慕李白，司馬相如之慕藺相如，蓋類是也。彩鸞以書唐韻名於時，至今，斷紙餘墨，人傳寶之。今鸞於斯亦然，故知鸞於此不凡。今御府所藏正書二。」〔註205〕王士禛《香祖筆記》卷12：「會稽女子商婉人，能詩，工楷法。嘗仿吳彩鸞寫《唐韻》，作廿三先、廿四仙。武林沈碉芳（名蓀）爲題絕句云：簪花舊格自嫣然，顆顆明珠貫作編。始識彩鸞眞韻本，廿三廿四是先仙。商本老學究女，兼能制舉文字。嘗手評沈文一卷，又有詩贈之云：細筆猩紅絕妙辭，掃眉窗下拜名師。從來玉秤稱才子，樓上昭容字婉兒。」〔註206〕女流之善書秉才者中，似乎還有吳姓的「苗裔」。《攻媿集》卷78《跋宇文廷臣所藏吳彩鸞玉篇鈔》：「今《玉篇》惟越本最善，末題會稽吳氏三一娘寫。問之越人，無能知者。楷法殊精，豈亦彩鸞苗裔耶？」〔註207〕吳偉業《梅村集》卷12《題鴛湖閨詠》：「誰吟紈扇繼詞壇？白下相逢吳彩鸞。才比左芬年更少，堲求韓重遇應難。玉顏屢見鶯花度，翠袖須愁煙雨寒。往事只看予薄命，致書知己到長干。」〔註208〕

　　眞實的書法遺存，半眞的書法作者，幾乎可說是半杜撰的主人，這三者構成了眞正「傳奇」的「魅力」組合。《攻媿集》卷5《題汪季路家藏吳彩鸞唐韻後》：「舊說仙人吳彩鸞，日書切韻歸毫端。不應神速有如此，令人至今疑稗官。相傳此事三百載，誰知眞蹟儼然在？筆精墨妙信入神，間以朱丹倍晶彩。法言初爲此韻時，剩裒文字覺後知。寧知遂經謫仙手？諱字曾關民與基。經生矻矻盡精力，摩以歲月或可得。動翰如飛猶恐遲，一日一揮出心畫。

〔註204〕〔元〕袁桷：《清容集》卷6，《張氏女，七歲能大書》，《四部叢刊初編》景印元刊本，第16頁上、下。

〔註205〕《宣和書譜》卷4，《送功言光詩》，文淵閣《四庫全書》本，第3頁下。

〔註206〕〔明〕王士禛：《香祖筆記》卷12，上海：上海古籍出版社《明清筆記叢書》湛之點校本，一九八二年，第238頁。

〔註207〕〔宋〕樓鑰：《攻媿集》卷78，《跋宇文廷臣所藏吳彩鸞玉篇鈔》，《四部叢刊初編》影印《武英殿聚珍》本，第7頁下、第8頁上。

〔註208〕〔清〕吳偉業：《梅村集》卷12，《題鴛湖閨詠》，文淵閣《四庫全書》本，第2頁上。

神仙之說雲渺茫，仙凡配耦尤荒唐。蕭史弄玉乘鳳去，藍田空說容裴航。文簫之遇眞是否？豈比虛名傳不朽？五篇歷歷爲全書，始信傳聞是眞有。當時所直才五縑，於今千金價未均。」〔註209〕「故事」的主題，十分奈人「尋味」：與其羨慕「上界」的寂寞、永生，不如企望「下凡」的恬淡、眞愛。陳與義《簡齋集》卷 10《中秋，不見月》：「高唐妬婦心不閒，招得封姨同作難。豈惟恨滿月宮裏？腸斷西山吳彩鸞。」〔註210〕謝薖《竹友集》卷 7《吳彩鸞寫眞》：「天上鳳皇難獨宿，人間翡翠本雙棲。丹青不共文簫共，誰遣雊東迷雀西？」〔註211〕張昱《張光弼集》卷 3《題吳彩鸞寫韻圖》：「小點紅鸞欲下遲，遠山渾是畫來眉。如何一念人間事，上界仙曹便得知」？〔註212〕

〔註209〕〔宋〕樓鑰：《攻媿集》卷 5，《題汪季路家藏吳彩鸞唐韻後》，《四部叢刊初編》影印《武英殿聚珍》本，第 12 頁下、第 13 頁上。

〔註210〕〔宋〕陳與義：《簡齋集》卷 10，《中秋，不見月》，北京：線裝書局，《宋集珍本叢刊》影印元刊本，第 558 頁下。

〔註211〕〔宋〕謝薖：《竹友集》卷 7，《吳彩鸞寫眞》，北京：線裝書局，《宋集珍本叢刊》影印清鈔本，第 124 頁下。

〔註212〕〔明〕張昱：《張光弼集》卷 3，《題吳彩鸞寫韻圖》，《四部叢刊續編》景印明鈔本，第 5 頁下。

結　語

　　中唐社會是中國古代社會的轉折時期——即由門閥士族地主階級統治向世俗地主階級中央集權轉化的轉折時期，這種轉變以兩稅法的國家財政制度的改革爲標誌，以科舉制的繁盛和進士集團意識形態的形成爲意志代表。〔註1〕呂思勉先生也說：「有唐中葉，爲風氣轉變之會」。〔註2〕中唐時期不僅是中國古代歷史的特殊時期，也是中國古代性文化史的特殊時期。

　　中唐兩性文化具有過渡性特徵。唐代是一個從貴族社會向「士庶社會」過渡的時期，而中唐就是這個過渡特徵較明顯的階段，因此中唐兩性文化具有過渡特色。它既有貴族社會性文化的遺風影響，如看重門第婚姻；但是又有「士庶社會」的性文化的浸染，如欣賞和建構「才子佳人」的愛情模式；最後還可看出貴族社會性文化和「士庶社會」新舊性文化兩者之間的交鋒和衝擊，如拋貧女另娶高門。中唐士大夫心目中構建起理想的兩性標準和以往時代也不大相同，他們受「士庶社會」的性文化影響，欣賞和讚美具備個性魅力的女人，而對於女俠和女仙的肯定也反映了這種審美志趣。中唐的婦女有自我意識的覺醒，民間出現許多婦女加入修道的行列。傳奇故事中則湧現出許多平民婦女白日升仙的故事，構建了民女也可以躋身仙籍的範式。

　　中唐兩性文化還具有階段性特徵。男風和房中術的階段性特徵表現較明顯。中唐男風不大盛行，中唐士大夫不像漢代或魏晉南北朝貴族社會的士大夫那樣以男風爲時尚，相關記載少於其他時代，尤其中唐後更顯衰微。而進入「士庶社會」之後的宋代，居然出現男妓當街叫賣的記載。此外，中唐士

〔註1〕 李澤厚：《美的歷程》，廣西師範大學出版社，2001 年，第 199 頁。
〔註2〕 呂思勉：《隋唐五代史》，上海：上海古籍出版社，1984 年，第 1330 頁。

大夫修煉房中術，從重視房中交合的繁衍後代的唯生殖目的到爲了自身快樂而交合，不是汲汲於子嗣的繁衍，而是偏重於以追求享樂。這種性觀念的轉變有著非常深刻和現實的根源。

中唐兩性文化還具有矛盾性特徵。中唐士大夫對待女人有兩種態度，導致相對分裂的兩性生活。他們一方面嚮往娶高門豪族女子爲妻，但是另一方面又會渴求兩情相悅的紅顏知己陪伴身邊，對待愛情、婚姻的心態極其矛盾、複雜。而拋貧女另娶高門成爲中唐士大夫群體默認的價值觀。此外，他們一方面讚賞具有時代超前性的個性、自由的女子——女俠，但是另一方面卻又希望社會規範對她們有所規範和約束。

中唐兩性文化還是影響深遠的。中唐士大夫建構的「才子佳人」愛情模式確立了後世「郎才女貌」的審美價值觀，一直影響至今；中唐湧現出許多平民女子進而白日昇天成爲女仙的故事，這些女仙故事流傳後世，歷久不衰，甚至直至宋、元、明、清還受到士大夫的熱議和百姓們的祭祀、供奉，反映中唐兩性文化影響後世的獨特魅力。

這就是筆者的中唐社會兩性文化觀。但是由於流傳至今的關於中唐兩性文化的史料缺乏，筆者儘管盡力搜集，竭力網羅，仍然深感資料不足，難以完整地對中唐兩性文化做一個詳盡的考察。而史料運用方面，側重筆記小說的資料，考察角度比較單一。並且，由於筆者的知識背景等原因，於唐代的宗教和醫學與性觀念關係的研究明顯不足、不深，希望在以後的研究中努力完善和提高。

附錄：個案研究——白行簡性觀念與
儒家、道家的關係

　　提及唐代開放、坦蕩的性觀念，我們很自然就會想起濃墨重彩專門狀寫和歌頌唐人性生活的奇文《天地陰陽交歡大樂賦》。白行簡（768～826），字知退，白居易之弟，兩《唐書》皆有傳。元和二年進士及第，歷任校書郎、左拾遺、司門員外郎、主客郎中等職。關於其為人，《新唐書》唯「敏而有辭，後學所慕尚」〔註1〕一語，《舊唐書》稍詳：「行簡文筆有兄風，辭賦尤稱精密，文士皆師法之。」〔註2〕筆者擬通過研究和分析白行簡性觀念的萌芽，到漸近道家，後歸於儒家的發展過程管窺中唐士大夫的性觀念。

第一節　從成長環境看白行簡性觀念的形成

　　一般心理學認為，從童年時起，家庭和周圍的社會環境，對孩子性觀念的形成就具有很大的影響。白行簡出生成長在這樣一個家庭環境下：父親是傳統的儒家士大夫及勤勉的官僚，長期在外任職；而母親是賢惠的家庭主婦，是相夫教子、賢妻良母的典範。據《襄州別駕府君事狀》云：

　　　　夫人穎川陳氏，陳朝宜都之後。祖諱璋，利州刺史。考諱潤，
　　坊州廓城縣令。妣太原白氏。夫人無兄姊弟妹，八歲丁廓城府君之

〔註1〕〔宋〕歐陽修、宋祁：《新唐書》卷119，《白行簡傳》，北京：中華書局，1975年，第4305頁。
〔註2〕〔後晉〕劉昫：《舊唐書》卷166，《白行簡傳》，北京：中華書局，1975年，第4358頁。

憂，居喪致哀，主祭盡敬，其情禮有過成人者，中外姻族，咸稱異
之。十五歲，事舅姑，服勤婦道，夙夜九年。迨於奉蒸嘗，睦娣姒，
待賓客，撫家人，又二十三年，禮無違者，故中外凡爲家婦者，皆
景慕而儀刑焉。……建中初，以府君彭城之功，封穎川縣君。〔註3〕

白母之所以受封，獲得當時官方的褒獎，當然主要是由於白季庚的彭城之功，
但是她相夫教子、勤於婦道也是她獲得認可和肯定的原因，並且被作爲賢妻
良母的典範而獲得嘉獎。白季庚在大曆十年（775）丁父憂後居官宋州司戶參
軍，而建中元年（780）又授彭城令，〔註4〕忙於公務，很少回家。因此白家
子女一併跟著母親生活。教養的責任，就由白居易的母親陳氏承擔起來。待
到白行簡出生，完全由母親撫養成人，還有慈愛的外祖母白氏照顧。外祖母
白氏對白行簡精心照顧：「及居易、行簡生，夫人鞠養成人，爲慈祖母。迨乎
潔蒸嘗，敬賓客，睦娣姒，工刀尺，善琴書，皆出於餘力焉。」〔註5〕至於日
常飯食，接待賓客，和睦鄰里，精心女工，彈琴讀書，處處都是母親及外祖
母的身影。白母陳氏有學問也有見識，善於教育子女。白季庚後來任職徐州
別駕和襄州別駕，母親陳氏一如既往地承擔教養兒子的責任，態度總是那樣
和藹可親。「又別駕府君即世，諸子尚幼，未就師學，夫人親執詩書，晝夜教
導，循循善誘，未嘗以一呵一杖加之。十餘年間，諸子皆以文學仕進，官至
清近，實夫人慈訓所至也。夫人爲女孝如是，爲婦順如是，爲母慈如是，舉
三者與百行可知矣。」〔註6〕這種環境對於幼年白行簡的思想形成具有很重要
的意義。一個大方賢惠、慈愛可親的母親可以使幼年白行簡沐浴在無私而廣
博、深沉而寧靜的母愛之下，這樣對白行簡性格的形成會產生重要的影響。
因爲，白行簡在愛心呵護下獲得了一個較好的成長環境和氛圍，這樣他的思
想及觀念也會比較容易健康自然地穩定發展。白行簡的《天地陰陽交歡大樂
賦》從男女性稟之異寫起，從出生到青春期的變化及男孩、女孩生理、心理
髮育成熟，青春期的生理萌動、戀愛到結爲夫妻，直到相伴到老各個時期男

〔註3〕〔唐〕白居易：《白氏長慶集》卷29，《襄州別駕府君事狀》，北京：商務印書
　　　館，1955年。
〔註4〕同上註。
〔註5〕〔唐〕白居易：《白氏長慶集》卷25，《唐故坊州鄜城縣尉陳府君夫人白氏墓
　　　誌銘並序》，北京：商務印書館，1955年。
〔註6〕〔唐〕白居易：《白氏長慶集》卷29，《襄州別駕府君事狀》，北京：商務印書
　　　館，1955年。

女在性愛上心理、生理的不同變化。這實際上是以其青春期的成長過程爲背景的。

《大樂賦》關於青春期的描寫可以說明一些問題。「始自童稚之歲，卒爲人事之終」。青春期前如「夫懷抱之時，總角之始，蛹帶米囊，花含玉蕊」，即在父母懷抱中，其性器官處於幼稚狀態，但性情卻有男女之別，「觀其男既稟，則而立矩；女之質亦葉，順而成規」，男剛而女柔。青春期則是「忽皮開而露」，即男性陰莖包皮上翻，龜頭露出，「俄肉佪而突起」，即女性乳房突起。陰毛出現，「生毿毿之烏毛」，而女性月經來潮「流涓涓之紅水」。這時表現出了男性英俊威儀，女性嬌美嫻淑。「既而男已羈冠，女當笄年。溫潤之容似玉，嬌羞之貌如仙。英威燦爛，綺態嬋娟。素水雪淨，粉頸花團。睹昂藏之材，已知挺秀；見窈窕之質，漸覺呈妍。草木芳麗，雲水容裔，嫩葉絮花，香風繞砌。鶯接翼想於男，分寸心爲萬計……」〔註7〕這段賦文的意思是：青春煥發的少女，容顏溫潤如玉，面貌嬌羞多情；男子英俊威武，容光煥發，看到自己高大的身材，已經會在女性面前顯露魁偉英俊了。此時的女子，肌膚潔潤，素手纖纖，粉面玉頸，豔麗光彩，苗條動人，在男性面前也會顯露自己的秀麗和嫵媚了。豔麗多彩的青春時代，就像花草樹木一樣芬芳可愛，像行雲流水一樣瀟灑自如，像嫩葉絮花一樣隨風飄香……這段對於青春期的描寫是那麼的質樸、細膩、自然、優美。反映出白行簡對於青春期懷有美好的情感，可能其中融入了他成長過程的美好回憶。「草木芳麗，雲水容裔，嫩葉絮花，香風繞砌」這般豔麗多彩的青春時代也許就是他少年時代的眞實寫照。

在白行簡的家庭生活中，與父親白季庚眞正生活在一起的時間極少。在父親長期不在身邊的情況下，白行簡從小耳濡目染的都是母親和外祖母的循循善誘，這使得白行簡從小對於女性懷有親切、欣賞及讚美的情感。這種情愫很自然地流露於《大樂賦》中。白行簡在賦文裏描寫女性的文字裏面融入了許許多多讚美愛慕的情感傾向，如形容女性生殖器的「花含玉蕊」，形容女性美貌的「女當笄年，溫潤之容似玉，嬌羞之貌如仙」、「素水雪淨，粉頸花團」、形容女性動作的「美人仍脫羅裙，解秀褲，頰似花團，腰如束素」〔註8〕……諸多讚美愛慕美人的文字，一方面反映了白行簡青春期美好的性經歷，另一方面也是家庭教育對其性觀念潛移默化的影響所致。

〔註7〕 周燮藩主編：《三洞拾遺》，合肥：黃山書社，2005年，選輯《雙梅景闇叢書》之《天地陰陽交歡大樂賦》，第694頁。

〔註8〕 同上註。

第二節 白行簡性觀念與道家房中術

在白行簡《大樂賦》的賦文裏有四處直接提到或引述了房中術著作：「或高樓月夜，或閒窗早暮，讀素女之經，看隱側之鋪」；「《交接經》云：男陰……曰陰乾」；「素女曰：女人……過實則死也」；「《洞玄子》曰：女人陰孔，爲丹穴池也。」〔註9〕此外運用「琴弦」、「穀實」、「九淺一深」、「龍宛轉」、「蠶纏綿」等房中術的術語非常嫻熟，信手拈來。文中還有大量「金溝」、「乳肚」、「以帛子乾拭」、「嬰兒含乳」、「凍蛇入窟」等，〔註10〕皆爲房中書常見的用語和比喻。由此可見，白行簡是非常熟悉房中術著作的。然而關於白行簡的傳記中似乎未提及他有什麼特殊經歷、遭遇或愛好，比如修習方術、善醫道或愛好房中家言之類。可見白行簡既不以方術名世，更非房中大家。可能的原因就是當時房中家著作流傳甚廣，一般文士中對於房中術的理論和實踐較爲熟悉。

白行簡有兄弟四人：幼文，居易，行簡，幼美。長兄幼文三十歲不到即死去，而弟弟幼美九歲早夭。白父在白行簡十來歲時候即死在襄州別駕任上。白居易比白行簡大四歲，在白行簡一生中，從幼年開始，他與兄長居易就是相依爲命，感情深厚的。據《舊唐書》記載：「居易友愛過人，兄弟相待如賓客，行簡子龜兒，多自教習，以至成名。當時友悌，無以比焉。」〔註11〕而從白居易的詩文作品也可看出居易和行簡深厚的兄弟情。白居易一生中寫過許多給行簡的詩詞，流傳下來的不少：《對酒示行簡》：「今旦一尊酒，歡暢何怡怡。此樂從中來，他人安得知。兄弟唯二人，遠別恒苦悲。……行簡勸爾酒，停杯聽我辭。不歡鄉國遠，不嫌官祿微。但願我與爾，終老不相離」；〔註12〕《別行簡》：「……何言巾上淚，乃是腸中血。念此早歸來，莫作經年別」；〔註13〕《寄行簡》：「鬱鬱眉多斂，默默口寡言。豈是願如此，舉目誰與歡。

〔註9〕周燮藩主編：《三洞拾遺》，合肥：黃山書社，2005年，選輯《雙梅景闇叢書》之《天地陰陽交歡大樂賦》，第695頁。

〔註10〕同上註，第695頁。

〔註11〕〔後晉〕劉昫：《舊唐書》卷166，《白行簡傳》，中華書局，1975年，第4358頁。

〔註12〕〔清〕彭定求：《全唐詩》卷430，白居易七《對酒示行簡》，中華書局1960年，第4751～4752頁。

〔註13〕〔清〕彭定求：《全唐詩》卷433，白居易十《別行簡》，中華書局，1960年，第4783頁。

去春爾西征，從事巴蜀間……春來夢何處，合眼到東川」；〔註14〕《登西樓憶行簡》：「風波不見三年面，書信難傳萬里腸」；〔註15〕《得行簡書，聞欲下峽，先以詩寄》：「欲寄兩行迎爾淚，長江不肯向西流」；〔註16〕《夢行簡》：「天氣妍和水色鮮，閒吟獨步小橋邊。池塘草綠無佳句，虛臥春窗夢阿憐。」〔註17〕還有《九日寄行簡》、《湖亭與行簡宿》、《聞行簡恩賜章服，喜成長句寄之》等大量作品。可以看出白居易與白行簡的兄弟之情深厚無比，遠超一般的手足之情。白行簡的詩集亦由白居易輯出《白郎中集》20 卷，但是已經由於年代久遠散佚了。所以我們今天看不到那些白行簡寫給白居易的詩歌。白居易大量的詩歌作品透露出的深沉的兄弟情是自然而然流露的。在白行簡十來歲的時候，父親去世，白居易作為兄長對於白行簡有重大的影響。在幼年男性心理發展過程中，他們會產生「要像大人一樣」〔註18〕的願望。這種願望會導致他們對同性家長或同性的所崇拜的人物進行「認同」，也就是說，被他「認同」的人「同化」，這種同化作用也就是對他人的特徵的吸收。而在白行簡的心裏，他對兄長白居易就具有這種認同感，對他懷有崇拜之情。因為白居易在那個時代是成功的男性典範。他早年進士及第，可謂少年得志，官運亨通。歷任杭州刺史、蘇州刺史、刑部尚書等高級官吏。而且作為大詩人，在當時可稱為重量級的人物。白行簡對於白居易不僅有手足之深情，而且對於兄長那種認同和崇拜的情感更是貫穿一生。他元和二年（807）登進士第，授秘書省校書郎。元和八年（813），受盧坦辟，為劍南東川節度使掌書記。元和十二年（817），盧坦卒，至江州依其兄。這一年前，其兄因得罪朝中權貴，被黜外放，為江州司馬。白行簡不再另謀高就，而與其兄患難與共，相濡以沫，手足之情甚篤。「嘗從居易讁所，天性友愛，當時無比。」〔註19〕後來，白居

〔註14〕 〔清〕彭定求：《全唐詩》卷 433，白居易十《寄行簡》，中華書局，1960 年，第 4792 頁。

〔註15〕 〔清〕彭定求：《全唐詩》卷 439，白居易十六《登西樓憶行簡》，中華書局，1960 年，第 4894 頁。

〔註16〕 〔清〕彭定求：《全唐詩》卷 440，白居易十七《得行簡書，聞欲下峽，先以詩寄》，中華書局，1960 年，第 4900 頁。

〔註17〕 〔清〕彭定求：《全唐詩》卷 446，白居易二十三《夢行簡》，中華書局，1960 年，第 5015 頁。

〔註18〕 潘光旦譯，靄理士著：《性心理學》，北京：三聯書店出版社，1987 年。

〔註19〕 〔清〕彭定求：《全唐詩》卷 466，《白行簡小傳》，中華書局，1960 年，第 5304 頁。

易轉忠州刺史，他也隨著去了。一直到十五年（821），白居易回朝任職，白行簡才在京城謀得左拾遺一職，直到寶曆二年（826）冬病逝。可見兄弟倆很長時期生活在一起，感情深厚，融洽無間。

據學者的考證，白行簡的《大樂賦》約作於公元 800 年左右，〔註20〕其時白行簡二十五六歲，恰好處於青壯年。青年白行簡可能受其兄長影響，也篤信道家房中術，甚至還可能修煉過。不然，在其賦文裏面表現出來的那種熟悉房中術著作的程度，就很難說得通了。中唐即使世風再開放，性觀念再坦蕩，士大夫中也不可能人人都熟知房中術著作，而像白行簡那樣說起房中術語信手拈來的更是難以想像。

雖然沒有直接史料表明白行簡修煉過，但是有白居易的一些史料還是可以參考。有唐一代，道教成爲國教，以致「儒生也愛長生術」。〔註21〕白居易生活在崇道風氣愈來愈濃的時代，曾與道士、女冠交往，甚至夜宿道觀，〔註22〕思想受其浸染，行爲受其影響應合情理。陳寅恪先生曾言：「白公則外雖信佛內實奉道是。」〔註23〕白居易青壯年時期常崇道好仙，一方面經常誦讀道教典籍：「暗誦《黃庭經》在口，閒攜青竹杖隨身」、〔註24〕「七篇《眞誥》論仙事，一卷《壇經》說佛心」、〔註25〕「玄元皇帝著遺文，烏角先生仰後塵」等詩可證。白居易《酬思黯戲贈》詩：「鐘乳三千兩，金釵十二行。妒他心似火，欺我鬢如霜。」白居易自注此詩：「思黯自誇前後服鐘乳三千兩，甚得力。而歌舞之妓頗多。來詩譴予羸老。故戲答之。」〔註26〕牛僧孺，字思黯。從詩中可以知道，後來成爲宰相的牛僧孺也是一個熱衷於服丹御女的人。而已

〔註20〕據江曉原：《〈天地陰陽交歡大樂賦〉發微──對敦煌寫卷 P2539 之專題研究》一文稱白行簡的《大樂賦》約作於公元 800 年左右。

〔註21〕〔清〕彭定求：《全唐詩》卷 562，劉威《贈道者》，北京：中華書局，1960年，第 6526 頁。

〔註22〕白居易貞元末、元和初曾居華陽觀。其《策林》是和元稹一起在那裡準備科舉考試時擬寫的考卷，見《策林序》。此外有詩《永崇里觀居》、《宿簡寂觀》爲證。與道流頻繁交往，例如《早結道友，以藥術爲事》《尋郭道士不遇》、《同微之贈別郭盧舟煉師五十韻》《玉眞張觀主下小女冠阿容》等。

〔註23〕陳寅恪：《元白詩箋證稿》，北京：三聯書店出版社，2001 年，第 337 頁。

〔註24〕〔唐〕白居易：《白居易集》，北京：中華書局，1979 年，第 767 頁。

〔註25〕〔唐〕白居易：《白居易集》卷 36，《味道》，北京：中華書局，1979 年，第 517 頁。

〔註26〕〔唐〕白居易：《白居易集》卷 34，《酬思黯戲贈同用狂字》，北京：中華書局，1979 年，第 767 頁。

經垂垂老矣的白居易表現出豔羨不已的情感。在《同微之贈別郭虛舟煉師五十韻》這首詩中的「專心在鉛汞，餘力工琴棋」等句子我們也可以明顯地看出詩人也曾親自動手煉製丹藥。詩中所謂的「守雌雄」、「二物正欣合」等即是繁衍鉛汞派的乾坤陰陽、雌雄配合之說，也是道教房中術的表現之一。「綢繆夫婦體，狎獵魚龍姿」，魚和龍都是道教房中御女之隱語，這是借助隱諱的比喻極寫男女修道時之豔事。〔註27〕這證明白居易的確曾修道，而且修道的重要內容就是房中術。那麼白行簡長期追隨其兄長生活，也不可能不受其影響。現今存世的白行簡的詩僅僅七首。其中有一首《金在熔》：「巨橐方熔物，洪爐欲範金。紫光看漸發，赤氣望逾深。焰熱晴雲變，煙浮晝景陰。堅剛由我性，鼓鑄任君心。踴躍徒標異，沉潛自可欽。何當得成器，待叩向知音。」〔註28〕房中術對於士大夫影響最深的就是燒金御女之術。詩歌的魅力就是同一首詩不同的人有不同的領悟，白行簡的《金在熔》似乎與修煉房中術有一定聯繫。即使沒有直接關於白行簡修煉的記載，但可以推論出他很可能是和其兄一樣修煉過房中術的。

從內容上分析，《大樂賦》反映的性觀念是近於道家的。

首先，《大樂賦》體現了道家的性平等觀。道家對男女雙方都比較尊敬的態度近於一種性平等的觀念。而白行簡的賦文裏面也有一種性平等觀，具有一種對於女性的欣賞和肯定。而在《大樂賦》中，男女是從事性活動的平等的雙方，敘述的文筆從男女雙方的青春期性發育寫起，一直到男女新婚洞房之夜的性交，男女性交後男方射精等等，筆法都是男女之間進行鋪排對比，等同視之。而且男女雙方還在性生活裏面同樣獲得性快樂，這就是把女性作為和男性平等的參與性活動的另一方進行描寫，而不是完全的以男性為中心。

其次，《大樂賦》體現了道家的性唯美觀。道家性觀念中有一種性唯美觀。在中國傳統文化形態的表現中，常常會用優美的詞彙和抽象的隱喻來表述不能或不願描寫的人和事，而道家恰恰是利用了這一慣例。在道家房中術中，會使用一些優美的字眼來描述生殖器官或者性愛動作，如「玉門」、「玉莖」、「魚比目」、「龍宛轉」等，這在白行簡的賦文裏面也有類似的體現，一定程度上體現了道教的性唯美觀。

〔註27〕張振謙：《試論道教文化對白居易豔情詩的影響》，《內蒙古農業大學學報》2008年第3期。
〔註28〕〔清〕彭定求：《全唐詩》卷466，白行簡《金在熔》，中華書局，1960年，第5305頁。

　　再次，道家的性自然觀在《大樂賦》裏面有非常充分的體現。從賦文可以看出，白行簡認爲性是很健康自然的，並且對性進行了坦蕩而純眞的肯定，確認它在人一生中的位置。如「夫性命者人之本，嗜欲者人之利。」這就是把男女交合看作爲是人生存最自然的需求，看作是人生的最大樂趣，並沒有認爲這是低級下流、邪惡淫穢的事情。這直率而樸素的人性論，和道家性自然觀相合。這種性觀念其實是返璞歸眞的性觀念，而且在中國歷史上一直具有美好的傳統。從上古時代開始，先民們就認爲：陰（地、女性等）與陽（天、男性等）要相互交合才使得萬物具有生機。而陰陽交合被認爲是天地間最自然的事情。因而在古代中國人眼中，男女兩性的交合，實爲一種充滿神聖意味的佳景，一件值得崇敬謳歌的美事。而白行簡的《大樂賦》也是同樣宣稱：「具人之所樂，莫樂如此，所以名『大樂賦』。」

　　此外，白行簡的性自然觀還體現在其文筆的毫不隱晦、文風的磊落坦蕩上。而白居易平實易懂的詩風對於白行簡的文風可能有直接影響。《舊唐書》記載：「行簡文筆有兄風，辭賦尤稱精密，文士皆師法之。」〔註29〕《大樂賦》賦文用語比較通俗，白行簡的通俗寫法恰好就是其坦蕩、大方性觀念的表現。在中國文學史上，用文學的形式來敘寫房中術內容的，除《大樂賦》外，其他的性文學作品非常少見。《大樂賦》文辭清暢，既雅麗又入俗，是篇精美的愛的經典。中國古代在儒家詩教觀和禮教的束縛下，文人多不敢直言自己的戀情，所以往往託女子之口，或者採用樂府民歌的形式，或者在題目上冠之以「代」、「代人」等字樣，但代人抒情終究隔著一層。而中唐詩壇領袖白居易、元稹提倡的新樂府運動具有開創性的進步，眞實、大膽地表現詩人自己的豔情經歷，或者毫不隱諱地敘述自己的狎妓冶遊經歷，以寫實手法對自己與某個女子的一段豔情細節津津樂道，將詩人自我的情思融入到豔體詩中，使詩歌具有了強烈的主體化傾向和寫實色彩。白居易提出「文章合爲時而著，歌詩合爲事而作」〔註30〕的儒家功利主義詩學觀，而這種觀念和主張對於白行簡的《大樂賦》也有影響。白行簡在賦文中敢於赤裸裸地狀寫性生活，其文字之綺麗，詞章之華彩，情感之蕩佚，聲色之豔靡，堪稱與白居易的後期豔詩創作有異曲同工之妙。

〔註29〕〔後晉〕劉昫：《舊唐書》卷166，《白行簡傳》，北京：中華書局，1975年，第4358頁。

〔註30〕〔唐〕白居易：《白居易集》卷3，《新樂府序》，北京：中華書局，1979年，第52頁。

第三節　從《李娃傳》看白行簡性觀念趨向儒家

「如果一部文學作品，人們知道如何解釋它，那麼我們在作品中所找到的會是一種人的心理，時常也就是一個時代的心理，有時更是一種種族的心理。」〔註31〕丹麥文學批評家勃蘭克斯曾指出文學就其最深刻的意義來說，是一種心理學，研究的是人的靈魂。《李娃傳》就是這樣一部作品。據學者考證，白行簡只活了五十一歲，而《李娃傳》是白行簡中晚年時期的作品。〔註32〕《李娃傳》可以透視出白行簡中晚年的性觀念。白行簡的性觀念已經從青年道家的直率過渡到中晚年儒家的含蓄。而為什麼會有這樣的變化呢？這要結合白行簡的人生際遇以及時代背景來分析。

白行簡的中晚年仕途坎坷，生活顛沛流離，人生之路並不順暢。元和八年（813），他受盧坦辟，為劍南東川節度使掌書記。元和十二年（817），盧坦卒，至江州依其兄。一直到十五年（821），白居易回朝任職，白行簡才在京城謀得左拾遺一職，直到寶曆二年（826）冬病逝。白行簡的仕途充斥著挫折和失意，心理格局是一片悲愴和消沉。這時候他的思想發生轉型也是可以理解的。如果說青年時期他的思想和觀念近於道家的飄逸灑脫的話，那麼中晚年的他經歷過生活歷練後更趨向於儒家的務實，更關注時代，更關注社會。

此外，白行簡生活的年代恰好是剛經歷安史之亂不久的中唐社會，「安史之亂」引起的連鎖反應仍在發展，長期兵連禍結，社會動亂日趨嚴重，內外矛盾更加激化。恰恰是在這一時期，部分文人、士大夫已開始逐漸從茫然不知所措的心境中努力掙脫出來。他們開始重新振作、再度崛起，試圖為中興唐室而努力。雖然有劉晏、楊炎先後推行經濟改革，但僅僅是曇花一現，並未能從根本上使唐王朝再度崛起。這迫使中唐士大夫認真而又深刻地思索國家的前途和命運，繼續掀起中興唐室的政治改革思潮，其中較重要的是儒學復興運動。這是因為，在探究大唐由盛而衰的原因的時候，士大夫階層中有一種觀點認為：是由於士大夫追求做官從而對儒學宗旨不求甚解，利益道德淪喪，才造成了安史的反叛和戰亂的延伸。賈至在支持楊綰關於貢舉的奏議中稱：「四人（民）之業，士最關於風化。近代趨仕，靡然向風，致使祿山一呼而四海震蕩，思明再亂而十年不復。向使禮讓之道弘，仁義之道著，則忠

〔註31〕〔法〕丹納：《英國文學史・序言》，伍蠡甫、胡經之主編：《西方文藝理論名著選編》，北京：北京大學出版社，1986年，第155頁。

〔註32〕黃大宏、楊蓉：《〈李娃傳〉為白行簡晚年作品考論》，《陝西師範大學繼續教育學院學報》，2003年3月第1期。

臣孝子比屋可封，逆節不得而萌也，人心不得而搖也。」〔註33〕儒家禮義之
道的興廢，關係著國家的治亂興衰。因此，振興儒學和禮教被看作是安史之
亂後重整大唐帝國的威儀，恢復子孝臣忠局面所必須。中唐前期的儒學，重
點在於尋求「匡時救弊」的方略，主要目標是解決自安史之亂起留下的種種
社會難題，表現在思想層面上就是強調儒家倫理教化。此外，更有人明確主
張從心性修養方面出發復興儒學。他們倡議恢復傳統的禮教，以振興世道、
重整人倫為其目標，用古三代的淳厚民風來挽救世風，以儒家的典禮形式來
感化社會。〔註34〕所以匡復儒家傳統禮教成為中唐士大夫的重要思想命題。
白行簡自然也感同身受。這實際上是對於佛教、道教在中唐社會帶來的社會
虛無化的糾正。所以，在後期作品《李娃傳》中不再有當年《大樂賦》那種
近於道家性觀念的灑脫、坦蕩、大方，而是表現為趨向於儒家的性觀念。

　　那麼，在《李娃傳》中性觀念趨向儒家的具體表現是什麼呢？

　　表現一：性要符合儒家的道德禮義。

　　儒家的經典之一《中庸》云：「喜怒哀樂之未發謂之中，發而皆中節謂之
和。中也者，天下之大本也；和也者，天下之達道也。致中和，天地位焉，
萬物育焉。」〔註35〕這種「中和」的境界即是指：人的喜怒哀樂的感情（包
括性的需求和性的感受），一定要符合節度，符合儒家的觀念標準，即道德禮
義，這既是天下最普遍的根本所在，又是天下最普遍的通行原則。這種性觀
念，可以通過對《李娃傳》的分析折射出來。

　　《李娃傳》描寫的是娼妓李娃與世家公子鄭生悲歡離合的愛情故事。李
娃原是地位卑賤的妓女，滎陽鄭生溺於其美色，樂不思蜀，以至囊橐罄盡，
流落街頭，以乞食、唱輓歌為生，而在這個關鍵時刻，曾經與他歡好一載，
旋又欺騙了他的李娃忽然挺身而出，挽狂瀾於將傾。通過她的曲意扶持，終
於恢復了鄭生的本來面目，並使他一舉登第，步入仕途。李娃後來被滎陽鄭
生之父遣媒納聘，迎娶李娃入門，後來李娃竟成為高貴的汧國夫人，得以從
娼門一步登天，成為傳奇。〔註36〕

〔註33〕〔後晉〕劉昫：《舊唐書》卷119，《楊綰傳》，北京：中華書局，1975年，第
　　　　3433頁。
〔註34〕賈名黨：《中唐儒學與文學研究》，揚州大學博士論文，2006年。
〔註35〕朱熹：《四書章句集注》，北京：中華書局，1983年，第18頁。
〔註36〕〔宋〕李昉：《太平廣記》卷484，《李娃傳》，北京：中華書局，1961年，第
　　　　3987～3991頁。

儘管唐代在男女關係上相對開放，妓女與士大夫亦往往因才色的相互吸引產生感情的投契，然而一旦論及嫁娶，就不能不受社會輿論與市俗成見的拘制，而萬難克諧。因為唐代婚姻，最重門第，而娼妓在唐代屬於賤民，士大夫屬於良民，良賤不通婚。娼妓與士大夫的結合，其實並不符合唐代的法律和國情。在唐代雖然也不乏載錄妓女從良，但大抵是充作姬妾外室，而罕有為士大夫嫡妻的記載。那麼，這種不符合禮儀法律的結合該怎麼辦呢？白行簡從另一個方面來彌補，極力標榜李娃的「節行瑰奇」，以彌補男女雙方門第傾斜的缺憾，並藉此為娼妓描繪出一條光明的出路。「嗟乎，倡蕩之姬，節行如是。雖古先烈女，不能踰也」這種說教的意味實啟宋代傳奇大倡禮義貞淑的先河。〔註37〕只有與這種「節行瑰奇」的女子成婚，才符合儒家宣揚的道德禮儀。

李娃之所以能從娼門一步登天，被高門大族明媒正娶，就是因為李娃幫助鄭生做了鄭氏家族殷殷矚望卻又無能為力的重振家聲之舉。這樣，李娃也就於鄭氏一門有了莫大之恩。在故事中的李娃已經不再是普通意義上的娼妓，而是蛻變成為合乎儒家節度標準的賢妻，幫助和鼓勵丈夫追求功名利祿，成功地重振高門大族的家聲。這其實就是白行簡要極力標榜和宣揚的李娃之「節行瑰奇」，其實也是響應了中唐時代士大夫階層發出的要匡復儒家傳統禮教的呼聲。

故事中的李娃當然是有絕代姿容的美人，白行簡筆下這樣形容她的容貌：「娃方憑一雙鬟青衣立，妖姿要妙，絕代未有」、「明眸皓腕，舉步豔冶」。〔註38〕這說明，李娃是一位極富性吸引力的美人。但是，李娃之所以和鄭生有情人終成眷屬，大團圓結局，不是因為她出眾的容貌，更不是因為她和鄭生深摯的感情而獲得上天垂憐，最關鍵的是她的行為符合儒家所謂的節度標準，才有這麼美滿的結局。所以，在白行簡的性觀念裏面，「道之以德，齊之以禮」，只有遵守禮法之性行為才值得提倡，只有符合儒家道德標準的女人才值得去娶，在性觀念的領域已經浸染了儒家的禮教觀。

表現二：性要符合儒家的孝道。

唐代畢竟還是一個講求「忠孝」的古代社會，性觀念也必然會受到影響，

〔註37〕陶慕寧：《青樓文學與中國文化》，上海：東方出版社，2006年，第50頁。

〔註38〕〔宋〕李昉：《太平廣記》卷484，《李娃傳》，北京：中華書局，1961年，第3987頁。

特別是孝道的影響。性要符合儒家的孝道，成為《李娃傳》的一個重要命題。小說中的滎陽鄭生高中並被授予官職後，李娃自慚形穢，想功成身退，後來在鄭生的苦苦哀求下只得答應送他到劍門。而這時滎陽鄭公恰好也由外地奉召入川任成都府尹，於是父子相見和好如初。在得知兒子的這一番離奇的經歷之後，滎陽鄭公決定將李娃明媒正娶過來做自己的兒媳婦。從良後的李娃恪守婦道、治家有方深得家人喜愛，並且為滎陽公子生了四個兒子，後來這四個孩子長大後都做了高官，而李娃也被封為「汧國夫人」。李娃和鄭生是心心相印的，但是，鄭生在被授予官職後卻不迎娶李娃。白行簡安排的情節卻是由滎陽鄭公做決定將李娃明媒正娶過來做自己的兒媳婦。在《孟子‧滕文公》中孟子說道：「不待父母之命、媒妁之言，鑽穴隙相窺，逾牆相從，則父母國人皆賤之。」〔註39〕所以，父母之命、媒妁之言是儒家最看重的，而沒有父母之命媒妁之言的婚姻既不符合孝道，並且在全國範圍內都要受鄙視的。鄭生在父母之命下明媒正娶李娃恰好就是其孝道的重要表現之一。此外，李娃在和鄭生婚後為他生了四個兒子，後來這四個孩子長大後都做了高官。這也是符合儒家孝道的情節。《孟子‧離婁上》：「不孝有三，無後為大。」「無後」就是最大的不孝。而李娃和鄭生不但生了四個兒子，並且每個都出類拔萃，那麼這就是最符合孝道的事情了。所以說《李娃傳》反映了白行簡性觀念由道入儒的轉向。

　　白行簡在中唐文士中並不是特別出名。在其兄白居易的耀眼光芒下甚至顯得有些黯淡。但是正由於白行簡具有士大夫特徵的一般性和普遍性，這使得白行簡的性觀念具有相當的代表性。他深受中唐士風和時代背景影響，也受自身的成長及生活環境影響，形成自己獨特的思想和性觀念。

─────────────

〔註39〕楊伯峻：《孟子譯注》，北京：中華書局，1960年，第142頁。

參考文獻

論著部分（依照書目首字母排序）

A

1.《曖昧的歷程》張在舟，鄭州：中州古籍出版社，2001 年。

B

1.《抱朴子內篇校釋》王明，北京：中華書局，1985 年。

2.《抱朴子外篇校箋》楊明照，北京：中華書局，1991 年。

3.《備急千金要方》，〔唐〕孫思邈著，高文柱、沈澍農校注，北京：華夏出版社，2008 年。

4.《備急千金要方校釋》〔唐〕孫思邈著，李景榮等校釋，北京：人民衛生出版社，1998 年。

5.《北齊書》〔唐〕李百藥撰，北京：中華書局，1972 年。

6.《北史》〔唐〕李延壽撰，北京：中華書局，1974 年。

7.《北夢瑣言》〔北宋〕孫光憲，上海古籍出版社，1981 年。

8.《本事詩》〔唐〕孟棨，上海：上海古籍出版社，1991 年。

9.《博物志校證》〔西晉〕張華撰，范寧校證，北京：中華書局，1980 年。

10.《白居易集》〔唐〕白居易，北京：中華書局，1979 年。

11.《白居易評述彙編》陳友琴，北京：科學出版社，1958 年。

C

1. 《陳書》〔唐〕姚思廉撰，北京：中華書局，1972 年。
2. 《昌黎先生集》〔唐〕韓愈，上海：上海古籍出版社，《宋蜀刻本唐人集叢刊》影印本，1994 年。
3. 《冊府元龜》〔北宋〕王欽若，北京：中華書局，1960 年。
4. 《朝野僉載》〔唐〕張鷟，趙守儼點校，北京：中華書局，1979 年。
5. 《辭源》商務印書館編輯部編，商務印書館，2009 年。

D

1. 《大唐新語》〔唐〕劉肅，北京：中華書局，1984 年。
2. 《道教與唐代社會》王永平，北京：首都師範大學出版社，2002 年。
3. 《道家和道教思想研究》王明，北京：中國社會科學出版社，1984 年。
4. 《道家與中國哲學·魏晉南北朝卷》孫以楷、陸建華，北京：人民出版社，2004 年。
5. 《道教史》〔日〕窪德忠著，蕭坤華譯，上海：上海譯文出版社，1985 年。
6. 《道教史》許地山，上海：華東師範大學出版社，1996 年。
7. 《道教史》卿希泰，唐大潮，南京：江蘇人民出版社，2006 年。
8. 《道教與養生》陳櫻寧，北京：華文出版社，2000 年。
9. 《道教與中國文化》葛兆光，上海：上海人民出版社，1987 年。
10. 《道教文學史》詹石窗，上海：上海文藝出版社，1992 年。
11. 《道藏》北京文物出版社，上海書店，天津古籍出版社，1988 年影印本。
12. 《東觀秦記》〔唐〕裴庭裕，田廷柱點校，北京：中華書局，1994 年。
13. 《第二性——女人》〔法〕西蒙·波娃，長沙：湖南文藝出版社，1986 年。
14. 《道教與女性》詹石窗，上海：上海古籍出版社，1991 年。

G

1. 《廣異記》〔唐〕戴孚，方詩銘輯校，北京：中華書局，1992 年。
2. 《廣弘明集》〔唐〕釋道宣，四部叢刊初編。

H

1. 《漢書》〔漢〕班固撰，〔唐〕顏師古注，北京：中華書局，1962 年。
2. 《漢魏兩晉南北朝佛教史》湯用彤，北京：中華書局，1983 年。

3.《漢魏六朝筆記小說大觀》上海古籍出版社編，上海：上海古籍出版社，1999 年。

4.《漢魏六朝道教與文學》張松輝，長沙：湖南師範大學出版社，1996 年。

5.《漢魏兩晉南北朝佛教史》湯一介，北京：崑崙出版社，2006 年。

6.《何以中國根柢全在道教》李剛，成都：巴蜀書社，2008 年。

7.《弘明集》〔南朝梁〕僧祐，上海：上海古籍出版社，1991 年。

8.《後漢書》〔南朝宋〕范曄撰，〔唐〕李賢等注，北京：中華書局，1965 年。

9.《韓昌黎詩繫年集釋》〔唐〕韓愈，錢仲聯集釋，上海：上海古籍出版社，1984 年。

10.《韓昌黎全集》〔唐〕韓愈，北京：中國書店，1991 年。

11.《紅粉香豔幾千年——中國人「性」面面觀》王楠，西安：太白文藝出版社，1993 年。

J

1.《晉書》〔唐〕房玄齡等撰，北京：中華書局，1974 年。

2.《教坊記・北里志・青樓集》〔唐〕孫棨等，上海：古典文學出版社，1957 年。

3.《教坊記箋訂》〔唐〕崔令欽，任半塘箋訂，北京：中華書局，1962 年。

4.《劇談錄》〔唐〕康駢，北京：中華書局，1991 年。

5.《舊唐書》〔後晉〕劉昫，北京：中華書局，1975 年。

6.《舊五代史》〔北宋〕薛居正，北京：中華書局，1976 年。

7.《劍橋中國隋唐史》〔英〕崔瑞德，北京：中國社會科學出版社，1990 年。

8.《金匱要略方論》〔東漢〕張仲景，北京：人民衛生出版社，1979 年。

9.《金明館叢稿初編》陳寅恪，上海古籍出版社，1980 年。

10.《嫉妒論》〔奧〕赫・舍克，王祖望，張田英譯。北京：社會科學文獻出版社，1988 年。

K

1.《開元天寶遺事十種》〔五代〕王仁裕等撰，丁如明輯校，上海：上海古籍出版社，1985 年。

2.《癸辛雜識》〔南宋〕周密，吳企明點校，北京：中華書局，1988 年。

L

1. 《兩晉南北朝史》呂思勉，上海：上海古籍出版社，1983 年。
2. 《梁書》〔唐〕姚思廉撰，北京：中華書局，1973 年。
3. 《魯迅全集》魯迅，北京：人民文學出版社，2005 年。
4. 《六朝宗教》許抗生，趙建功，田永勝，南京：南京出版社，2004 年。
5. 《六朝志怪小說考論》王國良，臺北：臺灣文史哲出版社，1988 年。
6. 《梁書》〔唐〕姚思謙等，北京：中華書局，1973 年。
7. 《李太白文集》〔唐〕李白，〔清〕王琦注，北京：中華書局，1977 年。
8. 《李白集校注》〔唐〕李白，瞿蛻園、朱金城校注，上海：上海古籍出版社，1980 年。
9. 《李長吉文集》〔唐〕李賀，北京：北京圖書館出版社，2004 年影印本。
10. 《李賀詩歌集注》〔唐〕李賀，〔清〕王琦注，上海：上海古籍出版社，1977 年。
11. 《歷世真仙體道通鑑後集》，《道藏》（第五冊）〔元〕趙道一，北京文物出版社，上海書店，天津古籍出版社，1988 年影印本。
12. 《另類歷史：帝王秘事》倪方六，武漢：湖北人民出版社，2004 年。
13. 《劉賓客文集》，北京：中華書局，1985 年。
14. 《列仙傳校箋》王叔岷，北京：中華書局，2007 年。

M

1. 《馬克思恩格斯選集》卷 4，北京：人民出版社，1998 年。
2. 《馬王堆古醫書考釋》馬繼興，長沙：湖南科學技術出版社，1992 年。
3. 《馬王堆漢墓醫書校釋》魏啓鵬、胡翔驊，成都：成都出版社，1992 年。
4. 《孟東野詩集》〔唐〕孟郊，北京：人民文學出版社，1959 年。
5. 《美的歷程》李澤厚，桂林：廣西師範大學出版社，2000 年。
6. 《秘戲圖考》〔荷〕高羅佩，廣州：廣東人民出版社，2005 年。
7. 《冥報記》〔唐〕戴孚，方詩銘輯校，北京：中華書局，1992 年。
8. 《孟子譯注》楊伯峻，北京：中華書局，1960 年。

N

1. 《廿二史劄記》〔清〕趙翼著，王樹民校證，北京：中華書局，1984 年。
2. 《南齊書》〔南朝梁〕蕭子顯撰，北京：中華書局，1972 年。
3. 《南史》〔唐〕李延壽撰，北京：中華書局，1975 年。

4.《男人女人──中國古代性文化》李力研，北京：中國社會出版社，2003年。

5.《女性主義與中國文學》鍾慧玲主編，臺北市：里仁書局，1997年。

Q

1.《全晉文》〔清〕嚴可均輯，北京：商務印書館，1999年。

2.《全唐文》 〔清〕董浩等纂修，北京：中華書局，1983年。

3.《全唐詩》〔清〕彭定求等纂修，北京：中華書局，1960年。

4.《青樓文學與中國文化》陶慕寧，上海：東方出版社，1997年。

5.《情愛論》〔保〕瓦西列夫，趙永穆、范國恩、陳行惠譯，北京：三聯書店出版社，1984年。

6.《清稗類鈔》〔清〕徐珂，北京：中華書局，1984年。

7.《千古文人俠客夢》陳平原，北京：新世界出版社，2002年。

R

1.《阮籍與嵇康》徐公持，上海：上海古籍出版社，1986年。

2.《阮籍評傳》韓傳達，北京：北京大學出版社，1997年。

S

1.《三國志》〔西晉〕陳壽撰，〔南朝宋〕裴松之注，北京：中華書局，1959年。

2.《三洞拾遺》周燮藩主編，合肥：黃山書社，2005年。

3.《山海經》〔晉〕郭璞注，〔清〕畢沅校，上海：上海古籍出版社，1989年。

4.《史記》〔西漢〕司馬遷撰，〔南朝宋〕裴駰集解，北京：中華書局，1959年。

5.《十六國春秋》〔北魏〕崔鴻編，北京：商務印書館，1937年。

6.《世說新語箋疏》〔南朝宋〕劉義慶撰，〔南朝梁〕劉孝標注，余嘉錫箋疏，北京：中華書局，1983年。

7.《史通》〔唐〕劉知幾著，黃壽成校點，長沙：嶽麓書社，1993年。

8.《述異記》〔南朝梁〕任昉撰，北京：中華書局，1985年。

9.《四庫全書總目》〔清〕永瑢等撰，北京：中華書局，1965年。

10.《宋書》〔南朝梁〕沈約撰，北京：中華書局，1974年。

11. 《搜神記》〔東晉〕干寶撰，汪紹楹校注，北京：中華書局，1979 年。

12. 《隋書》〔唐〕魏徵等撰，北京：中華書局，1973 年。

13. 《隋唐嘉話》〔唐〕劉餗，程毅中點校，北京：中華書局，1979 年。

14. 《說文解字》〔東漢〕許慎，北京：中華書局影印本，1963 年。

15. 《說苑校證》〔西漢〕劉向，向宗魯校證，北京：中華書局，1987 年。

16. 《神仙傳》〔東晉〕葛洪，呼和浩特：內蒙古人民出版社，2003 年。

17. 《神秘的聖火——性的社會史》潘綏銘，鄭州：河南人民出版社，1988 年。

18. 《詩品注》〔南朝梁〕鍾嶸，陳延傑注，《中國古典文學理論批評選輯》，北京：人民文學出版社，1980 年。

19. 《生殖文化崇拜》趙國華，北京：中國社會科學出版社，1990 年。

20. 《隋唐制度淵源略論稿·唐代政治史述論稿》陳寅恪，北京：三聯書店出版社，2001 年。

21. 《士大夫政治演生稿》閻步克，北京：北京大學出版社，1996 年。

22. 《士與中國文化》余英時，上海：上海人民出版社，2003 年。

23. 《少室山房筆叢》〔明〕胡應麟，北京：中華書局，1958 年。

T

1. 《太平廣記》〔北宋〕李昉等編，北京：中華書局，1961 年。

2. 《太平御覽》〔北宋〕李昉等編，北京：中華書局，1966 年。

3. 《陶淵明集》〔東晉〕陶淵明，逯欽立校，北京：中華書局，1979 年。

4. 《唐前小說史略》李劍國，天津：天津教育出版社，2005 年。

5. 《唐前志怪小說史》李劍國，天津：南開大學出版社，1984 年。

6. 《唐律疏議》〔唐〕長孫無忌，劉俊文點校，北京：中華書局，1983 年。

7. 《唐闕史》〔唐〕高彥修，北京：中華書局，1985 年。

8. 《唐國史補》〔唐〕李肇，上海：上海古籍出版社，1979 年。

9. 《唐六典》〔唐〕李林甫等撰，陳仲夫點校，北京：中華書局，1992 年。

10. 《唐摭言》〔五代〕王定保，上海：上海古籍出版社，1978 年。

11. 《唐會要》〔北宋〕王溥，北京：中華書局，1955 年。

12. 《唐詩紀事》〔南宋〕計有功，上海：上海古籍出版社，1987 年。

13. 《唐才子傳》〔元〕辛文房，王大安校訂，哈爾濱：黑龍江人民出版社，1985 年。

14. 《唐語林校正》〔北宋〕王讜，周勛初校證，北京：中華書局，1987 年。

15.《唐代政治史述論稿》陳寅恪，北京：三聯書店出版社，1956年。

16.《唐五代筆記小說大觀》丁如明、李宗爲、李學穎等點校本，上海：上海古籍出版社，2000年。

17.《唐宋傳奇總集》袁閭琨、薛洪勣，鄭州：河南人民出版社，2001年。

18.《唐宋史料筆記叢刊》吳企明點校，北京：中華書局，1988年。

19.《唐人小說》汪辟疆校錄，上海：上海古籍出版社，1978年。

20.《唐五代小說的文化闡釋》程國賦，北京：人民文學出版社，2002年。

21.《唐五代志怪傳奇敘錄》李劍國，天津：南開大學出版社，1994年。

22.《唐代小說與中古文化》程國賦，北京：文津出版社，2002年。

23.《唐代小說史》程毅中，北京：人民文學出版社，2003年。

24.《唐人傳奇》李宗爲，上海：上海古籍出版社，1981年。

25.《唐代婚喪》牛志平，西安：三秦出版社，1996年。

26.《唐傳奇箋證》周紹良，北京：人民文學出版社，2000年。

27.《唐宋女性與社會》鄧小南主編，上海：上海辭書出版社，2003年。

28.《唐代婦女地位研究》段塔麗，北京：人民文學出版社，2000年。

29.《唐代婦女》高世瑜，西安：三秦出版社，1988年。

30.《唐代人口與區域經濟》翁俊雄，臺北：新文豐出版公司，1995年。

31.《通典》〔唐〕杜佑，王文錦、王永興、劉俊文、徐庭雲、謝方點校，北京：中華書局，1988年。

W

1.《魏書》〔北齊〕魏收撰，北京：中華書局，1974年。

2.《魏晉南北朝史》王仲犖，北京：中華書局，1980年。

3.《魏晉南北朝史論叢》唐長孺，北京：三聯書店，1978年。

4.《魏晉南北朝史論拾遺》唐長儒，北京：中華書局，1983年。

5.《魏晉南北朝隋唐史三論》唐長儒，武漢大學出版社，1992年。

6.《魏晉南北朝史論集》周一良，北京：北京大學出版社，1997年。

7.《魏晉南北朝史箚記》周一良，北京：中華書局，1997年。

8.《魏晉南北朝文學史》胡國瑞，上海：上海文藝出版社，1980年。

9.《魏晉南北朝文學思想史》羅宗強，北京：中華書局，1996年。

10.《魏晉神仙道教──〈抱朴子內篇〉研究》胡孚琛，北京：人民出版社，1989年。

11.《魏晉南北朝志怪小說通論》張慶民，北京：首都師範大學出版社，2000年。

12.《魏晉士人之身體觀》王岫林，臺北：花木蘭文化出版社，2009年。

13.《文選》〔南朝梁〕蕭統編選，〔唐〕李善注，北京：中華書局，1977年。

14.《文苑英華》〔北齊〕李昉等撰，北京：中華書局，1966年。

15.《韋蘇州集》〔唐〕韋應物，北京：北京圖書館出版社，2004年影印本。

16.《王右丞集箋注》〔唐〕王維，〔清〕趙殿成注，文淵閣《四庫全書》本。

17.《外臺秘要》〔唐〕王燾，北京：人民衛生出版社，1955年。

18.《文言小說審美發展史》陳文新，武漢：武漢大學出版社，2002年。

19.《萬首唐人絕句》〔南宋〕洪邁，北京：文學古籍刊行社，1955年。

20.《偉大的同情——俠文學主題史研究》王立，上海：學林出版社，1999年。

X

1.《先秦漢魏晉南北朝詩》逯欽立輯，北京：中華書局，1983年。

2.《想像力的世界：二十世紀道教與古代文學論叢》吳光正，哈爾濱：黑龍江人民出版社，2006年。

3.《玄學與魏晉士人心態》羅宗強，天津：南開大學出版社，2003年。

4.《玄怪錄・續玄怪錄》〔唐〕牛僧孺，李復言撰，程毅中點校，北京：中華書局，1982年。

5.《薛濤詩箋》〔唐〕薛濤，北京：人民文學出版社，1983年。

6.《新唐書》〔北宋〕歐陽修、宋祁等，北京：中華書局，1975年。

7.《新五代史》〔北宋〕歐陽修，北京：中華書局，1974年。

8.《性史》〔法〕米歇爾・福柯，姬旭升譯，西寧：青海人民出版社，1999年。

9.《性張力下的中國人》江曉原，上海：東方出版中心，2006年。

10.《「性」在古代中國》江曉原，西安：陝西科學技術出版社，1988年。

11.《性倫理學》安雲風，北京：首都師範大學出版社，1996年。

12.《性・婚姻——東方與西方》，李銀河，西安：陝西師範大學出版社，1999年。

13.《性心理學》〔英〕靄理士，潘光旦譯，北京：三聯書店出版社，1987年。

14.《性與可愛》〔英〕勞倫斯，姚暨榮譯，廣州：花城出版社，1988年。

15.《俠與中國文化》傅錫壬，臺北：學生書局，1993年。

16. 《心靈的圖景》王立，上海：學林出版社，1999 年。

Y

1. 《顏氏家訓集解》〔北齊〕顏之推撰，王利器集解，北京：中華書局，1993年。

2. 《元和姓纂》〔唐〕林寶撰，岑仲勉校，北京：中華書局，1994 年。

3. 《雲笈七籤》〔北宋〕張君房纂輯，蔣力生校注，北京：華夏出版社，1996年。

4. 《雲溪友議》〔唐〕范攄，上海：古典文學出版社，1957 年。

5. 《藝文類聚》〔唐〕歐陽詢，北京：中華書局，1965 年。

6. 《酉陽雜俎》〔唐〕段成式，方南生點校，北京：中華書局，1981 年。

7. 《玉谿生詩集箋注》〔唐〕李商隱，〔清〕馮浩箋注，上海：上海古籍出版社，1979 年。

8. 《墉城集仙錄》〔前蜀〕杜光庭，上海涵芬樓影印本《正統道藏》第 30 冊洞神部譜錄類卷 4。

9. 《養生導引秘籍》〔明〕胡文煥，北京：中國人民大學出版社，1990 年。

10. 《閱微草堂筆記》〔清〕紀昀，上海：上海古籍出版社，1980 年。

11. 《陰霾下的芳草：中國古代性文化管窺》李紹先、田遠，成都：巴蜀書社，2001 年。

12. 《元白詩箋證稿》陳寅恪，上海：上海古籍出版社，1978 年。

13. 《醫心方》〔日〕丹波康賴，北京：人民衛生出版社，1993 年。

14. 《楊炯集》〔唐〕楊炯撰，徐明霞點校，北京：中華書局，1980 年。

15. 《外臺秘要》〔唐〕王燾，北京：人民衛生出版社，1955 年。

16. 《陽剛與陰柔的變奏》閔家胤主編，北京：中國社會科學出版社，1995年。

17. 《意境》宗白華，北京：北京大學出版社，1997 年。

18. 《藝術哲學》〔法〕丹納，傅雷譯，合肥：安徽文藝出版社，1998 年。

Z

1. 《貞節史》章義和、陳春雷，上海文藝出版社，1999 年。

2. 《貞觀政要集校》〔唐〕吳兢，謝保成集校，北京：中華書局，2003 年。

3. 《早期道教史》湯一介，北京：崑崙出版社，2006 年。

4. 《資治通鑑》〔北宋〕司馬光，北京：中華書局，1956 年。

5. 《中國古代房內考》〔荷〕高羅佩，李零、郭曉惠譯，上海：上海人民出版社，1990 年。

6. 《中國道教》卿希泰主編，北京：東方出版中心，1994 年。

7. 《中國道教史》傅勤家，北京：商務印書館，1937 年。

8. 《中國道教史》卿希泰，成都：四川人民出版社，1988 年。

9. 《中國道教史》任繼愈，北京：中國社會科學出版社，2001 年。

10. 《中國道教發展史略述》南懷瑾，臺北：老古文化事業公司，1988 年。

11. 《中國方術考》李零，北京：人民中國出版社，1993 年。

12. 《中國方術續考》李零，北京：中華書局，2006 年。

13. 《中國美學史》李澤厚，劉綱紀，北京：中國社會科學出版社，1984 年。

14. 《中國史論集》翦伯贊，北京：中華書局，2008 年。

15. 《中國思想史》葛兆光，上海：復旦大學出版社，2009 年。

16. 《中國哲學發展史》任繼愈，北京：人民出版社，1988 年。

17. 《中國古代房事養生集要》宋書功，北京：中國醫藥科技出版社，1991 年。

18. 《中國古代房事養生學》周一謀，北京：中外文化出版公司，1989 年。

19. 《中國人的性神秘》江曉原，北京：科學出版社，1989 年。

20. 《中國古代性文化》劉達臨，銀川：寧夏人民出版社，1993 年。

21. 《中國性史圖鑒》劉達臨，長春：時代文藝出版社，2002 年。

22. 《中國情色文化史》劉達臨，北京：人民日報出版社，2004 年。

23. 《中國歷代房內考》劉達臨，北京：中醫古籍出版社，1998 年。

24. 《中國性文化：一個千年不解之結》鄭思禮，北京：中國對外翻譯出版公司，1994 年。

25. 《中國婦女生活史》陳東原，上海：上海書店，1984 年。

26. 《中國婚姻史》陳顧遠，上海：上海書店，1992 年。

27. 《中國婚姻史稿》陳鵬，北京：中華書局，2005 年。

28. 《中國婚姻史》蘇冰、魏林，文津出版社，1994 年。

29. 《中國愛情小說中的兩性關係》何滿子，上海：上海書店出版社，1999 年。

30. 《中國娼妓史》王書奴，上海：上海三聯書店，1988 年。

31. 《中國女性史》〔日〕山川麗著，高大倫、范勇譯，三秦出版社，1987 年。

32. 《中國小說源流論》石昌渝，北京：三聯書店，1994 年。

33. 《中華性學觀止》樊友平主編，廣東人民出版社，1997 年。

34. 《中國性文化史》石方，哈爾濱：黑龍江人民出版社，2003 年。

35. 《周書》〔唐〕令狐德棻等撰，北京：中華書局，1971 年。

36. 《周易參同契考辯》孟乃昌，上海古籍出版社，1993 年。

37. 《眞誥》，《叢書集成初編》，〔南朝梁〕陶弘景，北京：中華書局，1985 年。

38. 《諸病源候論校釋》〔隋〕巢元方，南京中醫學院校釋，北京：人民衛生出版社，2009 年。

39. 《走出男權傳統的樊籬》劉慧英，北京：三聯書店，1995 年。

40. 《張籍詩集》〔唐〕張籍，北京：中華書局，1959 年。

論文部分（依照論文發表時間排序）

1. 聞一多：《神仙考》，《聞一多全集》，上海：開明書店，1948 年。

2. 陳寅恪：《論韓愈》，《歷史研究》，1954 年第 2 期。

3. 湯一介：《論早期道教的發展》，《世界宗教研究》，1982 年第 4 期。

4. 李剛：《論黃老道》，《宗教學研究》，1984 年第 5 期。

5. 牛志平：《從離婚與再嫁看唐代婦女的貞節觀》，《陝西師範大學學報》，1985 年第 4 期。

6. 周一良：《敦煌寫本書儀中所見的唐代婚喪禮俗》，《文物》，1985 年第 7 期。

7. 馬繼興：《〈醫心方〉中的古醫學文獻初探》，《日本醫史學雜誌》，1985 年第 31 期。

8. 萬少菊：《從〈醫心方〉看我國唐以前婦人孕產的某些成就》，《江西中醫藥》，1986 年第 1 期。

9. 胡孚深：《魏晉時期的神仙道教》，《中國社會科學院研究生院學報》，1986 年第 2 期。

10. 江曉原：《中國十世紀前的性科學初探》，《大自然探索》，1986 年第 2 期。

11. 潘綏銘：《房中術與漢唐性風尚——中國古代性文化的另一面》，《婚姻與家庭》，1986 年第 11 期。

12. 牛志平：《唐代妒婦述論》，《人文雜誌》，1987 年第 3 期。

13. 葛兆光：《想像的世界——道教與中國古典文學》，《文學遺產》，1987 年第 4 期。

14. 牛志平：《唐代婚姻中的開放風氣》，《歷史研究》，1987 年第 4 期。

15. 卿希泰：《試論道教在中國傳統文化中的地位》，《哲學研究》，1988 年第 1 期。

16. 牛志平：《說唐代「懼內」之風》，《史學月刊》，1988 年第 2 期。

17. 拓拔逢：《武俠小說原形流變的倫理基因》，《文史知識》，1990 年第 2 期。

18. 陳和亮：《從〈醫心方〉看唐以前男科學部分成就》，《上海中醫藥雜誌》，1990 年第 5 期。

19. 劉增貴《魏晉南北朝時代的妾》，《新史學》，1991 年第 4 期。

20. 陳仁壽：《中醫性藥探略》，《陝西中醫》，1991 年第 12 期。

21. 李養正：《論道教與佛教的關係》，《中國社會科學》，1992 年第 3 期。

22. 王立：《再論中國古代文學中的俠女復仇主題——女性復仇的艱巨性及其多種復仇方式》，《爭鳴》1992 年第 4 期。

23. 朱越利：《道教與中國傳統文化》，《現代中國》，1992 年第 9 期。

24. 王國瓔：《李白的俠客形象》，《中國文哲研究集刊》，1993 年第 3 期。

25. 王立：《中國古代房中術概論》，《中國中醫基礎醫學雜誌》，1994 年第 2 期。

26. 丁小萍：《道教享樂觀念的分析》，《浙江大學學報》，1994 年第 4 期。

27. 路雲亭：《道教與唐代豪俠小說》，《晉陽學刊》，1994 年第 4 期。

28. 杜芳琴：《陰陽乾坤說與中國傳統兩性文化》，《山西師大學報》，1995 年第 4 期。

29. 焦傑：《唐代的姬妾及其社會地位》，《陝西師大學報》，1996 年第 2 期。

30. 李炳海：《從北朝騎射女傑到唐代女俠傳奇》，《中國文化研究》，1996 年冬之卷。

31. 申載春：《論女仙形象及其文化意義》，《淮陰師專學報》，1997 年第 3 期。

32. 王立：《〈醫心方〉中性醫學內容述評》，《北京針灸骨傷學院學報》，1997 年第 4 期。

33. 夏清瑕：《魏晉士風與兩性關係》，《海南大學學報》，1998 年第 4 期。

34. 段塔麗：《從唐墓誌看唐代社會的婚姻習俗》，《文博》，1998 年第 5 期。

35. 黃洋：《從同性戀透視古代希臘社會——一項歷史學的分析》，《世界歷史》，1998 年第 5 期。

36. 谷瑪利：《中國婦女與道教》，《揚州大學學報》，1998 年第 6 期。

37. 謝建忠：《論道教與李賀的詩歌》，《貴州大學學報》，1999 年第 5 期。

38. 周一謀：《唐代一篇珍貴的性學文獻——論白行簡的〈天地陰陽交歡大樂賦〉》，《性學》，1999 年第 12 期。

39. 陸豔清：《對唐傳奇女俠形象的解讀》，《柳州師專學報》，2000 年第 2 期。

40. 王萬盈：《魏晉南北朝時期上流社會閨庭的妒悍之風》，《西北師大學報》，2000 年第 5 期。

41. 霍然：《論唐代美學思潮淵源於北朝》，《吉林大學社會科學學報》，2002年第 1 期。

42. 孫昌武：《稽康的養生術與遊仙詩》，《鄭州大學學報》，2002 年第 4 期。

43. 冉萬里：《略論唐代公主的婚姻生活》，《西北大學學報》，2002 年第 4 期。

44. 苑汝傑，張金桐：《〈搜神記〉中的女仙文化》，《固原師專學報》，2003年第 2 期。

45. 陳仁壽：《論唐代中醫性藥的研究與發展》，《中醫文獻雜誌》，2003 年第 2 期。

46. 陳靜：《道教的女仙——兼論人仙和神仙的不同》，《宗教學研究》，2003年第 3 期。

47. 苟波：《道教與「女仙降臨」故事》，《宗教學研究》，2003 年第 3 期。

48. 焦傑：《中國古代的外室現象與婦女地位》，《婦女研究》，2003 年第 4 期。

49. 伏俊璉：《天地陰陽交歡大樂賦初探》，《貴州大學學報》，2003 年第 7 期。

50. 關曼君：《唐詩中女仙、道家女子之研究》，臺灣東華大學，2004 年碩士論文。

51. 楊瑞：《從〈世說新語〉看魏晉士風對女性生活的影響》，《欽州師範高等專科學校學報》，2004 年第 1 期。

52. 李冬梅：《論道教對魏晉志怪小說的影響》，《青海社會科學》，2004 年第 3 期。

53. 劉克：《道教房中文化與自由歌的情愛命題》，《南昌大學學報》，2004 年第 3 期。

54. 朱越利：《〈周易參同契〉的黃老養性術》，宗教學研究，2004 年第 4 期。

55. 張振謙：《中晚唐愛情詩的道教文化觀照》，暨南大學碩士論文，2006 年。

56. 高翠元：《論唐人婚戀小說的兩性關係與士人觀念》，暨南大學碩士論文，2006 年。

57. 唐上：《唐代開放之性觀念研究》，西北大學碩士論文，2006 年。

58. 賈名黨：《中唐儒學與文學研究》，揚州大學博士論文，2006 年。

59. 張培鋒：《論中國古代「士大夫」概念的演變與界定》，《天津大學學報》，2006 年第 1 期。

60. 朱溢：《漢唐間俠的個人形象和社會內涵》，《中國社會歷史評論》，2006年第 2 期。

61. 毛陽光：《從墓誌看唐代婦女的貞節觀》，《寶雞文理學院學報》，2006 年第 2 期。

62. 喬孝冬，張文德：《女俠形象投影下的唐文人心態》《淮海工學院學報》（社科版），2007 年第 2 期。

63. 喬孝冬，張文德：《論道教傳播對唐女俠形象建構的影響》，《鹽城師範學院學報》，2007 年第 6 期。

64. 邵正坤：《北朝家庭的道教信仰》，《史學月刊》，2008 年第 2 期。

65. 張振謙：《試論道教文化對白居易豔情詩的影響》，《內蒙古農業大學學報》2008 年第 3 期。

66. 王玫、趙鵬云：《試論魏晉六朝文學中的同性之愛》，《福州大學學報》，2008 年第 5 期。

67. 張小穩：《貞節觀念歷史演進軌迹的重構——漢唐間貞節觀念的不斷加強》，《婦女研究論叢》，2008 年第 6 期。

68. 張雲華：《論北朝婦女的妒悍風氣》，《史學集刊》，2008 年第 6 期。

69. 樊文傑：《唐代婦女地位探析》，《黑龍江史志》，2008 年第 8 期。

70. 樊文傑：《唐代婦女地位探析》，《黑龍江史志》，2008 年第 8 期。

71. 王貞：《中唐士人階層社會心態研究》，曲阜師範大學碩士論文，2009 年。

72. 程勇真：《性意識與女性陰柔美》，《殷都學刊》，2009 年第 1 期。

73. 張國剛：《改革開放以來唐史研究若干熱點問題述評》，《史學月刊》，2009 年第 1 期。

74. 陳丹娜：《略論唐傳奇中女俠形象》，《內蒙古民族大學學報》，2011 年第 3 期。

75. 宋祖建：《唐傳奇中的女俠形象探析》，《名作欣賞》，2011 年第 15 期。

76. 翟志娟：《唐代精怪小說與六朝志怪的比較研究》，《河北北方學院學報》，2012 年第 5 期。

後　記

　　光陰荏苒，歲月如梭，我驀然驚覺自己已經從暨南大學博士畢業多年。本書是在我博士論文基礎上加以拓展完成的，所以在此衷心感謝我的博士導師勾利軍先生。她在我讀博士期間，為我傾注了巨大心血和關愛，同時教給我許多做學問和做人的道理，足以讓弟子受益一生，在此致以最衷心的感謝！同時，感謝暨南大學古籍所教授王頲先生對我學術上的指導和熱忱幫助。

　　感謝我的各位博士同窗好友：喬玉紅、曾繁花、熊鳴琴、朱文慧、王再華、肖仁龍等人對我學習、生活上的關心和幫助。還有吳業國師兄、包國濤對我提供了諸多建議和幫助。此外，感謝曾熱忱幫助過我的師弟妹：付爽、張琛、張永娜、王佳、尚小康、趙涯菲、印娟、許晶……非常感謝你們！

　　感謝我的父母親辛勤養育了我！在那個貧窮而古樸的山區小鎮，父母親硬是將我們姐弟二人培養成為碩士、博士後，耗費了畢生的心血！誰言寸草心，報得三春暉！非常感激父母親這三十多年來的艱辛付出！感謝我弟弟智偉的支持和幫助，尤其是在我考研、考博曲折道路上的及時鼓勵，讓我勇敢無畏地去改變自己的命運！感謝翠平嬸和檢叔幫我辛勤照顧年幼的孩子，讓我學習上沒有後顧之憂。感謝我的婆婆王華琴對我的關心，還有妹妹擁軍、學軍，妹夫劍銘、文芳對我的支持。

　　特別感謝我的丈夫荀鐵軍博士對我生活上無微不至的呵護和照顧！同時給我學術上提供了許多寶貴的建議，鼓勵和鞭策我不斷前進。我們相濡以沫，感情深摯，相依相伴。這種深沉的愛意給了我面對未來一切困難的信心和勇氣！

　　臺灣花木蘭文化出版社的高小娟女士及楊嘉樂女士為本書的出版費心諸多，特別是總編輯杜潔祥先生為本書校對工作付出艱辛的勞動，在此一併致謝。

楊麗容

2014 年 3 月於廣州